C. H. BECK
STUDIUM

MANFRED CLAUSS

Einführung in die Alte Geschichte

VERLAG C.H.BECK MÜNCHEN

Mit 18 Abbildungen im Text

Die Deutsche Bibliothek – CIP-Einheitsaufnahme

Clauss, Manfred:
Einführung in die Alte Geschichte / Manfred Clauss. -
München : Beck, 1993
(C.-H.-Beck-Studium)
ISBN 3 406 37329 1

ISBN 3 406 37329 1

Umschlagentwurf: Bruno Schachtner, Dachau

Satz und Druck: Appl, Wemding
Gedruckt auf säurefreiem, aus chlorfrei gebleichtem
Zellstoff hergestelltem Papier
Printed in Germany

Inhaltsverzeichnis

Einleitung

„Die Geschichte des Altertums ist nie etwas anderes und darf nie etwas anderes sein, als ein Teil der einen, allgemeinen Geschichte, und das dürfen beide Teile, die alte und die moderne Geschichtsforschung, niemals vergessen." Was Eduard Meyer 1902 sagte, gilt heute unverändert. Nach dem traditionellen Selbstverständnis der Althistorie ist es ihre Aufgabe, im Rahmen der Geschichtswissenschaft die Historie des Mittelmeerraumes und seiner Randzonen aufgrund einer systematischen Auswertung sämtlicher Quellenzeugnisse zu erforschen. Die in den Quellen überlieferten Ereignisse und Zustände der antiken Welt werden als Teile eines kontinuierlichen Prozesses unter ihren zeitbedingten Voraussetzungen und als eine Kette von Ursachen und Wirkungen erfaßt und erklärt.

Friedrich Nietzsche nannte die Historiker Friedhofsverwalter; der Franzose Marc Bloch definierte sie als Menschenfresser: Wo der Historiker Menschenfleisch wittere, da wittere er seine Beute. Was beide auf ihre Art ausdrücken: Geschichte ist Wissenschaft vom Menschen, Wissenschaft von der menschlichen Vergangenheit. Der Historiker, auch der Althistoriker, ist stets auf der Suche nach sich selbst. Gemäß der ursprünglichen Bedeutung des griechischen Wortes Historia bezeichnete Johann Gustav Droysen die Arbeitsweise des Historikers mit dem Ausdruck ‚forschend [den Menschen] zu verstehen'. Historie erklärt, wer wir sind und sein wollen, wer die Menschen überhaupt sind und sein können. Aufgabe des Historikers ist es, die Menschen wiederzufinden, die die Geschichte durchlebt haben; er arbeitet mit Texten, und dies sind menschliche Texte. Geschichte besitzt eine existentielle Dimension: Sie bringt eine Erweiterung des menschlichen Erfahrungshorizontes, denn sie erschließt die Erkenntnisse und Erfahrungen früherer Generationen. Geschichte bietet ferner Einsicht in die Möglichkeiten, Bindungen und Grenzen des Menschen. Geschichte schärft das Bewußtsein für die Zusammenhänge der Situation des einzelnen – auch hier und heute.

Mit dem Altertum ist ein in jeder Hinsicht abgeschlossener Kulturkreis vorgegeben, dessen politische und kulturelle Einheiten den Aufbau von Kulturen, die Abfolge sozialer Strukturen und die Konstruktion hegemonialer und imperialer Gebilde mit klarer Deutlichkeit hervortreten lassen. Dadurch bot die Antike Stoff für die bisherigen historischen Systeme und Sinngebungen von Philosophen, Soziologen und Historikern. Für unsere Gegenwart liefert sie überschaubare Modelle möglichen menschlichen Verhaltens. Das künstlerische Erleben Homers und Vergils, das Menschenbild der griechischen Tragödie, die Gedankenwelt des Sokrates und Platos wie das Lehrgebäude des Aristoteles, die Hoffnung Ciceros auf den Menschen als vernünftiges Wesen, Senecas Glaube an die Unanfechtbarkeit des Weisen: Alles behält seine Bedeutung für die Gegenwart. Modellcharakter haben die Weltreichsidee in Theorie und Praxis sowie die Möglichkeit und Methode der politischen und kulturellen Durchdringung von Räumen; dies gilt ferner für Differenzierungen und Abwandlungen von Gesellschaftsformen sowie für Ursprung und Verlauf von Entwicklungen.

Geschichte des Altertums hat somit einen wissenschaftstheoretischen und zugleich einen methodischen Wert. Hier muß jede Quelle immer und immer wieder analysiert und interpretiert und jede nur erdenkliche Kombination ausprobiert werden. Es trägt zum Reiz der Alten Geschichte bei, daß sie über nur wenige Quellen verfügt. Der relativ übersichtliche Quellenbestand der Alten Geschichte erweist sich für das methodische Exerzieren der Geschichtswissenschaft als sehr günstig. Der Althistoriker lernt es, auf jedes auch scheinbar unwichtige Detail zu achten. Gelegentlich streitet er um Buchstaben, wie um das sprichwörtlich gewordene Iota. Ja, er diskutiert sogar über Buchstaben, die gar nicht vorhanden sind, auf Münzen oder Inschriften.

Die Quellen sind nur fragmentarisch erhalten, und das hat Konsequenzen nicht nur für das Fakten- und Datengerüst. Inschriften, Papyri, Münzen und archäologische Zeugnisse schildern normalerweise keine Zusammenhänge, sondern liefern Einzelangaben. Sie bieten somit keine direkte Darstellung von ‚Strukturen', geschweige denn von einem Strukturwandel. Die Zusammenhänge zwischen einzelnen Fakten und Daten zu erstellen und aus ihnen die Strukturen zu rekonstruieren bleibt Aufgabe der Wissenschaft.

Diese Arbeit verlangt Abstraktionsfähigkeit und Phantasie. Immer wieder müssen verschiedene Quellengruppen mit anderen kombiniert, die Aussagen einer Quellengruppe durch andere kontrolliert, verborgene Zusammenhänge durch die Quellen hindurch erkannt werden; dies bedeutet: lernen, mit historischen Quellen umzugehen. Die Beschäftigung mit der Alten Geschichte nötigt aufgrund der spezifischen Quellenlage nachgerade zu einer Vielfalt und Flexibilität der Perspektiven, zu einer relativ umfassenden Betrachtungsweise sowie zum ständigen Vergleich.

Zeitraum

Nach einem Wort Leopold von Rankes beginnt Geschichte erst dort, „wo die Monumente verständlich werden und glaubwürdige, schriftliche Aufzeichnungen vorliegen". Damit ist gegenüber der davor liegenden Vergangenheit eine entscheidende Abgrenzung vollzogen, an der ich festhalten möchte, auch wenn diese Abgrenzung heute von vielen Seiten in Frage gestellt wird. Vor der Erfindung der Schrift war das sozial notwendige Wissen über Recht, Kult, Sitte, Magie, über bewahrenswerte gute und üble Taten, also positive und negative Vorbilder, über Ansprüche und Werte allein durch Erinnerung konserviert und transportiert worden. Erinnerung ist an das Individuum geknüpft, aber gleichzeitig auch eine soziale Leistung. Diese Vermittlung von Wissen läuft auch neben der Schriftlichkeit einher; doch erweitert und verfestigt sich der Raum der Erinnerung durch die Schriftlichkeit: die Erinnerung wird dem Verfall durch Vergessen entzogen; man hat sie und braucht trotzdem den Kopf nicht damit zu füllen. Schriftlichkeit ist die Abspeicherung von Gedächtnisinhalten, Erinnerung kann nun übertragen, vervielfacht und leicht vermittelt werden. Das Altertum ist die erste geschichtliche Periode, in der sich der Mensch der Schrift bedient und mit ihrer Hilfe von sich selbst Zeugnis ablegt.

Da die Schrift nicht überall zur gleichen Zeit entwickelt wurde, verläuft innerhalb des Altertums die Grenze zwischen Vorgeschichte und Geschichte je nach Region unterschiedlich. Jene Gebiete, die sich der Schriftlichkeit noch nicht bedienen, werden der Frühgeschichte zugeordnet. Ihr Geltungsbereich engt sich mit fortschreitender Entwicklung in dem Maße ein, wie sich derjenige der Geschichte ausweitet.

Im Zweistromland und in Ägypten setzt die Schriftlichkeit etwa um 3000 v. Chr. ein. Griechenland kennt eine syllabische Schrift, die Linear B-Schrift, seit der zweiten Hälfte des 2. vorchristlichen Jahrtausends, die Buchstabenschrift seit dem Beginn des ersten. Schauen wir nach Italien, so gehören die ältesten etruskischen Inschriften in das 7. und die entsprechenden lateinischen in das 5. vorchristliche Jahrhundert. Mit den frühesten hier genannten Daten ist zugleich der untere zeitliche Rahmen der Alten Geschichte abgesteckt.

Weitaus weniger sicher läßt sich das Ende des Altertums bestimmen. Es gibt eine Reihe von Daten, die jeweils wichtige historische Ereignisse markieren: Regierungsantritt Constantins 306, Beginn der Alleinherrschaft dieses Herrschers 324, Niederlage des Valens bei Adrianopel 378, Reichsteilung nach dem Tod des Theodosius 395, Ende der theodosianischen Dynastie 455, Absetzung des letzten weströmischen Kaisers Romulus durch Odoaker 476, Erringung der Herrschaft durch Chlodwig 482. Solche Daten sind an der politischen Geschichte orientiert, stellen also Zäsursetzungen aus dem geistesgeschichtlichen Horizont des Historismus dar (S. 13). Andere Sichtweisen als die auf eine Person konzentrierte wählen beispielsweise die Schließung der Akademie in Athen 529 oder richten den Blick auf Strukturen und nennen die Gründung des Langobardenreiches 568. Aufruhend auf den Traditionen haben sich in den zwanziger Jahren unseres Jahrhunderts veränderte Fragestellungen ergeben, nämlich soziologische und sozialgeschichtliche. Auf diesem Hintergrund skizzierte Henri Pirenne die seiner Ansicht nach entscheidende Rolle der Araber beim Übergang von dem einen in das andere Zeitalter.

Jedes dieser Daten ist unter einer partiellen Perspektive ausgewählt und hebt damit einen speziellen Aspekt einer weitaus komplexeren Entwicklung heraus. Auch wenn man von solchen konkreten Daten abgeht und statt dessen den Übergang von der Antike zum Mittelalter als einen breiten Prozeß von Veränderungen begreift, setzt rasch der Streit über die Breite dieses Prozesses oder über die Gewichtung von Kontinuität und Wandel ein; dabei läßt sich beobachten, daß eine Vermehrung unseres Wissens etwa durch archäologische Funde eine stärkere Betonung der Kontinuität zur Folge hat. Die Problematik sollte vor allem zum Dialog zwischen den beteiligten historischen Disziplinen genutzt werden.

Geschichte des Fachs

Auch die wissenschaftliche Betrachtung der Alten Geschichte hat wiederum ihre Geschichte. Das Mittelalter besaß nur nebulöse und fragmentarische Vorstellungen von der Antike, die lediglich durch wenige spätantike Autoren vermittelt waren. Renaissance und Humanismus begründeten im eigentlichen Sinn erst die Beschäftigung mit dem Altertum, allerdings vornehmlich unter philologischen und literarhistorischen Aspekten. In Anbetracht des dabei benutzten Quellenmaterials war der Begriff ‚Altertum' auf die Klassische Antike beschränkt: auf die chronologisch nicht näher bestimmte Zeit der Homerischen Epen, das 5. und 4. Jahrhundert der griechischen Geschichte sowie die Zeit der Republik und des frühen Prinzipats der römischen Geschichte. In Formulierungen wie ‚bas-empire' wirkt zumindest die Begrifflichkeit bis heute nach (S. 155). Der Alte Orient war zu dieser Zeit noch identisch mit der Biblischen Geschichte.

Die so verstandene Antike bot fortan Form und Material aller Erziehung und Bildung des europäischen Geisteslebens. Da man die Wahrheit der antiken Zeugnisse nicht in Zweifel zog, kennzeichneten pragmatische Darstellungen mit kompilierend-antiquarischem Charakter die Werke der damaligen Geschichtsschreibung. Die antike Tradition war in ihrer Gesamtheit eine lebensorientierende Kraft. Sie lieferte bis ins 18. Jahrhundert hinein die Vorbilder für sämtliche Bereiche des Lebens und stellte gleichzeitig die wichtigsten Raster zur Verarbeitung aller neuen Erfahrungen sowie zur Darstellung aller neuen Probleme dar. Das war eine Sicht, die durch Johann Joachim Winckelmanns klassizistisches Idealbild von der Antike, zumal vom Griechentum, besonders verstärkt wurde. Winckelmann lebte von 1717 bis 1768. Aber noch auf das 19. Jahrhundert übte diese nur die klassischen Perioden berücksichtigende Alte Geschichte eine nachhaltige Wirkung aus, indem sie als Erziehungsmacht die Wertbegriffe des Bürgertums in diesem Zeitraum bestimmte. Solchen Orientierungswert besaß die Alte Geschichte durchweg im gesamten Europa; auch wenn das heute nicht mehr gilt, ist die Kenntnis der Antike schon allein zum Verständnis jener Perioden der neueren europäischen Geschichte unentbehrlich: Bildungsbürgerliche Zitate aus antiker Literatur, Anspielungen auf antike Vorgänge, Namen und Begriffe in Korrespondenzen, Memoiren oder auch amtlichen Verlautbarungen etwa des 19. Jahrhunderts sind ohne die Kenntnis der Antike nicht zu verstehen. Eine Betrachtung der Kirchenbauten, um einen anderen Sektor zu benennen, verlangt exakte Bibelkenntnis. Die Geschichte des Mittelalters oder der Neuzeit kann ohne die Geschichte der Antike nicht erklärt werden.

Gegen Ende des 18. Jahrhunderts zeichneten sich Veränderungen ab, die parallel liefen mit einer neuen wissenschaftlichen Betrachtung der Antike. Entscheidende Anregungen kamen von den Ideen Johann Gottfried Herders (1744–1803) und vor allem vom Historismus, der in der Gedankenwelt der Romantik wurzelte. Barthold Georg Niebuhrs (1776–1831) methodologische Leistungen für die gesamte Geschichtswissenschaft, die rigorose Anwendung der Quellenkritik, wirkte auch auf die Alte Geschichte ein. Entscheidend wurde, daß Niebuhr das Teilgebiet der älteren römischen Republik nunmehr unter sozialen und politischen Gesichtspunkten behandelte. Spöttelnd erfaßte Friedrich von Schlegel das Neue in einem Scherzgedicht:

> Am Wasserfall in Tibur,
> da stand der große Niebuhr,
> schaut' auf die sieben Hügel,
> und machte viel Geklügel,
> er wollte Roms Geschichten
> nach neuer Art berichten.

Gerade der Historismus bewirkte durch seine Betonung der Einbettung historischer Vorgänge in ihren jeweiligen zeitbedingten Kontext, durch die Betonung der Einmaligkeit und Individualität, eine intensive Beschäftigung mit immer weiter gefaßten Bereichen der Alten Geschichte.

Als man den antiken literarischen Zeugnissen – den Chroniken und Geschichtserzählungen – zu mißtrauen begann, richtete die Forschung ihr Augenmerk mehr und mehr auf Inschriften und Münzen. Die systematische Erschließung der Inschriften, Münzen und Papyri als nichtliterarischer Quellen ging mit der Ausbildung der dafür notwendigen Hilfsdisziplinen, der Epigraphik, Numismatik und Papyrologie, einher, welche untrennbar mit dem Namen Theodor Mommsens (1817–1903) verknüpft ist. Er wurde zum großen Editor der Geschichtsquellen im weitesten Umfang. Mommsens Drängen zur Akribie in der Quellenforschung führte zu einer immer größeren Spezialisierung der einzelnen Wissenschaftler.

Gleichzeitig erweiterte sich das Spektrum der Alten Geschichte in zweifacher Hinsicht. Neben die Darstellung der großen Gestalten trat die Erforschung des antiken Staates und seiner Institutionen, der gesellschaftlichen Strukturen und der ökonomischen Verhältnisse. Parallel dazu wurde die Konzentration auf die bisherigen klassischen Zeiträume aufgegeben. Die Perspektiven der griechischen Geschichte öffneten sich über das Archaikum (800/700–500 v. Chr.) hinaus auf die kretisch-mykenische Zeit des 2. Jahrtausends; hierbei hat sich die Archäologie erstmals in größerem Umfang als historische Hilfsdisziplin erwiesen. Dem neu geschaffenen Begriff des Hellenismus folgte die Einbeziehung der griechisch-mediterranen Epoche (336–30 v. Chr.). Man entschlüsselte bislang unbekannte Sprachen wie die akkadische Keilschrift oder die ägyptischen Hieroglyphen und begann damit, die auf diese Weise besser zugängliche Geschichte Vorderasiens und Ägyptens in das Altertum einzubeziehen. Man entdeckte, daß die einzige bis dahin zugängliche Quelle für die Geschichte der Hebräer, das Alte Testament, unzureichend war und weitere Zeugnisse aus dem Bereich des Vorderen Orients herangezogen werden mußten. Am Ende des 19. Jahrhunderts war auf diese Weise die Kenntnis von der Geschichte des Altertums umfassender und genauer geworden.

Der Blick in die Vergangenheit ist stets in zweifacherweise gelenkt: durch die nunmehr fast 200-jährige Tradition modernen wissenschaftlichen Arbeitens sowie durch zeitgemäße Denkmuster und jeweils aktuelle Fragestellungen. Jede Generation entwickelte und entwickelt ihre Fragen an die Vergangenheit aus den aktuellen, ‚neuen' Einflüssen der jeweiligen Gegenwart. Als Teil der Geschichtswissenschaft nimmt die Alte Geschichte an deren Entwicklung teil. So förderte die Konstitutionalismus-Forschung des 19. Jahrhunderts die Beschäftigung mit der Rechtsgeschichte auch der Antike. Die Entstehung des Deutschen Reiches und die Rivalität der europäischen Großmächte lenkten die Bemühungen einerseits auf das Handeln des ‚titanenhaften' einzelnen und andererseits auf die Geschichte beziehungsweise den Kampf antiker ‚Reiche'. Als man die Erfahrung machte, in der Zeit der Herausbildung einer industriellen Massengesellschaft zu leben, verstärkte sich das Interesse an der Sozialgeschichte. Auch die Errichtung liberaler politischer Systeme seit 1945 förderte die Frage nach historischen Vorbildern wie etwa der ‚attischen Demokratie'.

Auswahlkriterien der Einführung

Die folgende Einführung zeigt zentrale Entwicklungen und Probleme in chronologischer Reihenfolge auf, um so einen Grundriß der Alten Geschichte zu bieten. Der Weg, wie ihn Hartmut Boockmann in seiner bewährten ‚Einführung in die Geschichte des Mittelalters' beschreitet, indem er systematisch Sozial-, Wirtschafts-, Rechts- und Kirchengeschichte behandelt, erscheint mir für die Alte Geschichte nicht gangbar: Haben wir es doch mit einem Teilgebiet der Geschichte zu tun, welches bei dem von mir gewählten zeitlichen Rahmen fast zwei Jahrtausende, unterschiedliche Zivilisationsstufen sowie mit weiten Teilen des heutigen Europa, Nordafrikas und des Vorderen Orients einen riesigen Raum umfaßt. Um nur den Sektor der Sozialgeschichte herauszugreifen: Behandelt man die nomadische Gesellschaft der Hebräer, die einfach strukturierte des archaischen Griechenland oder die stark differenzierte der römischen Kaiserzeit, also gänzlich unterschiedliche Gesellschaften, so müssen diese auf jeden Fall in einen chronologischen Rahmen gestellt werden; für die Entwicklung auf anderen Gebieten gilt ähnliches. Die konsequente Durchführung des systematischen Gesichtspunktes ohne Berücksichtigung des chronologischen Gerüsts führt zu einer Art Lexikon, wie es in der ‚Einleitung in die klassischen Altertumswissenschaften' eines Autorenkollektivs vorliegt.

Der chronologische Überblick behandelt eine Geschichte der Antike, die bewußt umfassend verstanden wird. Der durch zahlreiche Fäden mit Griechenland und Rom verknüpfte Orient läßt sich aus der Geschichte des Altertums nicht ausklammern. Wegen seiner Bedeutung für die gesamte nachantike Tradition habe ich aus dem Bereich des Alten Israel die Zeit der hebräischen Monarchien ausgewählt. Die Geschichte Griechenlands und Roms wird in jeweils drei parallel konzipierten Kapiteln dargeboten: archaisches, klassisches und hellenistisches Griechenland auf der einen, römische Republik, Kaiserzeit und Spätantike auf der anderen Seite. Jeder einzelne Zeitraum hat seine eigene Bedeutung für die gesamte Geschichte der Antike und seinen besonderen Reiz. Und in jedem der sieben Kapitel dieses Buches werden dementsprechend Schwerpunkte gesetzt, wobei ich mich bemüht habe, mit solcher Pointierung zweierlei zu erreichen: Zum einen sollen wichtige Entwicklungen des jeweiligen Zeitraums zu Lasten der kursorisch behandelten Partien stärker akzentuiert werden; zum anderen möchte ich dadurch wichtige strukturelle Aspekte unterschiedlicher Art vorstellen. Wenn beispielsweise in der Darstellung der Spätantike die ‚Religiosität' einen besonderen Schwerpunkt bildet, so muß bewußt bleiben, daß ihr in allen behandelten Zeiträumen eine vergleichbare Bedeutung zufällt; auf knappem Raum ist es allerdings nicht möglich, mehr als ein Exemplum zu vertiefen. Ferner werden die Methoden erläutert, die zur Gewinnung unseres heutigen Bildes von Geschichte beitragen.

Um eine Vorstellung der Gegenstandsbereiche der Alten Geschichte zu vermitteln, wird also ein roter Faden geboten, der eine Schwerpunktsetzung notwendig macht. Die Auswahlkriterien dieser Schwerpunkte sind mein subjektives Interesse (die hebräischen Monarchien), die Bekanntheit des Gegenstands (attische Demokratie, Entwicklung des Christentums im 4. Jahrhundert), die aktuelle wissenschaftliche Diskussion (Sozialgeschichte der römischen Kaiserzeit) oder die besondere Anschaulichkeit eines Themas. Weitere Kriterien bilden die eine oder andere Methode (segmentäre Gesellschaft, Oikoswirtschaft, Ordo senatorius) oder die Nicht-Vergleichbarkeit antiker Zustände mit der Moderne (attische Demokratie).

Es wird keine Quellenkunde geboten. Zum einen liegen in dieser Hinsicht bereits gute Arbeiten vor, zum anderen sollte das Kennenlernen und die Auseinandersetzung mit den Quellen im Gespräch des akademischen Unterrichts geschehen. Wo immer es sich allerdings anbietet, findet der Leser Hinweise auf die Technik philologischer (Altes Testament: Rettungstat des Gideon, Homer, Hesiod, Herodot, Ackergesetz des Tiberius Gracchus), epigraphischer (Gesellschaft der Kaiserzeit), papyrologischer (Ägypten), numismatischer (Rom um 300) und archäologischer Arbeit (Auswanderungen). Er findet ferner Hinweise auf die Fragestellungen und den Erkenntnisprozeß des Sozialhistorikers, der einen bestimmten Zusammenhang erforscht (hebräische Monarchien) oder auf methodische Probleme bei der Rezeption antiker Themen (Alexander-Interpretation, ‚Untergang' Westroms).

Neben der politischen Geschichte, die durchgängig in allen sieben Kapiteln das Gerüst bildet, werden weitere Themenbereiche exemplarisch abgehandelt. Da in der zeitgenössischen historischen Forschung die Sozialgeschichte und die sozialwissenschaftliche Methode einen prominenten Platz einnehmen, habe ich drei solcher Themen ausgewählt: die segmentäre Gesellschaft der Hebräer, die griechische Gesellschaft im 9.-7. vorchristlichen Jahrhundert und die römische Gesellschaft der Kaiserzeit. Weiterhin finden exemplarisch Behandlung: Religionsgeschichte (Sparta, Christentum), Wirtschaftsgeschichte (Ägypten), Militärgeschichte (Makedonien), Geographie (Archaisches Griechenland).

Die kommentierten Hinweise auf Literatur führen neben Standardwerken bewußt Spezialstudien auf, die als solche gekennzeichnet sind. Gelegentlich wird durch Literatur-Angaben auf Teilbereiche und Fragestellungen verwiesen, die in der Darstellung keinen Raum mehr fanden.

Der folgende knappe Überblick der einzelnen Kapitel stellt die angedeuteten Schwerpunkte kurz vor.

Die Darstellung der *hebräischen Monarchien* zielt auf die Verbindung der Geschichte des Mittelmeerraumes mit derjenigen des Alten Orients. Bei der Behandlung der Sozialgeschichte jener Epoche werden die Strukturen einer akephalen, das heißt politisch nicht durch eine Zentralinstanz organisierten Gesellschaft und deren Entwicklung zu einer Monarchie erläutert, ferner das Nomadentum, wie es an den Randzonen des Mittelmeers noch während des Imperium Romanum eine Rolle spielte. Die besondere Art der hebräischen Familie hat lange Zeit unser Bild von der antiken Familie auch in anderen Gebieten und zu anderen Zeiten bestimmt, ehe neuere Untersuchungen solche Vorstellungen korrigieren konnten. Drei Erklärungsmodelle für die politische und gesellschaftliche Entwicklung werden vorgestellt, die aus anderen Gegenden oder anderen historischen Zeiträumen gewonnen sind und mit deren Hilfe die alttestamentlichen Quellen interpretiert werden können. Schließlich wird ein Stück weit Quellenanalyse geboten.

Der Hinweis auf die enge Verbindung von Geschichte und Geographie steht am Anfang des Kapitels über das *archaische Griechenland*. Auch hier spielt die Quellenproblematik eine Rolle; am Beispiel Homers wird die Bedeutung der mündlichen Tradition behandelt, die auch für die Folgezeit vorherrschend bleibt. Erneut steht eine Gesellschaft ohne resp. mit beginnender politischer Organisation im Mittelpunkt, zusammen mit der Schilderung der Hausgemeinschaft, des Oikos, und ‚oikonomischer' Vorstellungen, die in Hellas lange Zeit vorherrschten. Die Polis wird in ihrer generellen Entwicklung und anhand zweier Beispiele vorgestellt. Von diesen wird eines – Athen – in dem Abschnitt über das archaische Griechenland, das andere – Sparta – in dem über das klassische Griechenland behandelt, um damit anzudeuten, daß in vielen Städten, wie etwa in Sparta, eine solche Epocheneinteilung schwer zu begründen ist.

Der Abschnitt über das *klassische Griechenland* beschäftigt sich zunächst mit Sparta. Die Entwicklung der Stadt am Eurotas und ihre Verfassung geben den Stoff für die zweite ausführliche Beschreibung einer Polis. Einige Besonderheiten des spartanischen Kosmos erlauben es, die Möglichkeiten mentalitätsgeschichtlicher Fragestellungen zu erörtern sowie die Bedeutung der Religiosität für den antiken Menschen anzusprechen. Spartas Hegemonie über Hellas entsprang den Möglichkeiten der Staatsordnung, der Territorialherrschaft und denjenigen des Bündnissystems. Die Ablösung dieser Hegemonie in der Schlacht von Leuktra war weitgehend durch militärtaktische Veränderungen bedingt, wie sie gelegentlich auch in der Antike entscheidende langfristige Auswirkungen besaßen. Mit Blick auf Athen steht die Verfassung im Zentrum: die Demokratie, zu deren Kennzeichen unter anderem ein ausgeklügeltes Losverfahren gehörte.

Mit dem Aufstieg Makedoniens unter den Herrschern Philipp II. und Alexander III. – genannt ‚Der Große' – zur griechischen Großmacht beginnt das Kapitel über den *Hellenismus*. Der Begriff umschreibt hier eine zeitlich befristete Epoche; als geistige Strömung reicht der ‚Hellenismus' indessen weit darüber hinaus. Für die Anlage des Kapitels kommt dem Wirken wie dem Nachleben Alexanders gleich hohe Bedeutung zu; dabei bietet das Nachleben des Makedonenkönigs, sein Bild in der späteren Geschichtsschreibung, ein Beispiel dafür, wie Geschichte als Steinbruch benutzt werden kann, aus dem jede nachlebende Generation die sie interessierenden Teile herausbricht. Aus der Reihe der Nachfolgestaaten des Alexanderreichs wird Ägypten ausführlich behandelt, um an dieser Stelle sowohl die papyrologischen Quellen wie die Möglichkeiten der Wirtschaftsgeschichte vorzustellen. Fragen der Wirtschaftsorganisation und der staatlichen Kontrolle sind nirgends besser zu studieren als in Ägypten, und möglicherweise hat das ägyptische Vorbild in der späteren römischen Zeit stärker gewirkt, als dies heute bereits bekannt ist.

Mit der Zeit um 300 v. Chr. beginne ich die Darstellung der *römischen Republik*, bei der vor allem die innere Entwicklung behandelt wird. Zwei Aspekte, die eng zusammenhängen, stehen im Vordergrund: der schwindende Konsens der Oligarchie und die damit einhergehende Entwicklung des Staates zur Monarchie, seit es der Republik nicht mehr gelang, die führenden Militärs/Politiker in das Gemeinwesen einzubinden. Senat, Magistratur und Heer bilden daher die Themen, an denen die Notwendigkeit und Eigenart des Konsenses erläutert werden. Der Weg in die Monarchie ist aus heutiger Warte – dies ist zu betonen – letztlich konsequent. Das Jahr 133 mit dem Volkstribunat des Tiberius Gracchus markiert eine entscheidende Zäsur, als zum ersten Mal ein Konflikt zwischen der Einzelpersönlichkeit und der Oligarchie blutig endete.

Ein Überblick über die wichtigsten Ereignisse und die bedeutendsten Herrscher leitet die Darstellung der *römischen Kaiserzeit* ein. Obgleich damit der biographischen Erzählform so knapp wie möglich Genüge getan wird, steht ein strukturgeschichtliches Thema im Mittelpunkt: die Gesellschaft. Überlegungen, wie man Modelle zu ihrer Beschreibung entwerfen kann, haben in den letzten Jahren die Forschung wesentlich bestimmt. Ich möchte bei der Behandlung des Themas möglichst viele soziale Gruppierungen skizzieren, einige methodische Probleme und deren Diskussion ansprechen sowie die epigraphischen Quellen vorstellen, welche die Grundlage unserer Kenntnisse über diese Gesellschaft bilden.

Wie fast jede Epocheneinteilung, so hat auch diejenige zwischen Kaiserzeit und *Spätantike* etwas Willkürliches an sich, und manche modernen Darstellungen lassen die Kaiserzeit erst mit Constantin oder gar noch später enden. Um demgegenüber die Zäsur zur Spätantike zu betonen, greife ich zwei Themen heraus: aus der Regierungszeit Diocletians die Entwicklung des Hofzeremoniells und aus derjenigen Constantins dessen Verhältnis zum Christentum, den Beginn der Staatskirche. Am Beispiel der innerkirchlichen Auseinandersetzungen über das Wesen Christi, des Gottessohnes, wird nochmals auf die Bedeutung der Religion in antiken Gesellschaften namentlich im Verhältnis zum Staat hingewiesen. Mit der Regierungszeit Justinians und dem Aufkommen des Islam klingt der Abschnitt aus.

Zum Abschluß noch einige technische Hinweise. Die Zeitangaben beziehen sich in den ersten fünf Kapiteln stets, wenn es nicht anders vermerkt ist, auf die vorchristlichen Jahrhunderte, in den letzten zwei auf die nachchristlichen.

Bei der Schreibweise antiker Namen ist es kaum möglich, Konsequenz zu erreichen. Weder in der wissenschaftlichen Literatur noch im allgemeinen Sprachgebrauch steht die Schreibweise ägyptischer, hebräischer, griechischer oder lateinischer Namen eindeutig fest. Viele der griechischen Namen werden hier in lateinischer oder latinisierter Form wiedergegeben, wie es in der englischsprachigen Literatur nahezu die Regel ist.

Im Register finden sich bei den Orts- und Personennamen oder Begriffen Betonungszeichen; die Betonung wird durch einen Strich unter dem Vokal der Tonsilbe angegeben, betonte Diphthonge durch einen Strich unter beiden Vokalen. Wie bei der Schreibweise wird auch bei der Betonung die meist gängigere lateinische Form – Aristophanes statt Aristophanes – vorgezogen; wo es eine deutsche Betonungsweise gibt, diese: Kallisthenes gegenüber Kallisthenes.

Hebräische Monarchien

Die Geschichte der Hebräer wurde durch die politischen Beziehungen der führenden Großmächte der Zeit geprägt: Ägypten, Mitanni, Hettiter (Abb. 1); sie bestimmten noch um die Mitte des 13. Jahrhunderts die Geschicke des Vorderen Orients. Doch bereits ein halbes Jahrhundert später waren von diesem Großreichgefüge nur noch Trümmer übrig. Nach der *pax Aegyptiaca*, der Kontrolle des syrisch-palästinensischen Raumes durch Ägypten, herrschte in diesem Gebiet am Ende der späten Bronzezeit und dem Beginn der Eisenzeit, seit etwa 1200, ein Kampf aller gegen alle, der erhebliche soziale und politische Umschichtungen zur Folge hatte. Die Ursache dafür lag in Völkerbewegungen aus dem Norden, die den Orient erfaßt hatten.

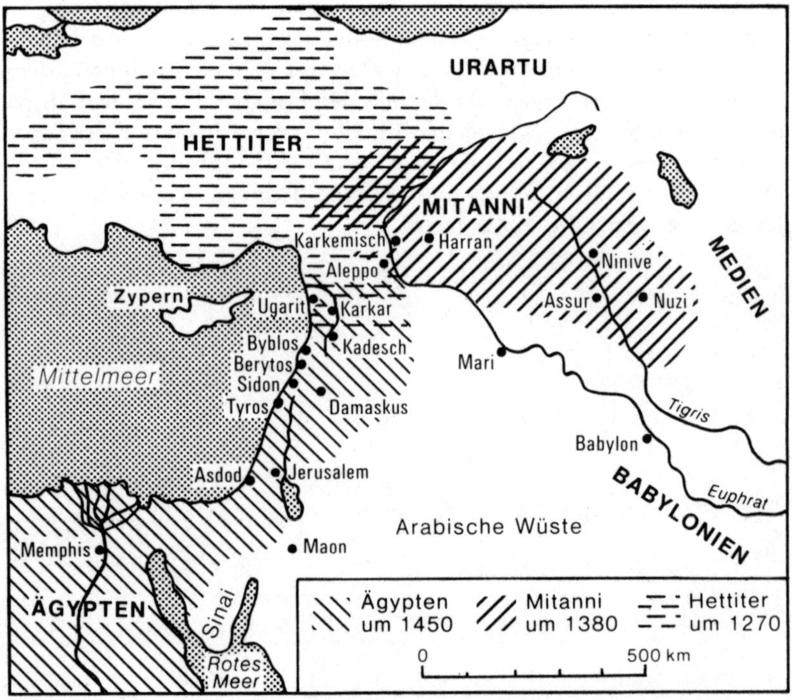

1. Vorderer Orient im 2. Jahrtausend v. Chr.

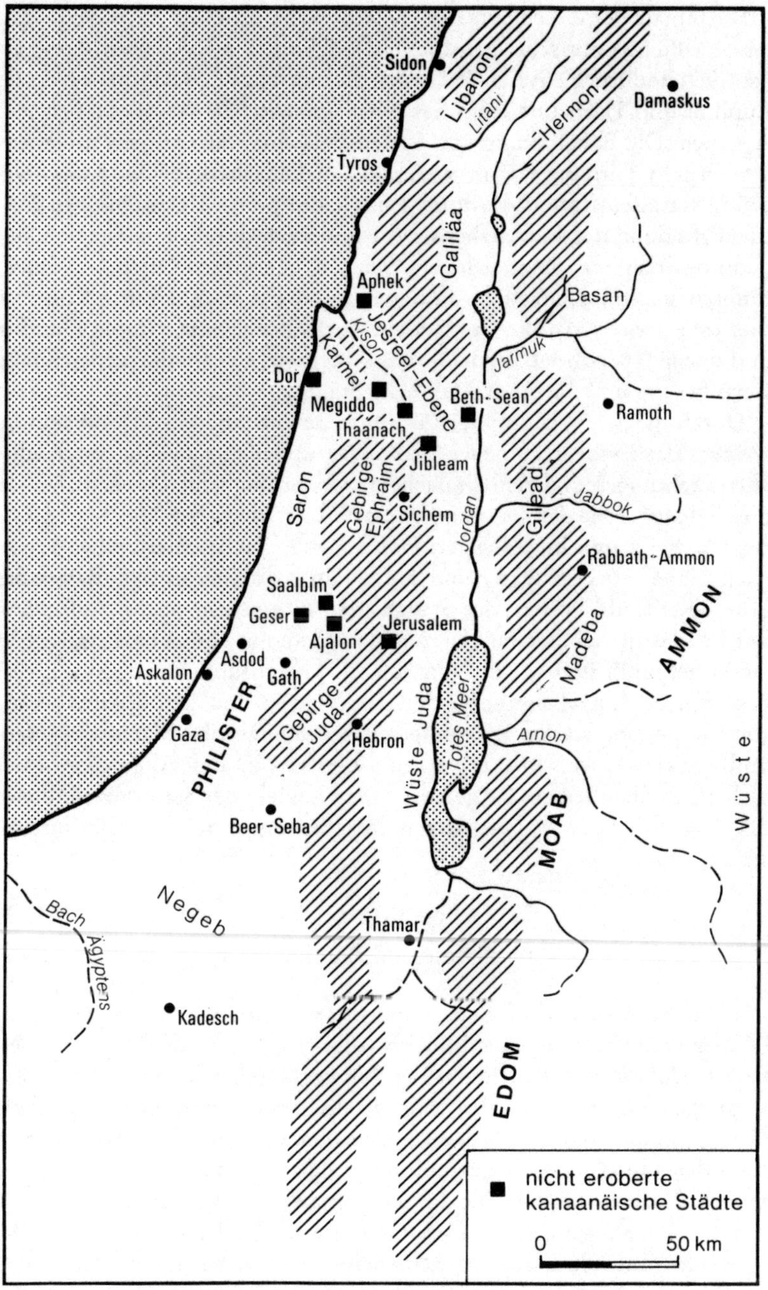

2. Geographische Beschaffenheit Palästinas

Schauplatz der Geschichte der Hebräer war ein Gebiet, auf welches unterschiedliche politische, geistige und religiöse Einflüsse einwirkten. Es war die Landbrücke Syrien-Palästina, die zwischen den Kulturländern an Euphrat und Tigris und längs des Nils lag, zwischen Mesopotamien und Ägypten. Die Bevölkerung von Syrien-Palästina war seit dem ausgehenden dritten Jahrtausend im wesentlichen kanaanäisch. Die Kanaanäer gründeten Kleinstaaten, die durch Entwicklung einer eigenständigen Kultur, Erfindung der Buchstabenschrift und auch durch ihre Religion Bedeutung erlangten. Sie siedelten in Städten, befestigten Orten, mit einem differenzierten Sozialgefüge, an deren Spitze die Stadtherren – Könige – und eine breite Aristokratie standen. Zur Mittelschicht zählten Händler und reiche Grundbesitzer; die Grundschichten bildeten die nichtseßhafte Bevölkerung und die große Masse der Städter.

Durch die Schwächung der Großmächte entstand ein Machtvakuum, welches das Eindringen neuer Siedlungsgruppen aus zwei unterschiedlichen Richtungen und zeitlich nacheinander ermöglichte. Als erste kamen die Philister, Teile der sogenannten Seevölker, die sich an der Küste festsetzten. Sie waren in der ersten Hälfte des 12. Jahrhunderts über Syrien nach Süden vorgedrungen und hatten im palästinensischen Raum das dort bestehende System der Stadtstaaten übernommen: die Aufteilung des Landes in viele kleine Herrschaftsgebiete mit einem befestigten Ort als Mittelpunkt und einem Dynasten als Oberhaupt. Mit ihren schwerbewaffneten Einzelkämpfern, den Streitwagen und den Söldnerheeren stellten sie eine starke, zusammengefaßte militärische Macht dar. Neu, und zugleich entscheidend, war im Gegensatz zu den Alleingängen der bisherigen Stadtherren das gemeinsame Handeln der Stadtstaaten, die in der Nachfolge der Ägypter die politische Hegemonie in Palästina anstrebten.

Landnahme und Landesausbau

Für die etwas später von Süden und Osten eindringenden Hebräer verblieben dann die weitgehend noch siedlungsleeren Räume. Der Sammelbegriff *Hebräer* sollte nicht darüber hinwegtäuschen, daß es isolierte Bewegungen einzelner Familien, Sippen oder Sippenverbände waren. Diese Gruppen bestanden aus Kleinviehnomaden, die mit ihren Herden während der winterlichen Regenperiode in den Gegenden zwischen Wüste und Kulturland lebten. Sobald im Sommer die Vegetation verdorrte, mußten sie gezwungenermaßen tiefer ins Kulturland eindringen. Das Nomadentum mit seiner eigentümlichen Kultur bestimmte das Leben der Hebräer bis zum Ende der Monarchien und noch darüber hinaus. Die Sippen, die auf dem Wege des Weidewechsels ins Land kamen, gingen allmählich dazu über, sich in den relativ dünn besiedelten oder ganz menschenleeren Gebirgsregionen niederzulassen und, zum Teil unter Urbarmachung des Waldes, mit dem Ackerbau zu beginnen. In dieser Phase verlief die *Landnahme* in der Regel friedlich. Die einsickernden Gruppen der Hebräer waren angesichts der überlegenen Kriegstechnik der Kanaanäer und Philister gar nicht in der Lage, eine militärische Auseinandersetzung um das Land zu riskieren. Folglich lief die Landnahme unter wenig spektakulären Bedingungen ab, was dazu führte, daß keine ausführlichen Überlieferungen vorliegen. Roden und Urbarmachen, Aussaat, Ernte und Herdenalltag sind eben kaum erzählenswert. Allerdings blieben sich die Hebräer stets der Tatsache bewußt, daß ihre Wurzeln außerhalb der späteren Staatsgrenzen lagen, daß sie in Kanaan nicht autochthon waren.

Erst nach einer längeren Phase der Seßhaftwerdung in den Bergregionen bildeten sich die Stämme heraus, die dann in die Täler drängten, wo sich kanaanäische Städte befanden. Bei diesem *Landesausbau* kam es zu militärischen Auseinandersetzungen. Nun erwies sich, wie weit die Gegner gerüstet waren. Die Einzelaktionen der schlecht bewaffneten und ungeübten Stämme hatten gegen die Söldner der Philister nur selten Erfolg; wenn überhaupt, wurde er durch List (S. 29) oder Verrat erreicht.

Wie schwierig es für die Hebräer war, gegen die mächtigsten Stadtstaaten etwas zu unternehmen, zeigt das sogenannte *negative Besitzverzeichnis* im ersten Kapitel des Richterbuches im Alten Testament, eine Aufzählung von Kanaanäerstädten, die überwiegend in den fruchtbaren Ebenen und entlang der wichtigsten Handelsstraßen lagen: Dor, Megiddo, Thaanach, Jibleam, Beth-Sean im Norden, Geser, Ajalon, Saalbim, Jerusalem im Süden (Abb. 2). Diese Orte bildeten Querriegel als Folge der geographischen Beschaffenheit Palästinas, was die Kanaanäer in den Städten strategisch und machtpolitisch ausnutzten. Erst David als König sollte es gelingen, diese Riegel aufzubrechen und die Städte einzunehmen (S. 33).

Verglichen mit den kanaanäischen Städten (S. 22) finden wir bei den einwandernden Hebräern ein völlig andersgeartetes Sozialgefüge, das nicht nach Schichten spezifiziert werden kann. Den Kern bildete die Großfamilie. In der Anthropologie definiert man die hebräische Familie als endogam, patrilinear, patriarchal, patrilokal und polygyn. Dies bedeutet: Ehen unter Blutsverwandten wurden bevorzugt, die Abstammung richtete sich nach der väterlichen Linie, das Familienoberhaupt besaß Macht über Leben und Tod, die verheirateten Söhne lebten beim Vater, und es war den Männern gestattet, mit mehreren Frauen verheiratet zu sein. Die hebräische Familie gehörte dem Typ der *Herrschaftsfamilie* an und umfaßte den Mann, seine Frau oder Frauen, seine Söhne, deren Frauen und Kinder und die noch nicht verheirateten Töchter; die Verwandten der Mutter gehörten nicht dazu. Die Großfamilie konnte aus einigen Dutzend oder über hundert Personen bestehen. Aus diesen Familien kamen die wehrpflichtigen Männer, freie Bauern, die so begütert waren, daß sie sich zum Kampf rüsten konnten. Mehrere solcher blutsverwandter Familien bildeten die Sippe, die häufig zusammen in Ortsgemeinschaften siedelte.

Auf dem Boden Kanaans entstand nach der Landnahme aus den in einem begrenzten Raum lebenden Sippen der Stamm. Es war dies eine Interessengemeinschaft loser Art, bei deren Konstituierung militärische Überlegungen überwogen, wenn die einzelnen Sippen zur Abwehr der Feinde nicht mehr stark genug waren. Ein solcher Stamm wurde von einem internen Gremium geleitet: von den Ältesten, vielleicht allen Sippenältesten, die wiederum die Oberhäupter der betreffenden Großfamilien waren. Sie hatten zwar die unterschiedlichsten Aufgaben inne, waren aber nie mit einem physischen Zwangsapparat ausgestattet und verfügten über keinerlei ökonomisches Abgabensystem.

Nomadentum

Aus den unterschiedlichen Sozialgefügen resultierte ein Gegensatz zwischen Städtern und Nomaden. Unsere Kenntnisse über die Haltung der Städte zu den einwandernden Nomaden oder Halbnomaden haben wir vor allem aus babylonischen Quellen. Vom Standpunkt der fest ansässigen Ackerbauern war der Nomade der Mann der Steppe, der im Hochland wohnt, ein aller Kultur fernstehender Barbar, der kein Haus kennt und vom Getreide nichts weiß, da er den Boden nicht bebaut. Er nährt sich von rohem Fleisch, ist nicht ‚zivilisiert'; kurz: ihm fehlen die Umgangsformen der ‚urbanen' Welt. Gegen solche Nomaden errichteten die Städte Mauern und fühlten sich hin und wieder sogar genötigt, mit Waffengewalt vorzugehen. War es ein Zufall, daß sich spätere antike Historiker mit Nomaden nahezu ausschließlich im Erzählzusammenhang militärischer Ereignisse beschäftigten?

Das hier knapp skizzierte Bild gehört zum Klischee der antiken Historiker, von den hier zusammengefaßten babylonischen Texten über Herodot (um 484–425) bis Cassius Dio (um 160–235 n. Chr.). Die Gleichförmigkeit und Regelmäßigkeit, mit der solche Urteile über Nomaden fallen, spricht für die Existenz eines antiken Nomadendiskurses, den seßhafte Völker jeweils unabhängig voneinander nach Kontakten mit Nomaden herausbildeten. Der Diskursbegriff geht auf Michel Foucault zurück. Er versteht darunter ein komplexes Aussagesystem mit schriftlich fixierten oder mündlich tradierten Bedeutungselementen, die sich als Kategorien nur schwer aufspüren lassen, die aber weit über die Werke eines Autors und über einen engen Zeitraum hinausreichen. Gegenüber der historischen Aussage eines solchen Diskurses ist stets Vorsicht angebracht.

Die nomadische Seite sah ihre Lebensweise notwendigerweise anders; ihre Sicht der Dinge hat in nennenswertem Umfang allein das Alte Testament bewahrt. Zweifellos betrachteten die Kleinviehnomaden das Gebiet, in das sie eindrangen, als ein Land, worin Milch und Honig flossen (Exodus 3, 8); denn auf diesem Land konnten Getreide, Öl, Wein und Früchte im Überfluß geerntet werden. Sie dagegen lebten in einer Region, in der es das alles nicht gab, ja wo nicht einmal genügend Trinkwasser vorhanden war. Der für den Nomaden allgemein charakteristische Beuteerwerb erklärt sich auch aus den ärmlichen Lebensbedingungen. Gegenüber dem ortsgebundenen Städter demonstrierten die Nomaden das Selbstbewußtsein des frei umherstreifenden Menschen. Eine solche Äußerung liegt in dem Geburtsorakel des Ismael vor (Genesis 16, 12):

> Er wird ein Mensch sein wie ein wilder Esel –
> Seine Hand wider alle, aller Hand wider ihn!
> All seinen Brüdern lebt er ins Gesicht.

Und wenn die Städter Mauern errichteten als Abgrenzung gegen die Nomaden, so antworteten diese mit einer Abgrenzung gegen die städtische Kultur, indem sie in ihren Erzählungen den Brudermörder Kain, den aus der Gemeinschaft Ausgestoßenen, zum Ahnherrn der Städte machten. Abneigung gegen die Stadt und damit gegen den Städtebau kennzeichnet auch die Erzählung vom Turmbau zu Babel (Genesis 11, 1–9). In der patriarchalisch organisierten Sippe gab es nur eine Sprache; in der Stadt dagegen herrschte eine Vielfalt von Sprachen, von Gebäuden, von Sitten.

Dieser Gegensatz Stadt-Land blieb von Bedeutung, weil die frühen Erzählungen der Hebräer Auseinandersetzungen der Nomaden mit den kanaanäischen Städten schilderten. Und als in der Königszeit die Unzufriedenheit mit dem System der Monarchie und der sozialen Entwicklung wuchs, griff man auf die Traditionen der *guten alten Zeit* zurück, in der die Gentilordnung, die aus der nomadischen Lebensweise resultierte, noch funktioniert hatte.

Segmentäre Gesellschaft

Die bisher geschilderte Art der Landnahme und des Landesausbaus basiert zwar auf einzelnen Quellenfragmenten des Alten Testaments, folgt allerdings nicht dem dort vorgelegten Gesamtschema. Jede Geschichtsdarstellung der Hebräer, der Landnahme und der Entstehung der Monarchie folgt einem bestimmten Konzept, legt ein *Modell* zugrunde. Drei solcher Modelle möchte ich hier vorstellen.

Für die folgenden Überlegungen wie für jede Beschäftigung mit Geschichte gilt, daß drei Ebenen zu konstatieren sind:

1. die der historischen ‚Realität',
2. die der Bewertung und Sinngebung durch die antiken Autoren – im folgenden durch die Hebräer im Alten Testament,
3. die der modernen Historiographie.

Der Begriff ‚Modell' ist im allgemeinen der dritten Ebene zuzuweisen, wenn die heutige Geschichtswissenschaft nach Wegen sucht, durch die Ebene zwei zur Ebene eins durchzustoßen; dies ist auch bei den Modellen zwei (S. 30) und drei (S. 30) der Fall. Doch schon das Alte Testament selbst, das für uns die zweite Ebene bildet, geht bei der Darstellung der eigenen Vergangenheit von einem Modell aus.

Es ist dies das Konzept eines von Anfang an gemeinsamen Handelns aller Hebräer, ganz *Israels*, wie es im Alten Testament meist heißt. Diesem Konzept liegt eine theologische Wertung zugrunde, der die historische Entwicklung und deren Schilderung rigoros untergeordnet werden. Dabei bestimmt im Alten Testament wie in Teilen der Forschung eine im Hintergrund stehende Idee einer staatlichen Gesellschaft die Art der Darstellung. Folglich wird der langwierige Prozeß der Okkupation Kanaans generalisiert und nationalisiert, schließlich auf einzelne Helden zugespitzt. So entsteht vor unseren Augen das Bild eines einheitlichen Unternehmens, einer einmaligen großen Eroberung des gesamten Landes, die unter Josua beendet wurde. Diese Entwicklung wird mit der Feststellung abgeschlossen: „So gab Jahwe den Israeliten das ganze Land, das er geschworen hatte, ihren Vätern zu geben. Und sie nahmen es in Besitz und ließen sich darin nieder. Und Jahwe verschaffte ihnen ringsum Ruhe, ganz so wie er ihren Vätern geschworen hatte, und niemand hielt stand vor ihnen von all ihren Feinden; alle Feinde gab Jahwe in ihre Hand" (Josua 21, 43–44). Das ist eine planvoll komponierte und durchstrukturierte Bearbeitung älterer Quellenbestände.

Dieses Modell prägt auch die weitere Darstellung der Zeit der Landnahme und der Königszeit. Damals konstituierten sich die Stämme und breiteten sich aus, wodurch militärische Konflikte mit Kanaanäern und Philistern häufiger wurden. In dieser Zeit gab es gelegentlich Erfolge, die einzelnen militärischen Führern zu verdanken waren, die man Retter oder Richter nannte und deren Taten sich dem Kollektivgedächtnis einprägten. Auf der Grundlage des gemeinsamen *Israel* konstruierten die alttestamentlichen Redaktoren ein einheitliches Schema solcher Errettungsvorgänge; die Geschichte von Othniels Sieg über einen sonst nicht weiter bekannten Herrscher (Richter 3, 7–11) besteht fast ausschließlich aus Collagestücken, die üblicherweise nach folgendem Schema um die ursprünglichen Erzählungen montiert sind: Das Volk tat, was Jahwe mißfiel. Da entbrannte der Zorn Jahwes wider das Volk, und er verkaufte es in die Hand der ... Da schrie das Volk zu seinem Gott, und dieser schickte ihm einen Retter. Dieser Retter schlug den Feind und befreite das Volk.

Da hatte das Land ... Jahre lang Ruhe; dies ging solange gut, bis das Volk wieder tat, was Gott mißfiel, und alles von vorne begann. Durch diese Kompositionstechnik wird die Meinung suggeriert, ein Retter sei dem anderen gefolgt, der jeweils *alle* Stämme aus einer Bedrohung errettet und dann ein lebenslanges Amt bekleidet habe. Die Texte im Alten Testament gaben sich von einem einheitlichen Vorgehen aller Stämme überzeugt und stellten daher lokale Helden und lokale Konflikte in einen gesamtisraelitischen Kontext.

Das Ergebnis einer solchen Bearbeitung läßt sich anhand der Rettungstat des Gideon verdeutlichen, die das Richterbuch enthält. Folgen wir zunächst der Schilderung des Alten Testaments. Das zuvor erzählte Geschehen endet mit der Feststellung: „Und das Land hatte vierzig Jahre lang Ruhe" (5, 31). Dann fährt der Text fort: „Die Israeliten aber taten, was Jahwe mißfiel. Da gab sie Jahwe in die Hand der Midianiter, sieben Jahre lang. Und da die Hand der Midianiter schwer auf Israel lastete, machten sich die Israeliten zum Schutz vor den Midianitern Schlupfwinkel in den Bergen, die Höhlen und Burgen. Und so oft die Israeliten gesät hatten, zogen die Midianiter und die Amalekiter und die aus dem Osten wider sie heran, griffen sie an und vernichteten den Ertrag des Landes bis gegen Gaza hin und ließen keine Lebensmittel übrig in Israel, auch keine Schafe, Rinder und Esel. Denn wenn sie mit ihren Herden und Zelten heranzogen, kamen sie so massenhaft wie Heuschrecken; sie selbst und ihre Kamele waren nicht zu zählen, und sie fielen ins Land ein, um es zu verheeren. So wurde Israel durch die Midianiter sehr geschwächt" (6, 1–6).

Eine Bedrohung besonderer Art ging von den Midianitern aus. Diese sind die eigentlichen Feinde, die in der ursprünglichen Erzählung genannt werden; ‚die Amalekiter und die aus dem Osten' sind ein späterer Zusatz. Die ‚Amalekiter' gehören zum Standardrepertoire solcher redaktioneller Änderungen, und die Formulierung ‚die aus dem Osten' ist zwar recht phantasielos, läßt aber die Bedrohung noch gewaltiger erscheinen. Die Midianiter konnten mit ihren Kamelen weiträumige Raubzüge unternehmen; so waren sie äußerst mobil und verbreiteten unter den von ihnen Angegriffenen Angst und Schrecken. Die neuartige Bedrohung, die diese Kamelreiter darstellten, klingt in der Erzählung noch an: Massenhaft und schnell wie Heuschrecken fallen sie über das Land her. Hier ist ein Bild verwendet, welches noch heutigen Bewohnern dieser Regionen Gefährdung anschaulich macht. Schutz fand die Bevölkerung eine Zeitlang nur dadurch, daß sie sich in die für Kamele unzugänglichen Berge zurückzog und zeitweise in Höhlen lebte, bis die Gefahr vorübergegangen war.

Diese Gefahr bestand in einer jährlich wiederkehrenden Bedrohung der Ernte – die Angabe von sieben Jahren weist auf ein sich mehrmals wiederholendes Ereignis –, die allerdings im Nachhinein als dauernde Okkupation gesehen wurde. Nachdem die Erzählung anschließend in einem angeblichen Prophetenspruch das erläutert, was ‚dem Herrn mißfiel', lernen wir den ‚Helden' der Geschichte kennen: Es ist Gideon, jüngster einer nicht genannten Zahl von Söhnen, der in der Kelter Weizen drosch, um ihn vor den Midianitern in Sicherheit zu bringen (6, 11). Bei ihren Beutezügen setzten die Midianiter auf der Höhe von Beth-Sean über den Jordan über und führten Schafe, Rinder, Esel und Lebensmittel fort. Wie sehr man sich an die Regelmäßigkeit der Überfälle gewöhnt hatte, zeigt die Bemerkung, daß Gideon aus Furcht vor ihnen das Getreide nicht auf der Tenne drosch, wo es dem Zugriff von Plünderern offenlag, sondern an einem weniger zugänglichen Ort. Bei diesen Beutezügen waren des öfteren Menschenleben zu beklagen (8, 18), und ein solcher Vorfall provozierte auch das Unternehmen des Gideon. Sein Motiv zur Verfolgung der Midianiter war dabei privater Natur: Er verfolgte sie wegen einer Blutrache, denn er wollte Vergeltung für die Ermordung seiner Brüder üben, die bei der Verteidigung ihres Eigentums gestorben waren. Der Angriff auf die Midianiter geschah spontan; dabei fand Gideon nur die Unterstützung der Mitglieder seiner Sippe. Die dort angegebene Zahl von 300 Leuten, den wehrfähigen Männern der Sippe, kommt dem geschichtlichen Sachverhalt offenbar recht nahe, obgleich stets Vorsicht bei Zahlenangaben in antiken Quellen angebracht ist (S. 127).

Diese Zahl lag der ursprünglichen, in der Familie des ‚Retters' von Generation auf Generation tradierten Erzählung zugrunde. Nun ist klar, daß dies nicht das Heeresaufgebot von ‚ganz Israel' etwa aus der Sicht der Monarchien gewesen sein kann. Die in dem oben zitierten Anfang der Erzählung erwähnte Ausdehnung des Überfalls der Midianiter – ‚bis gegen Gaza' – entstammt einer Definition des Herrschaftsbereichs der Doppelmonarchie (S. 35). Der spätere Redaktor, der die Familiensaga in sein Geschichtsbild einpassen wollte, mochte offensichtlich diese Zahl nicht unterdrücken und erfand statt dessen eine hübsche Geschichte, um Anspruch (ganz Israel) und Realität (die in der Tradition vorgegebene Zahl von 300 Kämpfern) miteinander zu verbinden.

Diese Arbeitsweise bietet uns einen unschätzbaren Vorteil. Im Verständnis der biblischen Redaktoren handelte es sich bei dem, was sie schilderten, vorrangig nicht um historische Erzählungen, sondern um Heilsgeschichte, um das Wirken Gottes mit und an seinem Volk in seiner Welt. Wie alle Historiker empfanden sie zwar keine Scheu, Geschichte in diesem Sinne umzuschreiben, anders gesagt umzudeuten, sie besaßen aber dennoch so viel Respekt vor der als geheiligt angesehenen Tradition, um genügend Relikte ursprünglicher Überlieferung stehen zu lassen, oft aus dem Zusammenhang gerissen, umgeformt, neu interpretiert, wie Teile einer Collage verwendet. Wir müssen versuchen, die ursprünglichen Bilder zu rekonstruieren; die Texte des Alten Testaments stellen in diesem Zusammenhang ein Übungsfeld par excellence dar.

Zur Erzählung: Als Gideon auf einem Berg oberhalb der Midianiter lagerte, sprach Jahwe zu ihm: „Des Volkes bei dir ist zuviel, als daß ich die Midianiter in ihre Hand geben könnte" (7, 2). Eine militärtechnisch zunächst frappierende Feststellung, die der Redaktor den Gott aber selbst erklären läßt. Wenn so viele Soldaten gegen die Midianiter kämpfen, dann siegen die Israeliten aufgrund ihrer zahlenmäßigen Überlegenheit, was diese kaum veranlassen dürfte, das Eingreifen Gottes anzuerkennen, das sie ja wieder auf den rechten Weg des Glaubens führen soll. Also muß das enorme Aufgebot des Gideon reduziert werden, und dies geschieht in einem mehrstufigen Verfahren. Zunächst sollen alle diejenigen nach Hause gehen, die Angst haben; es verbleiben 22000 Mann, noch immer zu viele. Das zweite Auswahlkriterium bildet das Wassertrinken: „Jeden, der mit der Zunge Wasser leckt, wie ein Hund leckt, den stelle beiseite; ebenso jeden, der zum Trinken niederkniet" (7, 5). 21700 knieten nieder, um Wasser zu trinken, 300 leckten es wie ein Hund. Die Aufgabe des Redaktors ist gelöst, die Vorgabe der Erzählung erreicht, und zugleich wird dem Leser/Hörer der Geschichte klar gemacht, daß es sich bei dem, was anschließend geschieht, um ein Wunder handelt; denn immerhin sollen diese 300 gegen ein Heer kämpfen, das, wie nochmals betont wird, so zahlreich wie Heuschrecken ist (7, 13).

Nun kann endlich jener Vorgang geschildert werden, der die Heldentat des Gideon unsterblich machte. Nach einem der üblichen Beutezüge hatten die Midianiter in der Nähe von Sunem Rast gemacht und ihr Lager aufgeschlagen. Gideon kürzte bei der Verfolgung den Weg ab (8, 11), er brauchte sich nicht an die Route zu halten, die die Kamelnomaden nehmen mußten, und erreichte das Lager der Midianiter, die mit den Verfolgern so schnell nicht rechneten. Die Midianiter feierten den Sieg und genossen ihre Beute; hierbei dürfte reichlich gegessen und getrunken worden sein, was die Wachsamkeit weiter einschränkte. Gideon rüstete seine 300 Mann mit einem hohlen Widderhorn sowie mit einem Krug aus, in dem sich eine Pechfackel befand. Dann teilte er die Mannschaft in drei Gruppen und umzingelte nachts das Lager der Feinde. Auf ein Zeichen hin zerschlugen die Hebräer die Krüge, ließen dadurch die Fackeln aufflammen und bliesen aus Leibeskräften in die Hörner, ohne von der Stelle zu rücken. Solchermaßen aus dem Schlaf und Rausch aufgeschreckt – das plötzlich aufscheinende Licht verwirrte zusätzlich – wurden die Midianiter von Panik ergriffen und flohen. Gideon gelang es, zwei Gefangene zu machen. Das Ereignis hatte lediglich lokale und gänzlich partikulare Bedeutung. Die Erzählung schließt mit einem bereits bekannten Montageelement (8, 28): „So wurden die Midianiter vor den Israeliten gedemütigt, so daß sie ihr Haupt nicht mehr erhoben. Und das Land hatte 40 Jahre lang Ruhe, solange Gideon lebte."

Die Unzufriedenheit mit dem Konzept des Alten Testaments (S. 25) führte zur Entstehung von Gegenentwürfen in der heutigen Geschichtsschreibung. Als zweites *Modell* nenne ich die Amphiktyoniethese, die von Martin Noth in ihre klassische Form gebracht worden ist. Der Begriff ist aus der griechischen Geschichte entlehnt, wo Amphiktyonie, von griechisch amphiktiones, die ‚Umwohner', einen Bund von Stämmen und Städten bezeichnete, die sich um ein Heiligtum zu dessen Schutz zusammenschlossen (S. 75). Die These geht von der Annahme aus, daß die Stämme bald nach ihrem Seßhaftwerden in Palästina einen sakralen Zwölfstämmebund gebildet hätten, mit gemeinsamem Kultus, Zentralheiligtum und gegenseitigen Beziehungen der Mitglieder. Das Problem dabei stellt das Fehlen von Nachrichten über solche Institutionen in der alttestamentlichen Überlieferung dar. Noth begründete dies damit, daß man von regelmäßig arbeitenden und daher nicht besonders bemerkenswerten Institutionen nicht viel zu erzählen und weiter zu überliefern pflege. Das ist gewiß richtig; dennoch bleibt zu fragen, ob wir von dem Zwölfstämmebund vielmehr deshalb nichts wissen, weil es ihn nicht gab. Dabei soll das Verdienst dieser These überhaupt nicht in Abrede gestellt werden. Nietzsches Bemerkung, daß die Irrtümer großer Männer verehrungswürdig seien, weil sie fruchtbarer sind als die Wahrheiten der kleinen, trifft hier voll zu. Es ist evident, daß die Amphiktyoniethese sich eng an das Modell des Alten Testaments anschließt, wobei dessen Konzeption eines Gesamtisrael auf den sakralen Bereich reduziert worden ist.

So streng auch die Idee im Alten Testament durchgeführt ist, so liefern dieselben Quellen zugleich Ansatzpunkte des Zweifels an jenem Konzept. Denn in den alttestamentlichen Berichten schimmert, wie eben erwähnt, ein anderes Bild durch, das selbst die gründliche spätere Übermalung nicht völlig verdecken konnte. Die Stämme sind in jener Zeit weit davon entfernt, eine Einheit zu bilden. Rettergestalten wie Gideon kennen wir nur aus jenen Gebieten, die am stärksten einer feindlichen Bedrohung von außen ausgesetzt waren. Ansonsten hören wir auch von Differenzen zwischen einzelnen Stämmen, zum Teil sogar von kriegerischen Auseinandersetzungen. Es gab keinen gemeinsamen Plan, der den verschienen Aktionen zugrunde lag, sondern, wie es das Alte Testament an einigen Stellen selbst feststellt: Jeder tat, was er wollte. Es war eine Zeit der Anarchie, des Fehlens einer übergeordneten Herrschaft.

Damit leite ich zu einem dritten Modell über, das auch der von mir hier gegebenen Darstellung zugrunde liegt. Was wir ausmachen können, ist beispielsweise das Fehlen einer politischen Zentralinstanz, die mit Sanktionsmitteln versehen ist. Statt dessen bestimmen und regeln patrilinear gestaffelte Verwandtschaftsgruppen – von der Großfamilie über die Sippe zum Stamm – die Beziehungen der einzelnen zueinander.

Die Stämme gehören demnach zu einem Gesellschaftstyp, mit dem in der Ethnosoziologie agrarische, nicht staatlich organisierte Gemeinschaften zusammengefaßt werden: zur segmentären Gesellschaft. Den Begriff prägte Emile Durkheim. Er ist vor allem an Gesellschaften Afrikas des ausgehenden 19. und 20. Jahrhunderts erarbeitet worden. Das Modell wurde also nicht aufgrund der alttestamentlichen Quellen und nicht für die Geschichte der Hebräer entwickelt; befreit man aber die Erzählungen von ihrem redaktionellen Rahmen, so treten Elemente zutage, die sich gut mit den Erkenntnissen über segmentäre Gesellschaften vergleichen lassen. Und da die Vergleichspunkte hinreichend zahlreich sind, ist es erlaubt, die Ergebnisse der modernen Analyse auf die Geschichte der Hebräer zu übertragen.

Segmentäre Gesellschaften verfügen beispielsweise über Mechanismen, die verhindern, daß Besitzungleichheiten auf Dauer bestehen oder gar beständig ansteigen. Es fehlt vor allem die Eigentumsgarantie durch eine Zentralinstanz. Das Eigentum wird nur durch die Verwandtschaftsgruppen geschützt, folglich ist jeder Eigentümer auf das Wohlwollen der Gruppe angewiesen. So entsteht in segmentären Gesellschaften eine Mentalität, die als Gleichheitsbewußtsein charakterisiert werden kann und die zu Reaktionen gegen ‚Prominente' führt; sie bewirkt Widerstand gegen das Machtstreben von einzelnen. In heute sogenannten ‚Problemlösungssituationen' treten gelegentlich Führergestalten auf, aber sie treten auch wieder ab, wenn das ‚Problem' gelöst ist. Man folgt Gideon, anerkennt ihn als Führer gegen die Midianiter, aber nach deren Vertreibung ist Gideon wieder einer unter vielen, dessen Tat allerdings, da sie vom Alltagsleben abweicht, von der Erinnerung bewahrt wird. Es ist eine Gesellschaft, die nicht zwangsläufig auf einen Staat hinführt, allerdings kann durch äußeren Druck rasch eine Monarchie, das heißt eine Zentralinstanz, entstehen.

David

In der soeben im wesentlichen aus der Sicht des Nordens geschilderten Zeit erlebte Juda, der Süden, eine selbständige, von den übrigen Stämmen unabhängige Entwicklung. Die Landnahme des späteren Stammes vollzog sich bereits getrennt von den übrigen. Wichtig war vor allem die früh erfolgte Veränderung der Siedlungsstruktur hin zu städtischen Zentren. Juda war bereits vor David eine geeinte politische Größe, die durch einen in Hebron agierenden Männerrat regiert wurde.

David (ca. 1000–965) stammte aus Bethlehem im nördlichen Teil Judas. Er erfuhr von den Aktivitäten Sauls, der eine Koalition einiger nördlicher Stämme gegen die Philister zustande gebracht hatte. David trat als Söldner in dessen Heer ein und wurde ein Truppenführer. Als er in Ungnade fiel, floh er nach Juda zurück und sammelte in der Folgezeit eine kleine schlagkräftige Armee um sich: Leute der eigenen Sippe, Besitzlose, Personen außerhalb der Gesellschaft, die der bereits bestehenden oder drohenden Schuldsklaverei entflohen waren. Auf diese Weise gewann David eine ihm persönlich ergebene Söldnertruppe und eine Hausmacht, die noch während der Monarchie eine wichtige Rolle spielte.

David trat in die Dienste eines Philisterfürsten, um die Ernährung seiner Soldaten und ihrer Familienangehörigen, die keinen festen Wohnsitz besaßen, auf eine dauerhafte und solide Basis zu stellen. Als die Koalition einiger nördlicher Stämme unter Saul bei Aphek von den Philistern vernichtend geschlagen worden war, mußte dies auch in Juda Besorgnis erregen. In dieser Situation bot sich Juda in David ein Führer an, dessen militärische Leistungen allgemein Anerkennung genossen und der gleichzeitig bei den Philistern in Ansehen stand, so daß Juda mit ihm eine Art Garantie vor einem Angriff der Philister erhielt. David zog nach Hebron und besetzte die Stadt und deren Umgebung. Aufgrund seiner Machtstellung wurde er durch einen formellen Akt König von Juda, womit in diesem Gebiet die Monarchie errichtet war. Die Selbständigkeit Judas seit den Tagen der Landnahme steigerte sich zum Machtfaktor in einer nunmehr veränderten politischen Landschaft. David machte Juda zu einem Staat, der mehrere Jahrhunderte Bestand hatte.

David war Judäer, und er hatte unter anderem als Vasall der Philister früh städtisches Leben und Stadtkönigtümer kennengelernt. Infolgedessen richtete er sein Königtum nach dem kanaanäischen Vorbild aus und bewegte sich völlig in den Bahnen der territorialen Staatenbildung. Später schuf er sich ein städtisches Zentrum in Jerusalem, dessen Stadtkönigtum er ebenfalls übernahm, womit sich die kanaanäische Komponente seiner Herrschaft noch verstärkte; dafür war auch das dynastische Prinzip kennzeichnend. Als König war David Führer im Krieg, leitete die Außenpolitik und nahm Aufgaben in der Rechtsprechung wahr. Er bekleidete kultische, priesterliche Funktionen und garantierte als König das Wohlergehen der Bewohner und die Fruchtbarkeit des Bodens.

Israel, der Norden, wurde dagegen nicht von sich aus zu einem Staat, sondern durch zweifache Einwirkung von außen. Dies entspricht den Ergebnissen der Erforschung von segmentären Gesellschaften, die unter anderem durch äußeren Druck und Berufung fremder Führer zur Bildung von Zentralinstanzen gelangen. Der äußere Druck ging von der ständigen Bedrohung durch die Philister aus. Sie brachten den nördlichen Stämmen mehrere militärische Niederlagen bei, wie die zwei entscheidenden bei Aphek unmittelbar in der Zeit vor der Entstehung der Monarchie. Solche Niederlagen ließen die Notwendigkeit einer gemeinsamen Führung und Handlung erkennen. Wiederum von außen, durch den judäischen König

David, kam die Monarchie nach Israel und mit ihr die erzwungene, aber nicht gewachsene Einheit unter diesem König. Dies erklärt die Labilität des Königtums im Norden; denn mit David entfiel die Bedrohung durch die Philister ein für allemal, also der Zwang zum Zusammenhalt und damit wiederum die Notwendigkeit der Zentralinstanz, der Monarchie. Dieser Zwang wurde schon unter David, wohl auch unter Salomo (ca. 965–932) und endgültig unter dessen Nachfolger in Israel, Jerobeam (932–911), durch den Gegensatz zu Juda ersetzt, was letzten Endes in Israel die Monarchie zwar nicht stabilisierte, aber auf Dauer institutionalisierte.

So waren David Machtmittel zugewachsen, wie sie vor ihm noch keinem Hebräer zu Gebote gestanden hatten. Sie ermöglichten Eroberungen, die Davids Reich für einige Augenblicke der Weltgeschichte in die Reihe der Großmächte des Alten Orients stellen sollten. Zunächst wurden die Philister auf ihre Kerngebiete an der Küste zurückgedrängt; sie hörten auf, eine politische Rolle im östlichen Palästina zu spielen. Nacheinander unterwarf David Ammon, Moab, Edom und den Aramäerstaat um Damaskus (Abb. 3). Sein Reich erstreckte sich in der Tat von der ägyptischen Grenze bis nahe an den Euphrat; es war das größte Staatengebilde, das je ein hebräischer König unter seine Kontrolle bringen sollte, indem er die Gunst einer historischen Machtkonstellation nutzte.

Salomo

In der Auseinandersetzung um die Nachfolge Davids vermischten sich persönliche und strukturelle Probleme. Wie alle Großen seiner Zeit nutzte David die Möglichkeiten der Polygynie, um durch eine große Zahl von Frauen seinen gesellschaftlichen Rang zu betonen. Dies bedeutete zugleich, daß er viele Söhne hatte, was sich für das komplizierte Machtgefüge und die politische Unausgeglichenheit der Reichsteile als Problem herausstellte. Hinzu kam der Gegensatz zwischen Stadt und Land, die Aversion der ländlichen hebräischen Bevölkerung vor allem in Israel gegen die nun allmählich integrierten kanaanaischen Städte, vor allem gegen die Hauptstadt Jerusalem. Das Gleichheitsbewußtsein der segmentären Gesellschaft war noch wach und übte seine Wirkung. Schließlich griff ja die Monarchie, die Hofstaat und Beamtentum neu einzurichten und zu versorgen hatte, erheblich in die Gesellschaftsordnung ein. Erst nach mehreren Aufständen setzte sich Salomo als Nachfolger durch.

Das Bild von Salomo (um 965–932) im Alten Testament ist längst nicht so farbig wie dasjenige seines Vorgängers. Dies zeigt, daß Historiker sich schwer tun – und die alttestamentlichen Erzähler und Redaktoren bilden da keine Ausnahme –, unblutige Zeiten, Friedensperioden ähnlich ausführlich und anschaulich zu schildern wie Kriege. Salomo beschränkte

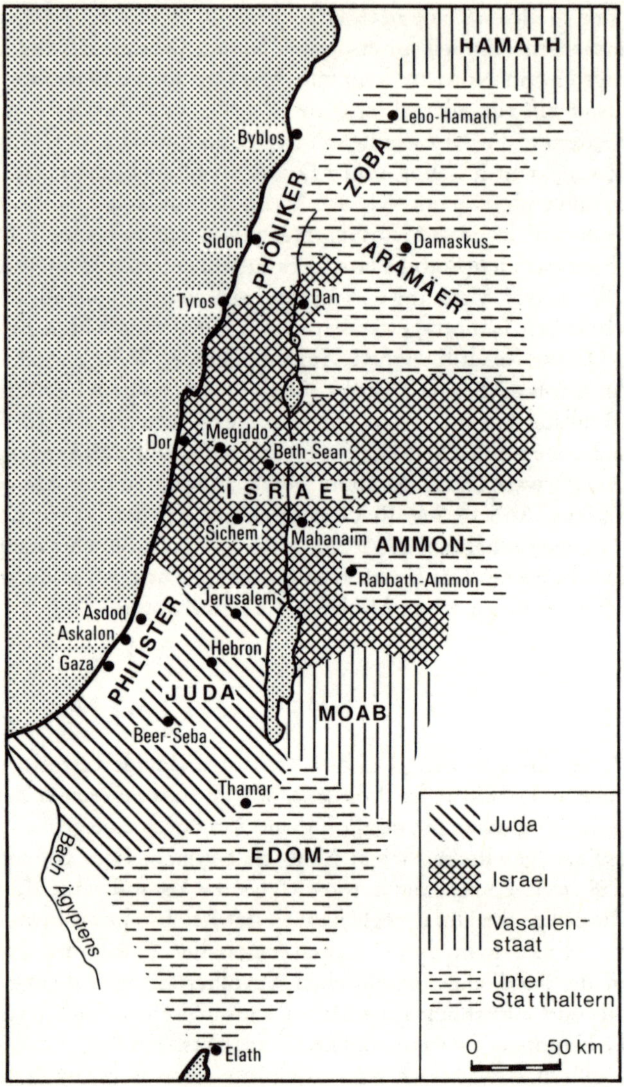

3. Eroberungen Davids

sich vornehmlich darauf, das angetretene Erbe zu bewahren. Er konnte und wollte allerdings das Aufstreben eines neuen starken Machtgebildes im Norden nicht verhindern: Um Damaskus herum entstand ein mächtiger Aramäerstaat. Innenpolitisch baute Salomo den Regierungsapparat und vor allem die Hauptstadt Jerusalem aus. Der märchenhafte Prunk seines Hofes, die beeindruckende Masse der Streitwagen mit ihren Kriegern, die erlesenen Luxusgüter, seine mitunter bizarren diplomatischen Gäste, die Qualität der Materialien mancher Bauten, das mit Sammeleifer zusammengetragene enzyklopädische Wissen, all dies erregte Staunen bei seinen weithin bäuerlich gebliebenen hebräischen Untertanen; aber er blieb dem Norden fremd. Die künstliche Einigung von Juda und Israel zerbrach deshalb nach Salomo und fand ein ebenso abruptes wie unwiderrufliches Ende.

Die Doppelmonarchie unter Salomo war zweifellos das großartigste Gebäude hebräischer Staatsentfaltung – und die Rückbesinnung verklärte diese Tatsache immer mehr. Und dennoch erwies sich vieles nur als eine glänzende Fassade, hinter der Spannungen politischer, religiöser, sozialer und wirtschaftlicher Art herrschten, die das davidisch-salomonische Staatsgebilde als brüchiges Konglomerat offenbarten und es binnen kurzer Zeit zum Einsturz brachten. Die Geschichte bis zum Ende der Monarchien in Israel (721) und Juda (567) war geprägt von einem Nebeneinander, das mit teilweise erbitterten militärischen Auseinandersetzungen der beiden Zwergstaaten abwechselte, auf die die Politik der großen Nachbarn bald wieder einwirkte.

Bereits 926 zog der Pharao Schoschenk (935–915) nach Palästina. Er begründete nicht nur eine neue ägyptische Dynastie, sondern versuchte darüber hinaus, die längst verlorene Autorität in Kanaan wiederherzustellen. Eine Siegesstele des Pharao am Amun-Tempel von Karnak stellt 165 Gefangene dar, die dem Pharao an Stricken zugeführt werden; sie symbolisieren Ortschaften. Die Inschriften in den Kartuschen der hier abgebildeten Beispiele (Abb. 4) bezeichnen – von links nach rechts – die israelitischen Städte Rehab, Beth-Sean, Sunem und Thaanach. Dieser Hinweis mag exemplarisch daran erinnern, daß die Geschichte der hebräischen Monarchien wesentlich aufgrund von Quellenzeugnissen außerhalb des Alten Testaments geschrieben werden muß.

Nach der Konzentration auf die innere Entwicklung soll daher die Einbindung der hebräischen Monarchien in die Geschichte des Alten Orients im Vordergrund stehen.

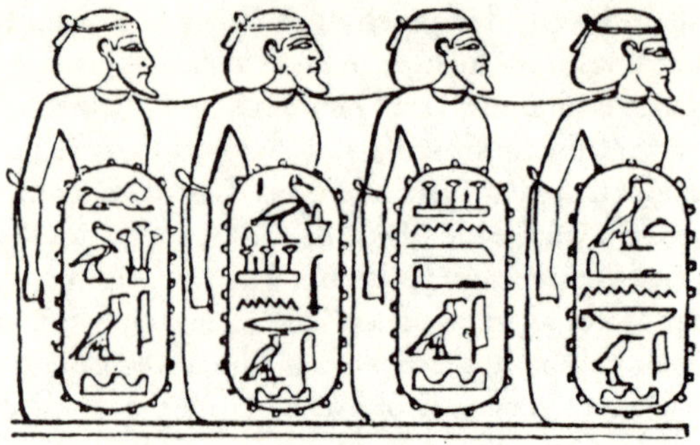

4. Darstellung israelitischer Städte aus der Liste des Pharao Schoschenk

Israel

Die Entwicklung der Stämme vor der von außen erfolgten Einigung durch den Judäer David erklärt weitgehend die Instabilität der Monarchie. Ablesbar ist dies an der Zahl von 19 Herrschern, die das Land während der 210 Jahre seiner Unabhängigkeit (932–721) erlebte; ebenso viele regierten in Juda während 345 Jahren. Eine dynastische Tradition kam in Israel kaum zustande, obwohl der Wille zur Dynastiebildung immer wieder wirksam wurde. Der Grund des häufigen Wechsels lag in den alten Stammesrivalitäten begründet sowie in denen zwischen hebräischen und kanaanäischen Bevölkerungselementen, die sich gelegentlich in Massakern an der gegnerischen Priesterschaft entluden. Israel war durch die Einverleibung kanaanäischer Landesteile zwar größer und reicher als Juda, aber aufgrund seiner geographischen Lage auch stärker Einflüssen von außen ausgesetzt, die zur Labilität dieser Monarchie beitrugen.

Nachfolger Salomos im Norden wurde Jerobeam I. (932–911), dessen wichtigste Maßnahme neben der Fortsetzung der Monarchie es war, dem erstmals eigenständigen Königreich religiöse Zentren zu schaffen. Als Ersatz für den Tempel in Jerusalem richtete er zwei neue zentrale Heiligtümer in Bethel und Dan ein, an der Süd- und Nordgrenze seines Reiches, unterstrich damit aber eher die Zersplitterung des Landes. Nach dem Tode Jerobeams erlebte Israel einen Bürgerkrieg, in dem sich erst nach langen Wirren Omri (886–875) durchsetzen konnte; mit ihm und seinen Nachfolgern erhielt Israel die erste wirkliche Dynastie und eine Hauptstadt: Samaria. Die Bedeutung dieses Herrschers dokumentieren jene assyrischen Texte, die Israel als das ‚Land von Omri' bezeichnen, selbst als es den Staat bereits nicht mehr gab (Texte aus der Umwelt des Alten Testaments [TUAT] 1, 4, 363. 386). In die Regierungszeit der Omriden fällt das erste Übergreifen der Assyrer auf Syrien-Palästina. Bereits Assurnasirpal II. (884–859) war nach Nordsyrien vorgestoßen, hatte seine Waffen

5. Darstellung Jehus vor Salmanassar III.

im Mittelmeer ‚gereinigt' und 870 von einigen phönikischen Städten Tribute empfangen (TUAT 1, 4, 358–360). Sein Sohn Salmanassar III. (859–824) drang schon in das südliche Syrien vor. Eine militärische Koalition, zu der auch Ahab von Israel (875–853) gehörte, schlug er 853 bei Karkar (ebd. 360–362), ohne daß sich daraus den Assyrern augenblicklich Perspektiven eröffneten.

Die Dynastie der Omriden wurde in einem Blutbad ausgerottet, und der anschließende Bürgerkrieg schwächte das Land immer mehr. Symptomatisch dafür ist die Regierungszeit des Jehu (842–815). Er ist der einzige hebräische König, von dem eine Abbildung erhalten ist (Abb. 5): auf einem Obelisken des assyrischen Herrschers Salmanassar III., der 841 Tributzahlungen von Israel empfing. Das Bild zeigt Jehu vor dem Großkönig auf dem Boden, um ihm seinen Tribut anzubieten, während Salmanassar ein Trankopfer darbringt. Rechts und links stehen Diener mit Wedel, Zepter und Sonnenschirm. Über der Szene befinden sich die geflügelte Sonnenscheibe und der Ischtarstern. Der Text zu dem Bild listet in bürokratischer Gründlichkeit die Wertsachen auf: Als „Abgabe nahm ich in Empfang von Jehu, vom Haus Omri [die assyrische Bezeichnung für Israel, S. 36]: Silber, Gold, eine Schale aus Gold, eine Schüssel aus Gold, Becher aus Gold, Eimer aus Gold, Zinn, ein Zepter für die Hand des Königs und Jagdspieße" (TUAT 1, 4, 363).

Nach kurzfristigen zwischenzeitlichen Erfolgen kam das Ende für das Nordreich, als Assyrien seine Westgrenze immer weiter vorschob. Im Jahre 745 bestieg Tiglatpilesar III. (745–727) den Thron, und mit ihm begann ein neues Stadium in der Geschichte Assurs: die Phase der großen Eroberungen, in deren Verlauf die assyrischen Könige die Gebiete des Vorderen Orients erstmals unter ihrer Herrschaft vereinigen konnten und ein bis dahin beispielloses Reich aufbauten. Damit ging die lokale Geschichte des syrisch-palästinensischen Raumes erneut in der eines solchen Großreichs auf.

Ihre außenpolitischen Erfolge verdankten die Assyrer in erster Linie ihrer Armee. Sie war vom 9. bis zum 7. Jahrhundert die gefürchtetste aller Länder des Nahen Ostens. Die Ausbildung dieses stehenden Heeres, in dem Söldner dienten, sowie eine Reihe von Errungenschaften der Militärtechnik sicherten ihm einen Vorsprung vor allen übrigen Truppen. Die schwerbewaffnete Reiterei erwies sich bei der Verfolgung und Vernichtung der Gegner als überlegen. Ihre Belagerungsmaschinen ermöglichten es den Assyrern verhältnismäßig rasch, befestigte Städte zu erobern. Diese Armee bildete zudem den systematisch geübten Terror bis zur Perfektion aus; brutal bahnte sich die assyrische Soldateska, die grausamste Armee des orientalischen Altertums, ihren blutigen Weg. In ermüdender Eintönigkeit zählen die Annalen die nach jedem Sieg verhängten Strafen auf. Demnach gehörte es zum Standardrepertoire, die Besiegten zu Hunderten und Tausenden zu foltern oder zu pfählen, ihnen Beine, Arme, Nasen und Ohren abzuschneiden und die so Verstümmelten zur Schau zu stellen, auch eine effektive psychologische Kriegführung.

In Israel folgten in den zehn Jahren nach dem Tod Jerobeams II. (784–753) fünf Könige aufeinander. Es herrschte Bürgerkrieg, in dem allein das Recht des Stärkeren regierte. Der Prophet Jesaja brachte die Lage in seiner bildhaften Sprache zum Ausdruck (9, 19–20): „Keiner verschonte den anderen. Man verschlang zur Rechten und blieb hungrig, man fraß zur Linken und wurde nicht satt. Ein jeder fraß das Fleisch seines Nächsten."

733 wandelte Tiglatpilesar III. den größten Teil des israelitischen Staatsgebietes in drei assyrische Provinzen um. Die dort ansässige israelitische Oberschicht ließ er deportieren. Hosea (730–722) amtierte mehr als ein tributpflichtiger Statthalter denn als König über ein stark dezimiertes Restisrael. Als Tiglatpilesar 727 starb, provozierte der Thronwechsel die beinahe schon üblichen anti-assyrischen Koalitionen; man stellte die Tributzahlungen ein. Wenige Jahre später rückte Salmanassar V. (727–722) an und nahm kurz vor seinem Tod die Kapitulation von Samaria entgegen. Sein Nachfolger Sargon II. (722–705) führte die assyrische Strafaktion durch. Die Oberschicht wurde auch hier deportiert und in verschiedene Länder verschlagen, während die Bauern, deren Arbeitskraft unentbehrlich war, am Ort blieben. Neue Siedler aus Babylonien, aber auch Araber traten an die Stelle der alten. Diese Maßnahmen bildeten eine tatsächliche Zäsur, denn die staatliche Existenz Israels war vollständig aufgehoben und die Bevölkerung in entscheidenden Teilen ausgetauscht.

Juda

Juda hatte seit der Landnahme immer seine eigene Geschichte, weil es unter anderem aufgrund der geographischen Lage isoliert blieb. Dieses rund zwei Jahrhunderte dauernde Eigenleben hat stets nachgewirkt. Hinzu kam, daß Juda weder Zugang zum Mittelmeer noch Verbindung zu der in der Küstenebene verlaufenden großen Handelsstraße zwischen Afrika und Asien hatte. Es lag abseits der Verkehrswege, und das verhalf dem Staat sicherlich zu einer längeren Existenz. Anders als Israel konnte Juda nach dem Ende der Doppelmonarchie auf eine eigenständige monarchische Entwicklung von zwei Generationen zurückblicken. Der Staat hielt daher, solange er Bestand hatte, an der Erbfolge der Dynastie Davids fest. Juda besaß auch von Anfang an eine Hauptstadt, die zwar im Vergleich zu den glanzvollen Jahrzehnten der Doppelmonarchie als judäische Königsstadt verkümmerte, aber immerhin die Stadt des Herrschers blieb. In ihr befand sich auch der kultische Mittelpunkt des Landes. Jerusalem war und blieb trotz aller Kontroversen das unumstrittene Zentrum Judas und als solches ein wesentlicher Stützpfeiler der Monarchie. Die Dynastie Davids mit dem jeweiligen Herrscher, das königliche Heiligtum, der Tempel, und Jahwe als Vater des Königs und Gott des Volkes: Dieser Vorstellungskomplex bildete im Denken der Judäer eine geschlossene Einheit.

Die innere Geschichte der Monarchie verlief lange Zeit hindurch ohne besondere Höhepunkte. Charakteristisch für das Interesse des Alten Testaments ist jene Information über die vierzigjährige Regierungszeit Asas (914–874), daß er gegen Ende seines Lebens an einer Fußkrankheit litt. Äußere Bedrohungen reduzierten zwar gelegentlich das Staatsgebiet Judas, trafen aber nie den Kern seiner Existenz. Die Hauptstadt Jerusalem blieb deshalb mit einer Ausnahme von Plünderungen verschont. 926 rettete Rehabeam (932–916) mit Tributzahlungen an den Pharao Schoschenk die Stadt (S. 35), um 810 Joas (837–797) gegenüber Hasael von Damaskus und 701 Hiskia (715–697) gegenüber Sanherib von Assur (S. 40). Allein unter Joas von Israel (799–784) führte die Feindschaft zwischen den beiden hebräischen Monarchien zur Einnahme der judäischen Hauptstadt Jerusalem durch israelitische Truppen. Die Eroberer schleiften einen Teil der Mauern und plünderten die Stadt und den Tempel. Als die Israeliten 733 Juda erneut angriffen, wandte sich der judäische König Ahas (734–715) an die Assyrer um Hilfe. Assur beseitigte die Bedrohung Judas, 732 erschien Ahas persönlich in Damaskus; er mußte Tribute entrichten und trat in ein Vasallenverhältnis ein. Er kam ferner dadurch seiner Untertanenpflicht nach, daß er einen Altar für den Reichsgott Assur im Tempel aufstellen ließ.

Als die Hauptstadt Samaria 721 erobert wurde und Israel zu existieren aufhörte, strömten zahlreiche Einwohner nach Süden. Infolge des Zustroms wuchs Jerusalem explosionsartig auf das Drei- bis Vierfache seiner bisherigen Fläche an. Nun wandelte sich die Stadt zum einzigen geistigen Zentrum der Hebräer. Hier fanden nun israelitische Traditionen Verbreitung, welche die Flüchtlinge aus dem Norden mitbrachten. So überlebte Israel im Staat Juda auch deswegen, weil Juda dem Angriff Israels mit Hilfe Assurs widerstanden hatte.

Mit dem Fall von Damaskus (732) und Samaria (721) verschwanden diejenigen Kleinstaaten, die bisher einen Puffer zwischen Assyrien und Juda gebildet hatten. Nur noch wenige Kilometer nördlich von Jerusalem schalteten bereits assyrische Statthalter und Beamte. Folgerichtig führte Hiskia in Juda zunächst die Politik seines Vorgängers Ahas weiter und entrichtete Assyrien Tribut. Dies änderte sich nach dem Tod Sargons von Assur 705. Hiskia kündigte das Vasallenverhältnis auf und gewann Verbündete bei einigen Nachbarn, in Ägypten und sogar in Babylonien. Die Garnisonen des Landes wurden neu befestigt. Es dauerte bis 701, ehe Sanherib (705–681) gegen die Aufständischen vorging. In diesem Jahr fiel Tyros; dieser Sieg machte einen so großen Eindruck, daß die Koalition gegen ihn in sich zusammenbrach. So stand Hiskia, gegen den sich Sanherib dann wandte, allein. Die Rache des Assyrers war furchtbar: „46 mächtige ummauerte Städte sowie die zahllosen kleinen Städte ihrer Umgebung belagerte und eroberte ich durch das Anlegen von Belagerungsdämmen, Einsatz von Sturmwiddern, Infanteriekampf, Untergrabungen, Breschen und Sturmleitern. 200150 Leute, groß und klein, männlich und weiblich, Pferde, Maultiere, Esel, Kamele, Rinder und Kleinvieh ohne Zahl [das heißt dies alles zusammen machte die Zahl 200150 aus] holte ich aus ihnen heraus und zählte sie als Beute. Ihn [Hiskia] selbst schloß ich gleich einem Käfigvogel in Jerusalem, seiner Residenz, ein. Schanzen warf ich gegen ihn auf, und das Hinausgehen aus seinem Stadttor verleidete ich ihm“ (TUAT 1, 4, 389). Jerusalem entging der Plünderung durch hohe Tributzahlungen (S. 39); die Stadt konnte sich noch ein weiteres Jahrhundert behaupten. Gerade diese Zeit trug zum endgültigen Erfolg des Jahwe-Kultes unter den Hebräern entscheidend bei.

Seit der zweiten Hälfte des siebten vorchristlichen Jahrhunderts lassen sich im Alten Orient zahlreiche Tendenzen restaurativer Art beobachten. In Ägypten erfuhr die Formensprache des Alten Reiches, die Kultur der Pyramidenzeit, vor allem im Bereich der bildenden Kunst eine Renaissance. Assurbanipal (669–626) trug in Assyrien in seiner berühmten Bibliothek Abschriften von alten Dokumenten zusammen, während sein Bruder Inschriften in der längst toten Sprache der Sumerer abfassen ließ. Mit dieser Rückbesinnung ging allerorten eine starke Religiosität einher. Nebukadnezar wurde der große Restaurator von Tempeln, in denen er kultische Regeln peinlich genau beachten ließ. Auch in Juda verband sich die Hoffnung auf Besserung mit der Erinnerung an alte Frömmigkeit, an alte Rigorosität, die an die Person des Mose geknüpft war. Im 18. Regierungsjahr des Königs Josias (640–609) kam bei Restaurierungsarbeiten im Tempel angeblich ein Gesetzbuch zutage. Man suchte in dieser Zeit nach alten Vorbildern, und so fand man, was man suchte, indem man Altes neu entdeckte. Die Durchführung von Reformen in Juda war möglich, weil das Assyrerreich unter dem Druck von Babyloniern, Medern und Skythen rasch zusammenbrach. 612 fiel die assyrische Hauptstadt Ninive in die Hände der Angreifer. Juda erlebte eine kurze Phase des Aufschwungs, die mit Eroberungen parallellief; hierzu warb Josia unter anderem griechische Söldner aus Kleinasien an. Diese Phase wurde abrupt beendet, als der ägyptische Pharao Necho II. 609 nach Norden zog, um das Restreich von Assur zu stützen. Josia entschloß sich, ihm bei Megiddo den Weg zu verlegen. „Da trat ihm [dem Pharao] der König Josia entgegen; jener aber tötete ihn zu Megiddo, sobald er ihn sah" (2. Könige 23, 29). Josias Tod beendete unwiderruflich diese kurze Friedenszeit. Der Traum von einem erneuerten davidischen Großreich war verflogen, der Untergang Judas wurde eingeläutet. Die kultischen Maßnahmen überdauerten allerdings die kurzlebigen politischen Erfolge: Die Regierungszeit des Josia hatte genügt, um das Heiligtum in Jerusalem als das einzig legitime herauszustellen und die Bedeutung der Hauptstadt über alle Maßen zu erhöhen. Der Tempel stieg zum Zentrum der religiösen Verehrung auf, und er blieb es für die Juden über alle politischen Miseren hinweg bis heute.

Josias Reich brach mit seinem Tod zusammen, der Babylonier Nebukadnezar II. (604–562) beendete die kurze ägyptische Kontrolle über Syrien-Palästina. Die Jerusalemer Könige hatten ihre Tribute an Assyrer und Ägypter entrichtet, nun wechselte erneut der Empfänger. Jojakim (609–598), der rücksichtslos auf die Behauptung seiner Herrschaft und die Sicherung seiner luxuriösen Lebensführung bedacht war, stellte 600 die Tributzahlungen ein. Er starb, ehe er die Konsequenzen seiner Politik erlebte. Jerusalem wurde 597 von den Babyloniern erobert, entging aber nochmals der Zerstörung. Die ersten Deportationen der Oberschicht, der sprichwörtlich gewordenen ‚oberen Zehntausend' (2. Könige 24, 14), fanden statt. Wenige Jahre später erfolgte erneut ein Aufstand gegen Babylon, 587 waren dessen Truppen wiederum in Jerusalem. Erneut deportierten die Babylonier Teile der Bevölkerung, die Oberschicht der Landgebiete und die Bewohner der Hauptstadt. Nur einen Rest, die Kleinbauernschicht, ließen die Sieger zurück, damit das Land nicht verödete. Die Soldaten plünderten das eroberte Jerusalem, rissen die Stadtmauer ein und steckten die Häuser, dabei auch den Tempel, in Brand. Der Prophet Jeremia klagte: „Ach, wie sind wir verwüstet! Wie sind wir in Schande geraten! Wir müssen die Heimat verlassen, unsere Wohnungen sind zerstört! ... Der Tod ist durchs Fenster gestiegen, ist eingedrungen in unsere Paläste. Er rafft das spielende Kind von der Straße weg, den jungen Mann vom Markt. Und es liegen die Leichen der Menschen wie Mist auf dem Feld, wie Garben hinter dem Schnitter, die niemand sammelt“ (9, 18–21).

Mit dem Exil begann für die politische Geschichte der Hebräer eine neue Zeit. Sie haben fortan keinen selbständigen Staat mehr gebildet, sieht man von der kurzen Ausnahme der Hasmonäerherrschaft (142–63) ab. Dennoch überlebte Israel durch Juda und dann auch Juda selbst seinen staatlichen Untergang. Mit dem Ende Judas setzte die Geschichte *Israels* ein, doch dies war ein anderes *Israel* als dasjenige, von dem bisher die Rede gewesen ist.

Dieses Überleben hatte vor allem zwei Ursachen. Anders als die Assyrer die Israeliten, siedelten die Babylonier die Deportierten Judas in geschlossenen Wohngebieten an, die ein relatives Maß an Eigenleben ermöglichten. Das babylonische Exil war keine, beziehungsweise nur eine sehr milde Form der Gefangenschaft. Ebenfalls im Unterschied zu den Assyrern führten die Babylonier keine fremden Siedler in die judäische Provinz, so daß die eine oder andere dörfliche Gemeinschaft dort intakt bleiben konnte. Den zweiten Grund für das Überleben und das Leben der Gemeinde legte die prophetische Verkündigung. Inmitten einer Welt vergehender Kleinstaaten entgingen auch Israel und Juda dem Untergang nicht, als sich das Machtvakuum im syrisch-palästinensischen Raum füllte und die kurze Blütezeit der Monarchien Episode wurde. Wichtig war, daß einige Propheten eine Erklärung für die Demütigung durch die Fremdherrschaft fanden und letzlich sogar das Ende des Staates verständlich machten. Manche Propheten hatten eine Besserung der gesellschaftlichen und vor allem der religiösen Zustände in ihrer Zeit nicht mehr für realisierbar gehalten. Deshalb forderten sie die Katharsis des Untergangs, des vollständigen staatlichen Untergangs, um – gleichsam wie nach einer Sintflut – in religiöser und gesellschaftlicher Hinsicht einen Neuanfang zu machen. Mit solchen Ideen gaben sie den Hebräern immerhin auf einer nichtstaatlichen Ebene die Chance zum Überleben.

Archaisches Griechenland

Goethe und seine Zeitgenossen sahen die griechische Frühzeit wie in einem dämmrigen Morgennebel liegen, über dem strahlend die Sonne Homers aufging; sie schien zu leuchten über einem Volk mit urwüchsiger, ungebrochener Jugendfrische. Was vorher war, verlor sich in Sage, Mythos, Legende, in einem Weltalter, da die Götter noch mit Menschen Umgang pflegten und Heroen zeugten – die Ahnherren fürstlicher Geschlechter. So glaubten es die späteren Griechen, und sie füllten das Dunkel ihrer Vorzeit aus mit Geschichten und genealogischen Reihen. Die Heroen des Mythos wurden ihnen zu historischen Gestalten, die Ereignisse, von denen die Dichtung Homers berichtet, ward geschichtliche Wirklichkeit.

Die ‚eigentliche' griechische Geschichte beginnt mit den Jahrhunderten nach den durch die Zerstörungen und Wanderungsbewegungen bedingten Veränderungen im ausgehenden 2. Jahrtausend. Die Griechen haben sich selbst nie Griechen genannt; die Bezeichnung stammt vielmehr von dem römischen Begriff Graeci. In mykenischer Zeit hießen sie vielleicht Achaier, in späterer Zeit Hellenen beziehungsweise Hellas. Hellas aber war kein Land, sondern eine Abstraktion wie die ‚Christenheit' im Mittelalter oder heute die ‚Arabische Welt'.

Die griechische Geschichte des Altertums erstreckt sich über ein gutes Jahrtausend, über einen Zeitraum also, den moderne Historiker immer wieder in einzelne Epochen aufzugliedern versuchen. Solche Periodisierungen lassen sich am ehesten auf ein vierstufiges Schema reduzieren: auf die geometrische (1000–800/700), die archaische (800/700–500), die klassische (500–336) und die hellenistische (336–30) Epoche. Die scheinbare Ordnung, die damit in den Geschichtsablauf gebracht wird, ist wenig mehr als das Ergebnis konventioneller Bemühungen, unter verschiedenen Aspekten in den Zeitläufen bestimmte Konstanten zu beobachten. Wenn ich bei der Behandlung der griechischen Geschichte mit der archaischen Epoche einsetze, liegt dies daran, daß erst für diesen Zeitraum Schriftquellen über die sozialen, wirtschaftlichen und politischen Verhältnisse Auskunft geben. Die Epochenbezeichnung ‚archaisch' wurde von Archäologen zur Abgrenzung der Klassik von der vorangehenden Zeit geprägt; damit haftet diesem Wort etwas an, was Assoziationen zu Unfertigem, Altertümlichem, ja Primitivem hervorruft. Dies meinen die Historiker nicht, wenn sie sich des Begriffs bedienen. Ich nutze die Einteilung der griechischen Geschichte in die Epochen lediglich, um Ordnung in die große Masse des Stoffs zu bringen.

Heutzutage wird häufig vom Niedergang der humanistischen Bildung gesprochen, davon, daß die Griechen uns immer mehr entfremdet würden. Fremd sind sie uns in der Tat. Sie stellen für uns nicht nur in der archaischen Zeit eine ‚exotische Gesellschaft' dar. Damit erhält die Geschichtswissenschaft vom Altertum eine neue Funktion. Wir müssen in der Tat lernen, eine Andersartigkeit und Fremdheit der Antike zu akzeptieren, wie sie für alle außereuropäischen Völker als selbstverständlich vorausgesetzt wird. Auch dieses Fremde zieht Neugier auf sich und wird verständlich durch Rückbezug auf Vertrautes.

Geschichte und Geographie sind untrennbar miteinander verbunden. Geschichte ohne die Kenntnisse der Geographie des betreffenden Raumes ist sinnlos. Für den Historiker gehört der Atlas zum unverzichtbaren Arbeitsinstrument. Das Wissen um die Wechselwirkung von Geschichte und Geographie sei hier Anlaß, einen Blick auf den griechischen Raum zu werfen, auf den wir uns nun konzentrieren wollen. Hellas umfaßt nicht nur die höchst mannigfaltig gegliederte Halbinsel, die wir heute Griechenland nennen, sondern dazu die Inseln und Randgebiete des Ägäischen Meeres. Abgegrenzt gegen die Außenwelt durch die offene See im Westen und südlich von Kreta, durch die Balkangebirge im Norden und

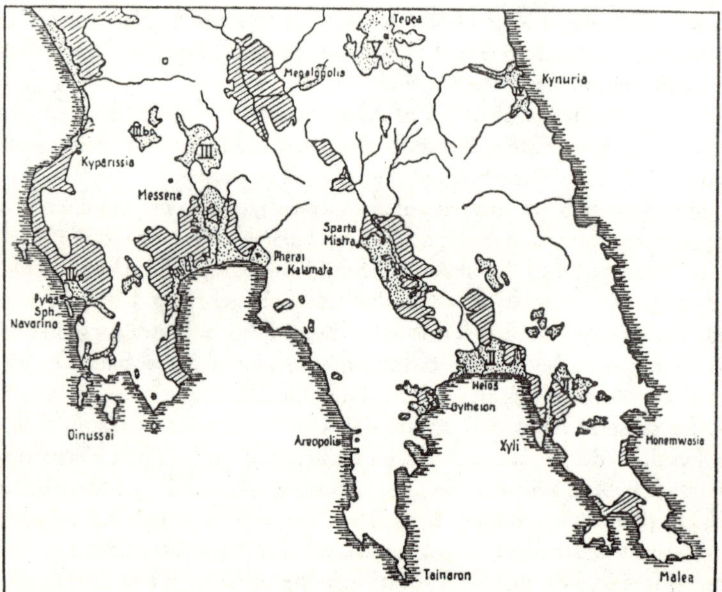

6. Ebenen in der südlichen Peloponnes; I Eurotas-Ebene, II Helos, IIb Ebene Leuke, III Messenische Ebene, IV Kynuria, V Arkardische Ebene von Tegea

den Westrand des kleinasiatischen Hochplateaus im Osten, kann dieses Gebiet als geographische Einheit begriffen werden. Das Meer bildet sein eigentliches Zentrum, aber zum einen ist dieses Meer so mit Inseln durchsetzt und zum anderen sind die Küsten Griechenlands und die Westküste Kleinasiens so durch das Meer aufgelöst, daß Land und See untrennbar verbunden erscheinen.

Die natürliche Gliederung von Land und Meer zieht auch zahllose Schranken nach sich. Die Buchten, Golfe und Meerarme zerreißen das Land ebenso, wie es die Gebirge tun, die ein Neben- und sogar Durcheinander mehrerer Schichtungen in starker geologischer Zertrümmerung zeigen (Abb. 6). So zerfällt das griechische Gebiet in eine facettenreiche Vielfalt von Gebirgen und Gebirgsteilen, von Ebenen und Tälern, von Inseln und Halbinseln. Das ergibt eine Fülle kleiner, stark voneinander geschiedener Bezirke, einen Partikularismus der Natur, der den politischen nach sich zog und von ihm übertroffen werden sollte.

Gottfried Benn beschrieb 1934 ein anderes wichtiges Phänomen mit folgenden Sätzen: „Es sind kleine Staaten, in denen sich dies vollzieht. Argolis hat eine Länge von acht bis zehn [60–75 km] und eine Breite von vier bis fünf Meilen [30–38 km]. Lakonien ist ungefähr ebenso groß. Achaia ist ein schmaler Erdstreifen auf den Flanken eines ins Meer abfallenden Gebirges. Ganz Attika hat nicht die Hälfte einer unserer geringsten Provinzen. Das Gebiet von Korinth, Sikyon und Megara beschränkt sich auf eine Wegstunde. Im allgemeinen, und vor allem auf den Inseln und in den Niederlassungen, ist der Staat nicht mehr als eine Stadt mit einer Küstenanlage oder einem Umkreis von Gehöften. Athen hatte zur Zeit seiner größten Blüte drei Stunden im Umfang, wenn man um 9 Uhr den Startplatz der Fackelträger in der Akademie verließ, kehrte man um Mittag zu den Platanen zurück und hatte das Theater des Bacchus, die Tempel, den Areopag, die beiden Häfen gestreift und den geisterhaft weißen Wald der Propyläen umschritten."

In diesem Griechenland gibt es einige nicht allzu große, aber für die Wirtschaft des Landes außerordentlich wichtige Ebenen. Manche von ihnen liegen am Meer, etwa die schmale und fruchtbare Ebene von Achaia, die sich an der Südküste des korinthischen Golfes entlangzieht. Andere befinden sich im Landesinnern wie Lakonien – Sparta – oder sind beinahe ganz durch Berge vom Meer abgeriegelt wie die Ebenen von Thessalien und Boiotien. Die boiotische Ebene ist besonders üppig, und der Name ‚boiotia' bedeutet Kuhland; nur wenige Gegenden in Griechenland hatten Weiden, die für Rinder taugten.

Gesellschaft im 9.–7. Jahrhundert

Quellen

Für eine Analyse der griechischen Gesellschaft stehen vor allem Homer und Hesiod zur Verfügung. Da es sich bei ihren Werken um Dichtung handelt, sind einige Vorüberlegungen dazu notwendig, wie sie als historische Quellen herangezogen werden können.

Zunächst einige Bemerkungen zu Homer (8. Jahrhundert), zu jener Person, die die Griechen einfach ‚den Dichter' nannten und von dem gesagt werden kann, daß keine andere Gestalt der Literatur in der Geschichte seines Volkes einen derartigen Platz einnahm. Plato (427–347) behauptet, es habe Griechen gegeben, die glaubten, daß Homer Hellas erzog und es verdiene, als Lehrer in der Führung und Ausbildung aller menschlichen Anliegen in Anspruch genommen zu werden (Staat 606 E). Ein Zahlenbeispiel mag das Nachwirken Homers verdeutlichen. Von allen in Ägypten gefundenen und bis 1965 veröffentlichten Bruchstücken und Fragmenten literarischer Werke enthalten 1566 Texte von Autoren, deren Namen identifizierbar sind. Daraus sind 680 Abschriften der Dichtungen Homers – dagegen gibt es nur acht von Werken des Aristoteles (384–322). Wenn ein Grieche überhaupt Bücher, also Papyrusrollen, besaß, dann gehörten die Werke Homers dazu.

Homer ist der Name eines Mannes; das ist das einzig Sichere, was wir von ihm wissen. Wer er war, wo er lebte, wann er dichtete, dies vermochten schon die Griechen nicht mehr zu beantworten. Heute gehen wir davon aus, daß Ilias und Odyssee die Werke zweier Personen sind. Allgemein anerkannt ist in der Forschung auch, daß die Odyssee jünger ist als die Ilias und zeitlich damit in die Nähe Hesiods (S. 48) gehört.

Homer war nicht eigentlich Dichter, sondern Erzähler von Mythen; die homerischen Epen sind keine Geschichtsbücher. Sie bilden in der heute vorliegenden Form die Endfassung einer langen Kette von Überlieferungen, mündlich von einem Sänger an den anderen weitergegeben, bis sie schließlich etwa zwischen 750 und 650 schriftlich aufgezeichnet wurden.

Kaum zu bestreiten ist, daß in die Epen Schilderungen von Zuständen derjenigen Zeit einflossen, *in* der sie erzählt wurden. Hinter den Dichtungen steht eine reale Gesellschaft; denn deren Kennzeichen weisen ein solches Maß an Kohärenz und wechselseitiger Angemessenheit auf, wie es notwendige Bedingung für eine ‚historische' Gesellschaft ist. Es stimmt natürlich, daß die Unterredungen auf dem Olymp, die bei Homer erzählt werden, freie Erfindung sind. Aber die Sänger lebten in einer Gesellschaft, die an Eingriffe der Götter in irdische Ereignisse glaubte, und sie beschrieben Zorn und Liebe der Götter so, wie sie eben menschlichen Zorn und menschliche Liebe empfanden. Mit anderen Worten: Hinter Homer steht eine reale Gesellschaft und nicht nur ein verschwommenes Konglomerat irrationaler Zustände.

Es bleibt dennoch zu fragen, für welche Zeit die sich in den Epen spiegelnden Zustände charakteristisch sind. Heute kann als verhältnismäßig sicher angenommen werden, daß die Sänger der homerischen Epen nicht mehr viel wußten über die Zustände der mykenischen Epoche Griechenlands, des 16. bis 12. Jahrhunderts, mit all ihrer Prachtentfaltung im königlichen Palast. So sprachen sie von Palästen, und meinten doch nur die Bauernhöfe, die sie aus eigener Anschauung kannten. Oder sie versuchten, die veraltete Kriegstechnik der Streitwagen zu beschreiben, die sie sich nicht recht vorzustellen vermochten.

Die Schilderung solcher Kampfwagen ist für das Verständnis Homers und seiner Zeit aufschlußreich. Gekämpft wird im Epos regelmäßig zu Fuß, der Wagen wird nur zur Anreise, vor allem aber zur Flucht und zum Verwundetentransport benutzt. Dieser Gebrauch paßt zum Konzept des Iliasdichters von einer auf dem Fußvolk basierenden Schlachtkonzeption; denn die Kampfwagen haben dabei nur subsidiäre Funktion. Die Bedeutung der Masse beim Kampf bleibt davon unberührt. Wie kam es dazu?

In mykenischer Zeit besaßen die Streitwagen noch Waffenfunktion (man vergleiche Israel, Ägypten; S. 22). In der frühesten Zeit des epischen Gesangs werden Reminiszenzen an diese Epoche noch zahlreich gewesen sein und damit die Erinnerung an die Wagenkampftechnik der Mykener. Mit wachsender Entfernung verblaßten die Erinnerungen der Sänger, und zwar in dem Maße, in dem diese in der materiell ärmer werdenden Umwelt keine Nahrung mehr fanden. Die Kampfwagen als solche gehörten zwar nach wie vor zum obligatorischen Sangesinventar, aber ihre Verwendungsweise wurde den aufeinanderfolgenden Sängergenerationen mangels Anschauungsmaterial immer undurchsichtiger.

Als dann aber der wirtschaftliche Aufstieg des 8. Jahrhunderts es ermöglichte, die im Orient lebendig gebliebene Herstellung und Haltung von nicht nur reinen ‚Last-Wagen' zunächst offenbar zu sportlichen Zwecken oder als Schauobjekt in größerem Umfang zu übernehmen, da füllten sich die bereits klischeehaft gewordenen Vorstellungen der Sänger mit neuem, nun allerdings zeitgemäßem Leben: den im Epos durch mehrere Jahrhunderte überlieferten Wagen wurde eine den Sängern vertraute zeitgenössische Verwendungsweise zugeschrieben; die ursprüngliche Waffenfunktion war so durch die Transportfunktion ersetzt. Die Dichter versuchten gewissermaßen, zwei einander entgegengesetzte Dinge auf einmal zu tun; einerseits wollten sie ein Abbild der Vergangenheit im Bewußtsein lebendig erhalten, und andererseits bemühten sie sich darum, daß man ihnen glaubte und sie verstand.

Hesiod, der um das Jahr 700 die ‚Werke und Tage' (erga kai hemerai) schrieb, ist ein Mensch, den wir als Individuum recht gut kennen, da er uns viel von sich selbst erzählt. Sein Vater war als Flüchtling aus Kleinasien nach Boiotien gekommen. Dort lebte er in Askra als Bauer, und als er starb, war sein Gut Gegenstand eines heftigen Streites zwischen seinen beiden Söhnen. Hesiod war sowohl Sänger als auch Landwirt, und das Hauptthema der ‚Werke und Tage' ist das Leben des Bauern: seine Plage und alltägliche Arbeit, seine Sklaven, seine Tagelöhner und seine Ochsen, seine Abneigung gegen die Reichen und deren Ungerechtigkeit, ferner seine eingehenden Kenntnisse der landwirtschaftlichen Praxis und der vielen rituellen Akte und Tabus und seine unablässige Furcht vor Unheil und Armut.

Das, was uns der Bauer und Dichter Hesiod als Lebenswelt schildert, dient der modernen Wissenschaft als Grundlage, um die Gesellschafts- und Wirtschaftsformen der archaischen Zeit näher kennenzulernen.

Oikoswirtschaft

Der Nationalökonom Carl von Rodbertus hat 1865 als ‚Oikoswirtschaft' eine Wirtschaftsform bezeichnet, die sich zum einen die Deckung des Eigenbedarfs zum Ziele setzt und die zum anderen nicht auf materiellen Gewinn oder Gelderwerb ausgerichtet ist. In seinen Grundzügen trifft der von Rodbertus beschriebene Hauswirtschaftstypus schon auf die homerisch-hesiodische Welt zu.

Ein wichtiges methodisches Verfahren zum besseren Verständnis der antiken Verhältnisse hat Peter Walcot herausgearbeitet. Er geht davon aus, daß wir die Wertvorstellungen unserer eigenen Zeit und Kultur hinter uns lassen müssen, um die homerisch-hesiodische Gesellschaft zu verstehen (S. 44). Methodisch läßt sich das verwirklichen, indem beispielsweise Untersuchungen von Anthropologen berücksichtigt werden, welche sich mit Gruppen unserer Zeit befassen, die über Jahrhunderte hinweg bäuerliche Wertvorstellungen unverändert erhalten haben. Die Ergebnisse derartiger Untersuchungen sind nicht ohne Bedeutung für die Beschäftigung mit der frühen griechischen Gesellschaft. Walcot zieht hauptsächlich Arbeiten über ein Dorf in Boiotien, Vasilika, heran, das gar nicht weit von Hesiods Askra entfernt ist.

Bei Homer wie bei Hesiod bildet der Oikos die gesellschaftlich-wirtschaftliche Grundeinheit. Zu ihr gehören der Bauer, eine gekaufte Frau, ferner ein Ochse und Gerät (Hesiod, Erga 404–405); das Land wird bei dieser Beschreibung als selbstverständlich vorausgesetzt. Die soeben beschriebene Minimalform des Oikos kommt allerdings konkret weder bei Homer noch bei Hesiod vor. Außer Sklaven wurden Saisonarbeiter, Theten, eingesetzt; dies hatte den Vorzug, daß man die Arbeiter nach der

Ernte entlassen konnte. Sie hatten ein Heim, in das sie zurückkehren konnten. Das ganze Jahr über sollen nach Hesiod nur ein Knecht ohne Hausstand, also ohne Familie mit Kindern, die man ja durchfüttern mußte, und eine Magd auf dem Hof bleiben (Erga 600–604). Insgesamt scheint es sich bei den Besitzern der Höfe, die Hesiod sich vorstellt, um kleine, unabhängige Bauern gehandelt zu haben. Allerdings ist Landarbeit für den hesiodischen Bauern im Gegensatz zu den Vornehmen Homers der ganze Lebensinhalt. Er muß arbeiten, um zu leben, um zu überleben. Für den homerischen Vornehmen ist Landarbeit nicht Zwang, aber körperliche Arbeit wirkt auch nicht degradierend. Genau dies betont Hesiod, und es ist aufschlußreich, *daß* er es betont. Der Vornehme braucht nicht zu arbeiten, um seine Familie zu ernähren. Aber es ist ein Ruhmesblatt für ihn, wenn er alle landwirtschaftlichen Tätigkeiten beherrscht. Wichtig ist, daß solche Arbeit nicht negativ bewertet wird; die Zeit, in der auch die homerischen Vornehmen arbeiten mußten, liegt wohl noch nicht allzu lange zurück. Der Hochmut der Reichen geht nicht von der unterschiedlichen Lebensform, sondern von der Größe des Besitzes aus.

Im Oikos leben nicht nur die Familienmitglieder, sondern auch Sklaven, in den Oikoi der Reichen zudem eine Gruppe von Gefolgsleuten mit verschiedensten Dienstleistungsfunktionen. Nicht zum festen Kreis des Oikos gehören Lohnarbeiter und Handwerker, da sie nur gelegentlich dort tätig sind. Im Oikos werden zwar nicht alle anfallenden Arbeiten von den Bewohnern durchgeführt, aber sie werden im Rahmen des Oikos geleistet. Daher kann man – mit dieser Einschränkung – vom Oikos als einer Produktionseinheit sprechen. Er ist weitgehend autark.

Der Oikos ist darüber hinaus vor allem Konsumtionseinheit, Verbrauchseinheit: Die in ihm produzierten Güter werden normalerweise auch dort konsumiert. Das Mehr-Produzierte wird gehortet, damit man in Notzeiten bestehen kann. Ferner ist der Oikos Schutzeinheit. Dies wird in der berühmten Klage der Andromache über den Tod Hektors (Ilias 22, 477–499) illustriert. Ohne Hektor sind Andromache und ihr Kind jeder fremden Macht ausgesetzt, niemand schützt ihren Besitz, ihre Versorgung und ihre gesellschaftliche Stellung. Der Familienvater, der Herr des Oikos, ist zugleich der Schützer des Besitzes. Das heißt: Zugriff auf fremden Besitz, vor allem durch anwohnende Nachbarn, war möglich und kam vor.

Wir haben es mit einer Gesellschaft zu tun, in der es noch keine politische Organisation gab, in der deshalb alles von unmittelbarer physischer und materieller Macht abhing und in der die Familie den Schutzkreis bildete. Der Ansehen gebende Hausstand, der Oikos, war der Mittelpunkt, um den sich das Leben ordnete, von dem nicht nur die Befriedigung der materiellen Bedürfnisse, einschließlich der Sicherheit, abhingen, sondern auch die ethischen Normen und Werte, Pflichten, Verbindlichkeiten und

Verantwortungen. Nur wer zum Oikos gehörte, hatte in der Gemeinschaft einen gesicherten Platz. Das Fehlen von staatlicher Organisation ist so wichtig, daß es Alfred Heuß als wesentliches Merkmal der archaischen Zeit ansieht. Diese befand sich, so schreibt er, „minimal in einer spezifisch staatlichen und maximal in einer gesellschaftlichen Verfassung". Ein Begriff von Staatlichkeit existiert eigentlich gar nicht: Gemeinschaft manifestiert sich in kleinen überschaubaren Einheiten, Segmenten (S. 31), von denen der Oikos die kleinste ist.

Dafür, daß soziale Spannungen und somit der Keim für Veränderungen in dieser frühen Welt existierten, legt Hesiod mit seinem Gleichnis vom Habicht und der Nachtigall, der ersten Fabel der abendländischen Literatur, Zeugnis ab (Erga 202–212). Der abhängige Bauer (die Nachtigall) muß sich vom vornehmen Herrn (Habicht) hier in der Sprache der Fabel sagen lassen: „Törin, was schreist du denn so? Ein Stärkerer hält dich gefangen. Gehen mußt du, wohin ich will, trotz deines Gesanges. Fressen tue ich dich, wenn es mir paßt oder laß dich entwischen. Sinnlos, wer sich vermißt, mit stärkerem Feinde zu kämpfen. Sieg ist ihm versagt, er leidet noch neben der Schande."

Es ist keine Frage, daß Besitz und Lebensumstände der kleineren und mittleren Bauern alles andere als gesichert waren; der Eindruck der Bedürftigkeit überwiegt. Der Zwang zu sparen, die ständige Bedrohung durch Hunger und Armut, die Abhängigkeit vom wohlwollenden Nachbarn und die Gefahr, die im Borgen lag, bilden das Leitmotiv des Bauernwesens. Nur unverdrossene Arbeit kann einen Mann vor Verschuldung und Verarmung retten, aber selbst dies gelingt nicht immer. Die möglichen Gefährdungen bäuerlicher Existenz stellen zugleich Ansätze für zukünftige Veränderungen dar.

Der Besitz wurde gefährdet durch Aufsplitterung, die aus der praktizierten Realteilung resultierte; dies war bereits den hesiodischen Bauern bewußt (Erga 376–380): „Ein Sohn, aber nur einer sei da, daß des Vaters Besitztum sicher besteht. So wird in den Kammern wachsen der Wohlstand. Spät erst mögest du sterben, den Sohn hinterlassend als Nächsten. Leicht kann auch mehreren Zeus verleihen unendlichen Segen. Mehrere mehren die Sorge, doch ist auch größer der Zuwachs."

In diesen Versen kommt eine Übergangssituation zum Ausdruck. Einerseits ist es vorteilhaft, viele Söhne zu haben. Denn viele Söhne leisten auch viel und mehren die Güter; sie sind wichtig, wenn Besitzwahrung noch stark von physischer Gewalt abhängt und vielleicht noch Neuland zu gewinnen ist. In konsolidierten Verhältnissen bedeuten viele Söhne aber, daß Besitz aufgeteilt werden muß und sich damit die Lebensverhältnisse verschlechtern.

Der Besitz wird weiterhin gefährdet durch den Zugriff der Mächtigen. Der stets wiederkehrende Begriff der ‚geschenkefressenden' Vornehmen (basileis) weist in diese Richtung. Man muß diese Geschenke wohl als Abgaben verschiedenster Art begreifen. In der Odyssee wird ausgeführt, daß die Reichen unter der Bevölkerung ‚sammeln', um die Auslagen für Gastgeschenke aufzubringen (Odyssee 12, 13–15). Am eindrucksvollsten wird das Moment der Willkür in der Fabel vom Habicht und der Nachtigall dargestellt (S. 50).

Besitz und Lebensverhältnisse werden ferner durch die Tatsache gefährdet, daß die Produktion sich noch in sehr einfachen Formen vollzieht, im wesentlichen für den unmittelbaren Verbrauch, und nur geringe oder gar keine Überschüsse abwirft. Bezeichnend für die unentwickelte landwirtschaftliche Technik ist etwa, daß der hesiodische Bauer mit dem Holmpflug arbeitet. Unter solchen Umständen bilden Mißernten, Unwetter, aber auch Krankheit und Alter eine ständige, unmittelbare Gefahr. Der Bauer muß daher von morgens bis abends arbeiten. So rät Hesiod ausdrücklich davon ab, selbst bei grimmiger Kälte im Winter im ‚Gemeindehaus' oder in der Schmiede zu verweilen, da man auch dann noch nutzbringende Arbeiten verrichten könne (Erga 493–495).

Besitz und Lebensverhältnisse werden schließlich bedroht durch Krieg und Raubzüge. Dies gilt nicht so sehr in dem Sinn, daß Bauern durch Kriegsdienst belastet sind, obwohl sie mit den Vornehmen in den Kampf ziehen, sondern daß sie die Folgen verlorener Kriege und Raubzüge mitzutragen haben, indem ihr Besitz zerstört oder ihr Vieh weggetrieben wird.

Insgesamt war die Situation der Bauern schwierig. Nirgends wird dies so deutlich wie in der Darstellung, die Hesiod vom fünften Weltgeschlecht, dem eisernen, gibt (Erga 176–201). Der durch und durch pessimistische Ausblick dieser Schilderung verstärkt sich, wenn man dagegen diejenige des ersten, des goldenen Geschlechts setzt (106–120). In diesen Zeilen sehen wir die älteste Utopie der griechischen Geschichte vor uns.

Auch in der Realität der archaischen Zeit stand der Masse der Bauern eine kleine Gruppe von Reichen gegenüber. Zwar war auch deren Besitz beim Fehlen physischer Macht gefährdet, wie eben auch umgekehrt physische Macht zur Vermehrung des Besitzes beitrug; doch konnte mit fortschreitender Entwicklung, mit der Verfestigung der wirtschaftlichen und sozialen Verhältnisse, auf die physische Macht verzichtet werden. Größerer Besitz befreite vom Zwang zur Arbeit und hatte die Entstehung eines weiteren Schichtungskriteriums zur Folge: Die Reichen bildeten spezifische Lebensformen aus – heute würden wir von Freizeitbeschäftigung sprechen. Das waren zunächst Wettkämpfe, sodann Spiele aller Art und große Gelage; und das entwickelte die Tendenz, sich zu einer eigenständigen Adelskultur zu verfestigen. Die einfachen Bauern konnten sich solches nicht leisten.

Die Elite der frühen griechischen Gesellschaft, das heißt die größeren Grundbesitzer, die basileis, unterscheiden sich von der Masse der Bauern nicht im Typus, sondern in der Abstufung. Zu den Gemeinsamkeiten in der Anschauung zwischen den Helden und den kleinen Bauern gehörte der krasse Materialismus; bäuerlicher Wirtschaftssinn war allen tief in die geistige Haltung eingegraben. Von zahlreichen Beispielen nur eines: In einem heftigen Streit mit Agamemnon steigert sich Achill so sehr in Wut, daß er sein Schwert zieht. Sofort steht die Göttin Athena neben ihm, unsichtbar, und hält ihn mit einem Gebot zurück, das in die Form einer Bitte gekleidet ist (Ilias 1, 212–214): „Denn ich sage dir an, und das wird wahrlich vollendet: Einst werden dir noch dreimal so herrliche Geschenke geboten wegen der heutigen Schmach. Drum fasse dich nun und gehorch' uns." Dies ist die einzige Sprache einer Mäßigung, die Achill versteht, und mit Geschenken meint die Göttin materielle Güter, nicht Segnungen des Geistes.

An landwirtschaftlichem Besitz und der sich darin zeigenden Autarkie hingen weitere gesellschaftliche Werte. Besitz schuf Ehre, Ansehen und Prestige. In Griechenland war solcher Besitz an Leistungen gebunden, die das Individuum für sich und für seinen Oikos vollbrachte. In dieser Gesellschaft dominierte die Konkurrenz, der Wettkampf mit dem anderen, der Agon, und entsprechend auch der Neid auf andere. Folglich wurde der Wettkampf um materiellen Erfolg zu einem gottgewollten Prinzip erklärt. Das Leben war ein Kampf, und dieser Kampf erst machte das Leben überhaupt lebenswert. Die Mittel waren dabei nicht so wichtig; der Erfolg war das Ausschlaggebende. Homer erzählt uns, wie Odysseus in Ithaka ankommt und dort auf Athena trifft, die sich verkleidet hat. Odysseus gibt vor, von Kreta geflohen zu sein, nachdem er Orsilochos getötet habe. Dieser hatte Odysseus seiner Beute aus Troja berauben wollen. Deshalb lauerte Odysseus ihm auf, versteckt in einem Gebüsch, und nicht etwa am Tag, nein, sicherheitshalber in der Nacht, und auch nicht etwa allein, sondern mit einem Gefährten: Eine typische ‚Heldentat', bei der eigentlich nur noch fehlt, daß der tödliche Stoß von hinten erfolgte. Aber Odysseus schildert diesen Vorfall mit allem Freimut, und er schildert ihn, um Sympathie und Hilfe zu gewinnen.

In dieser Gesellschaft sind Reichtum und Erfolg gut, weil sie die persönliche Tüchtigkeit des Erfolgreichen belegen, Armut gilt als schlecht, weil sie auf ein persönliches Versagen des Armen zurückgeführt wird. Eine irgendwie geartete moralische Schuld oder soziale Verantwortung gegenüber den Armen gibt es folglich nicht. Diese gesellschaftlichen Strukturen, die sozialen Werte und Normen wurden in die allmählich sich entwickelnde Polis übernommen.

Polis

Eine Beschreibung der in archaischer Zeit entstehenden Polis darf die unterschiedlichen Entwicklungsgrade, welche die griechische Welt sogar in der klassischen Zeit kennzeichneten, nicht übersehen, den Unterschied etwa zwischen Ethnos (Volksstamm) und Polis (Stadt). Beide kann man am besten charakterisieren mit Begriffen wie ‚Gemeinschaft ohne städtisches Zentrum' und ‚Gemeinschaft mit städtischem Zentrum'. Athen war in dieser Hinsicht eine perfekte, typische Polis, allerdings vergleichsweise groß. In einem Ethnos dagegen brauchte es überhaupt kein städtisches Zentrum zu geben. Die Bevölkerung lebte zerstreut in Dörfern über ein größeres Gebiet verteilt; die Verbindung untereinander konnte sehr lose sein. Staat existierte hier nur in einem sehr diffusen Sinn. Der Staatstyp in der Form des Ethnos repräsentiert einen weniger entwickelten Zustand als die Polis und geht ihr zeitlich voraus.

Zu diesen Staaten des Ethnos-Typs können wir Makedonien, Thessalien, Phokis, Lokris, Aitolien, Akarnanien, Achaia und Arkadien zählen; deren Gebiete bedeckten einen erheblichen Teil der griechischen Halbinsel (Abb. 7). Und doch blieb ihre Bedeutung in der griechischen Geschichte lange Zeit begrenzt. Für einen Griechen des 5. Jahrhunderts waren diese Gebiete rückständig, in ihnen hatten sich archaische Lebensformen erhalten, war die soziale und wirtschaftliche Entwicklung auf einer einfachen Stufe verblieben. In der politischen Theorie des 4. Jahrhunderts wurden sie mehr oder weniger ignoriert, als man den idealen Staat suchte, denn dieser mußte eine Polis sein. Erst in hellenistischer Zeit sollten die Ethnos-Typ-Staaten eine führende Rolle spielen (S. 88).

"When did the polis rise?", fragte Victor Ehrenberg in einem gleichnamigen Aufsatz, wohl wissend, daß die Entstehung der Polis im Dunkeln liegt. Ihre Anfänge sind chronologisch nicht zu fixieren. Die einzelnen Städte sind zudem nicht in einem verfassungsrechtlichen Akt konstituiert worden und haben ihre Entwicklung in einem langen Formungsprozeß mit unterschiedlichem Tempo durchlaufen. Da die Polis zudem einen Idealtyp repräsentiert, hängt die Frage nach ihrem Beginn von den Kriterien ab, die man anlegt; unterschiedliche Kriterien erklären Differenzen in der Forschung. In Wirklichkeit ist für uns der Prozeß der Entstehung der Polis kaum noch rekonstruierbar.

Die Polis war eine festumrissene geographische Einheit, in der politische Aktivität an einem Ort konzentriert war. Meist handelte es sich um eine städtische Siedlung, die um eine befestigte Anhöhe herum gebaut war und in der ein großer Teil der Bevölkerung wohnte. Man darf die Polis aber nicht nur als eine urbane Agglomeration mit umgebender Landschaft sehen. Sparta und Athen waren vielmehr eine Ansammlung von unge-

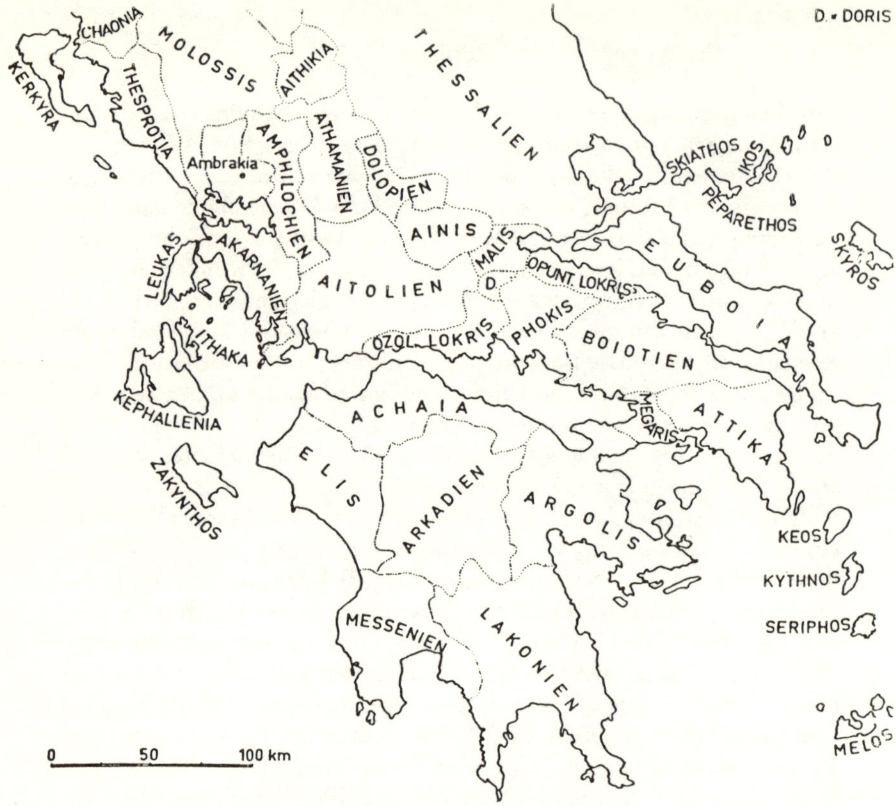

7. Landschaften des griechischen Festlands

schützten Dörfern, mit einer Zahl von Bauernhöfen in der näheren Umgebung; Sparta hat diese Form bis in die klassische Zeit bewahrt. Die für Griechen wichtigste Eigenschaft einer Polis lag in anderen als städtebaulichen Aspekten: „Nicht Steine oder Holz machen die Poleis aus“, formulierte Alkaios um 600 (Fragment Z 103), „sondern die Menschen.“ Nicht von ‚Athen‘ war deshalb bei den Griechen die Rede, sondern von ‚den Athenern‘. Wichtig war die Haltung ihrer Einwohner, in eine politische und soziale Organisation eingebunden, nicht auf der Basis persönlicher Loyalität zu einem Führer, sondern als gemeinschaftliches Ganzes. Den griechischen Stadtstaat kennzeichnet die Einstellung seiner Bürger, daß er die Gesetzmäßigkeit und Rechtlichkeit für seine Mitglieder garantierte. Die dem Gesetz gehorchende Stadt, obwohl klein und auf einem hohen Felsen sitzend, überragt das verdorbene Ninive; so wird das Ideal treffend in einem dem Phokylides (6. Jahrhundert) zugeschriebenen Spruch charakterisiert (Phokylides bei Dio Chrysostomos, oratio 36, 13). Allerdings gab es in vielen Poleis sichtbare Zeichen der sakralen Grundlagen jener Ordnungsvorstellungen, die das Zusammenleben der Siedlungsgemeinschaften bestimmten: monumentale Tempel, die im 7. Jahrhundert mancherorts errichtet wurden.

Will man sich über die Größe, besser Kleinheit der Polis klarwerden, muß man von den Sonderfällen Athen und Sparta absehen. Die ‚typische' Polis war zwischen 50 und 100 qkm groß und bestand aus einer Bevölkerung zwischen 600 und 1200 Einwohnern, eine Stadt also, die man in jeder Richtung in einer Stunde durchwandern konnte.

Voraussetzung für die Entwicklung der Polis waren Siedlungsweise und Lebensordnung kleinerer Gemeinschaften, wie wir sie im Oikos kennen gelernt haben. Durch die Bevölkerungsentwicklung entstanden neue Ordnungsstrukturen, weil sich das Sozialgefüge rasch veränderte. Bei der Behandlung der bäuerlichen Grundschichten habe ich mehrere Gefährdungen der Existenz angeführt, darunter die Tatsache, daß die Realteilung die Güter immer mehr zersplitterte. Dies veranlaßte Hesiod zu seinem Rat, nur einen Sohn zu haben (S. 50). Für Bevölkerungsexpansion, besser gesagt -explosion, gibt es deutliche Hinweise, zum Beispiel die Auswanderungen (S. 56), die in der Mitte des 8. Jahrhunderts einsetzten, oder das beginnende Söldnerwesen (S. 41). Auch Zeugnisse der Archäologie belegen das.

Absolute Zahlen lassen sich für das Bevölkerungswachstum zwar nicht beibringen, aber vielleicht können wir immerhin das ermitteln, was man heutzutage einen Trend nennt. Eine relativ gut erforschte Region ist Attika. Hier ist bislang aus der Zeit von 1000 bis 700 eine große Zahl einigermaßen sicher zu datierender Gräber gefunden worden; die Datierung erfolgte anhand von Keramikfunden und ist nach stilistischen Kriterien den Epochen proto (PG)-, früh (FG)-, mittel (MG)- und spätgeometrisch (SG) zugeordnet. Die Zahl der Gräber bleibt, was die Verteilung pro Generation angeht, zwischen 1000 und 800 konstant. Zwischen 800 und 700 nimmt sie dann sprunghaft um das Sechsfache zu (Abb. 8).

Eine derartige Entwicklung hatte Folgen, die durch die geographische Zersplitterung Griechenlands verstärkt wurden: Nachbarstädte rückten mit ihren Grenzen unmittelbar aneinander, grenzten sich damit auch erstmals klar gegeneinander ab. Die größer werdende Landnot erhöhte das Verlangen nach dem Land anderer und damit die Zahl möglicher Konflikte. So führte räumliche Nachbarschaft über Schicksalsgemeinschaft schließlich zur politischen Gemeinschaft, die sich in den Schutz der Götter begab und dafür die großen Heiligtümer errichtete. Es ist für die Entstehung und die Konsolidierung der Polis wohl kein Zufall, daß der Krieg in der antiken Literatur ein zentrales Thema darstellt.

Der frühe Stadtstaat in Griechenland war eine solche Schicksalsgemeinschaft, eine lose Vereinigung von Menschen, so wie er im äußeren Erschei-

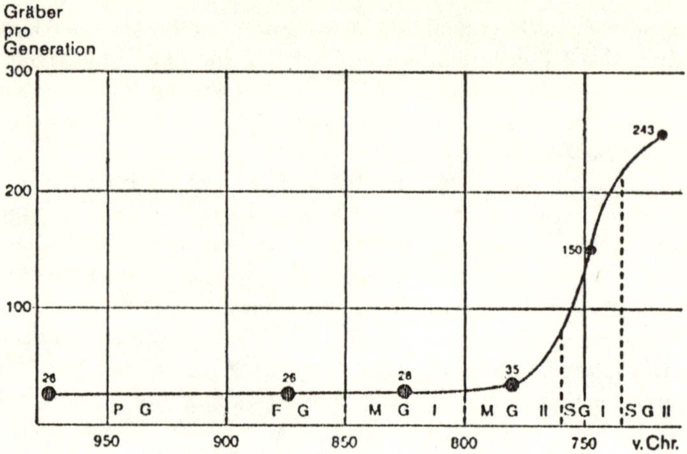

8. Datierte Gräber in Athen und Attika

nungsbild eine lose Ansammlung von dörflichen Siedlungen war. Der Formungsprozeß der Polis war in wesentlichen Aspekten eine sukzessive Ausgestaltung der Organe des Gemeinwesens. Die personengebundene Macht wurde weitgehend überwunden. Man schuf Einrichtungen, die eine kontinuierliche, durch Normen und Verfahrensweisen geregelte Besetzung von Ämtern ermöglichten. Dabei bestimmte die Teilung der Kompetenzen und die Einrichtung neuer Stellen die Entwicklung eines Ämterwesens. Der Stadtstaat entstand natürlich nicht sofort in seiner voll ausgebildeten Form; seine Konsolidierung und volle Entwicklung kann durch das 7., 6. und sogar durch spätere Jahrhunderte verfolgt werden. Er stellte zudem kein statisches Modell, sondern einen lebendigen Organismus dar. Aber seine anfängliche Ausgestaltung, so sah es Phokylides (S. 54), war ein Wunder. Er brachte damit zum Ausdruck, was auch andere formulierten, daß nämlich für die Griechen wie für uns der Prozeß der Entstehung der Polis im Dunkeln blieb, wenngleich wir immerhin die Faktoren aufzeigen können, die diesen Prozeß ermöglichten. Das Werden der Polis ist deshalb wichtig, weil dadurch ein Rahmen für politische Aktion entstand. Das klingt zunächst nach Tautologie; aber eigentlich nur für uns, weil wir immer schon mit dem Begriff ‚politisch' arbeiten. Die Griechen haben einen Begriff des Politischen überhaupt erst geschaffen, und die Voraussetzung dafür war die Polis.

Auswanderungen

Das Phänomen, das in der Regel mit dem Begriff ‚griechische Kolonisation' in der Forschung beschrieben wird, begann – von Vorläufern einmal abgesehen – in der Mitte des 8. Jahrhunderts und dauerte etwa 150 Jahre.

Es handelt sich um die Besiedlung weiter Teile des Mittelmeerraumes durch Griechen aus dem Mutterland. Das griechische Wort, das man üblicherweise mit kolonisieren übersetzt, heißt apoikein, was ‚auswandern' bedeutet.

Thukydides (um 460–400) zweifelte nicht an den Gründen dieses Vorganges (1, 15, 5): „Die Griechen unterwarfen sich fremde Gebiete, weil ihr eigenes Land für sie zu klein wurde." Sicherlich ist dies für sich genommen zu einfach, doch kann nicht bestritten werden, daß die Hauptursache der großen Auswanderungswellen die Landnot bildete. Griechenland ist ein kleines Land, in dem fruchtbare Täler oder gar Ebenen rar sind. Korinth, Megara, Chalkis, Eretria, Phokaia oder Milet waren Hafenstädte mit zwar sehr fruchtbarem, aber sehr begrenztem Ackerland; einer Expansion in die Nachbarschaft standen natürliche Hindernisse oder andere Städte im Wege. Da die Hellenen, wenngleich Ackerbauern, gewöhnt waren, mit dem Wasser zu leben, sahen sie jenseits des Meeres eine Chance zur Verbesserung der Lage. Es kam ihnen dabei zugute, daß sie bereits vor den Auswanderungen wichtige Routen und Küsten des Mittelmeeres durch Handelsfahrten kannten.

Herodot (S. 72) bietet die Geschichte einer solchen Auswanderung (4, 151–159): Sieben Jahre lang [diese Zahl ist nicht wörtlich zu nehmen; S. 27], blieb auf der Insel Thera der Regen aus, und alles verdorrte; unter den prekären wirtschaftlichen Verhältnissen der archaischen Zeit konnte jede länger dauernde witterungsbedingte Anomalie zu einer Katastrophe führen. Ein Orakel gebot den Einwohnern, in Libyen eine Apoikie zu gründen. Daraufhin schickten die Theräer Boten nach Kreta, um nachzuforschen, ob vielleicht ein Kreter oder ein Fremder, der sich in Kreta aufhielt, also ein Handelsfahrer, die Route nach Libyen kenne. Als diese Vorbereitungen beendet waren, beschlossen die Theräer, aus allen Gemeinden der Insel je einen von den männlichen Nachkommen einer Familie auszusenden. Die Auswanderung von 100 Männern nach Kyrene war ein gezieltes Unternehmen gegen wirtschaftliche Not. Das Schicksal der Theräer hat sich innerhalb des griechischen Siedlungsgebietes vielfach wiederholt.

Am Ende dieser Entwicklung saßen die Griechen, um ein Wort Platos zu verwenden (Phaidon 109 B), wie die Frösche um den Teich (Abb. 9). Aber sie verließen, um im Bild zu bleiben, diese Ufergefilde nicht. Sie waren zufrieden mit ihren isolierten Siedlungen und haben offenbar nie daran gedacht, unter Hinzuziehung des Hinterlandes größere Reiche zu bilden, wie es später die Römer taten. Es widersprach dem griechischen Ideal von Staat, also von Polis, über den Rahmen des noch Überschaubaren hinauszugehen.

Die Folgen der Auswanderungen waren vielfältig. Zu ihnen gehörte das Erwachen eines griechischen Nationalgefühls; im 7. Jahrhundert kam bei den Dichtern der Begriff Panhellene auf. Die Tatsache, daß die Griechen

9. Auswanderungen

SKYTHEN
SARMATEN
Tanais
Olbia
Tyras
Pantikapaion
Phanagoreia
TAURER
Theodosia
Chersones
(Histria)
Istros
Tomi
Kallatis
GETEN
Odessos
Mesembria
SCHWARZES MEER
KOLCHER
Pityus
Dioskurias
Phasis
Apollonia
THRAKER
Kytoros
Sesamos
Sinope
Amisos
Kotyora
Kerasos
Hermonassa
Trapezunt
Herakleia
PAPHLAGONER
Byzanz
Abdera
Perinthos
Kalchedon
Astakos
Anos
Kios
BITHYNER
Kyzikos
Abydos
KAPPADOKER
ARMENIER
Assos
MYSER
Lesbos
LYDER
PHRYGER
Chalkis
Eretria
Phokaia
Chios
Andros
Samos
Milet
Paros
KARER
PISIDER
Aspendos
Side
KILIKER
Soli
Mallos
LYKER
Phaselis
Knidos
Thera
Rhodos
Nagidos
Kelenderis
Salamis
Zypern
Paphos
Kurion
Kreta
ARAMÄER
PHÖNIKER
ARABER
EER
PHILISTER
HEBRÄER
NABATÄER
Naukratis
EDOMITER
ÄGYPTER

rings um das Mittelmeer siedelten, führte ferner zu Erkenntniserweiterung und Wertewandel. Die Apoikien sammelten Kenntnisse über Länder und Völker der gesamten Kulturwelt; diese Erfahrungen flossen in den Zentren der Auswanderung, wie in Milet, zusammen, regten zum Vergleich und zum Nachdenken an. So wurde der Boden bereitet, auf dem im 6. Jahrhundert die Naturphilosophie und die Wissenschaft erwuchsen. Das Erkunden (historein), das auch bei den Fahrten selbst als Triebfeder mitgewirkt hatte, wandte sich nun wissenschaftlichen Problemen zu, es wurde systematisiert.

Athen

Am Ende des zweiten Jahrtausends, zur Zeit der Wanderungen, waren die Bewohner Attikas längst im Lande ansässig. Athen hatte in mykenischer Zeit eine bedeutende Burganlage besessen, die größer als diejenige in Mykene und sicherlich Sitz eines mächtigen Herrschers war. Unwahrscheinlich ist, daß es bereits in dieser Zeit ein einheitliches attisches Staatsgebiet gab; denn die Bewohner Attikas wußten später noch, daß ihr Land früher in kleinere Einheiten zerfallen war, die Differenzen untereinander hatten und Kriege führten.

Vom Anfang des Staatsgebildes Athen kann erst gesprochen werden, als dieser Partikularismus überwunden wurde. Etwa im 9. bis 8. Jahrhundert kam es zu einer einheitlichen politischen Beteiligung der Bewohnerschaft eines größeren Territoriums – zu einer ‚sympoliteia'. Es war dies eine länger dauernde Entwicklung, die teilweise gegen die lokalen Dynasten durchgesetzt werden mußte. Seit etwa der Mitte des 7. Jahrhunderts lassen sich Koalitionen großer Häuser verfolgen, die sich zusammenschlossen, um Einfluß zu gewinnen, während andere dagegen Front machten. Jedes dieser großen Häuser kann man sich als Staat im Staate vorstellen; es betrieb seine Machtpolitik, seine eigene Diplomatie, seine Allianzen und außenpolitischen Verbindungen. Jedes hatte seine Ressourcen, die oft genug der Kontrolle der Gemeinschaft entglitten.

Diese Gemeinschaft begann erst allmählich, Einzelinteressen, die die Gesamtheit gefährdeten, unter Kontrolle zu bringen. Zu solchen Gefährdungen zählte etwa das Phänomen der Blutrache, das mit Maßnahmen Drakons ersten ‚Regeln' und damit Beschränkungen unterworfen werden konnte. Drakon gehört in die Zeit um 600. Seine Tätigkeit drehte sich um Probleme der Rechtsprechung, vor allem um Totschlagsdelikte und Körperverletzung, die bis zu seiner Zeit privat auf dem Wege der Blutrache und durch Repressalien gegen die Verwandten des Täters verfolgt wurden. Klage und Vollstreckung des Urteils blieben zwar nach wie vor den Verwandten des Getöteten überlassen, wesentlicher Fortschritt gegenüber dem bisherigen Zustand war jedoch, daß von nun an ein Gremium von Zulassern (Ephetai) zwischen Mord, unwillkürlicher Tötung oder gerechtfertigter Tötung (beispielsweise bei Notwehr oder Tötung eines auf frischer Tat ertappten Diebes oder Ehebrechers) unterschied.

Die Zulasser ließen also eine Fehde zu oder nicht. War jemand getötet worden, so erfolgte seitens der nächsten Verwandten die Ankündigung der Blutrache. Ob sie ausgeführt werden durfte, hing nun von einem Urteilsspruch ab. Die Ephetai entschieden in freier Beweisführung über die Qualität des Deliktes. Bei vorsätzlichem Mord verfügten sie die Auslieferung des Täters an die Verwandten des Opfers. Bei nicht vorsätzlicher Tötung gewährten sie dem Täter freien Abzug ins Ausland und schützten sein Eigentum. Bei Notwehr erlosch jeder Anspruch der Angehörigen. Der Fehdezustand konnte durch eine Vereinbarung über eine Entschädigung, deren Höhe vielleicht bereits reglementiert war – soundsoviel Rinder – aufgehoben werden. Die Verwandten des Opfers konnten durch Repressalien gegen die Sippe des Täters, wie Geiselnahme, dessen Auslieferung oder die Entschädigung erzwingen. Unmittelbar in der Zeit vor 600 regelte man in Athen das Fehdewesen von seiten der Öffentlichkeit; es war noch nicht vollständig abgeschafft, aber man bekam es allmählich in den Griff.

Die chronologisch folgende und sachlich nächsthöhere Stufe bildete das Auftreten Solons. Um ihn und seine Maßnahmen ranken sich Legenden, Hypothesen, Interpretationen; insgesamt ein kaum zu durchdringendes Dickicht. Seine Beurteilung wird ferner dadurch erschwert, daß später die verschiedensten politischen Gruppen sein Wirken für sich reklamierten. Er unterlag der an vielen Personen zu beobachtenden Legendenbildung.

Die antiken Nachrichten über die Tätigkeit Solons konfrontieren uns mit der Tatsache, daß um 600 in Athen eine Krise entstanden war, über deren Vorstufen uns die Quellen vollständig im Dunkeln lassen. Wir hören davon, daß man den altersschwachen Eltern die Nahrung verweigerte, um den Hof nicht mit unnützen Essern zu belasten, davon, daß man Schwestern und Töchter, die sich nicht an den Mann bringen ließen, in das Bordell verkaufte. Wir hören vor allem von einer generellen Verschuldung der kleinen Leute, von Sklaverei, in die manche aufgrund von Zahlungsunfähigkeit geraten waren, von der Forderung nach einer Neuaufteilung des Landes.

Zur Behebung der an solchen Symptomen ablesbaren Krise wurde Solon zu Beginn des 6. Jahrhunderts mit Sonderkompetenzen ausgestattet. Im Zentrum seines Handelns steht die Lastenabschüttelung (seisachtheia); sie hat in der Erinnerung des Volkes den tiefsten Eindruck hinterlassen, obgleich es eine einmalige Maßnahme war. Sie und die Landaufteilung blieben für alle sozialen Reformer der Antike oftpropagierte

Schlagworte. Hintergrund und Prozedur des Schuldenerlasses sind für uns ein großes Problem. Unbestreitbar ist, daß es um ein Phänomen der Agrarwirtschaft ging. Unsere Quellen stellen es so dar, als ob fast das ganze Land im Besitz der Reichen gewesen wäre und die restliche Bevölkerung in schlimmster Weise von ihnen abhängig war. Aber solche Rekonstruktionen lassen doch wohl außer acht, daß es damals eine große Zahl freier Bauern gab, die von den Schwierigkeiten nicht oder nur am Rande betroffen waren.

Existentielle Probleme kann es in der Tat für die kleinen Landbesitzer gegeben haben. Bevölkerungswachstum und Erbteilung dürften die längerfristigen Gründe für den Mißstand und den sozialen Abstieg gewesen sein, welcher sich in folgenden Schritten vollzog: Wenn ein attischer Bauer in Schwierigkeiten geriet und Saatgut oder Lebensmittel leihen mußte, konnte er Darlehen von den wirtschaftlich stärkeren Nachbarn erhalten, vornehmlich also von den großen Familien Athens. Als Sicherheit verpfändete er sein Land oder einen Teil seines Landes mit dem Vorbehalt des Rückkaufsrechts; er wurde zu einer Art Pächter, womit nicht selten der Abstieg begann. Konnte er das Geliehene und die Zinsen nicht zurückzahlen, was oft genug vorgekommen sein dürfte, da sich seine Lage durch das Leihen noch zusätzlich verschlechterte, ergaben sich Pachtrückstände. Diese neue Schuld wurde als neues Darlehen behandelt, und der Bauer mußte auch noch seine Person verpfänden, vielleicht vorher Frauen und Kinder. Auf der nächsten Stufe wurde er somit zum Schuldknecht, wohl der so bezeichnete Hektemoros, also zu einem Mann, der ein Sechstel des Ertrages abzugeben hatte.

Eine dritte Stufe der Verschuldung war mit der Versklavung oder dem Verkauf in die Sklaverei erreicht. Es trat wohl dann ein, wenn der Bauer seine laufenden Abgaben nicht begleichen konnte. In diesem gesamten System haben wir eine Art Teufelskreis vor uns: Unter den herrschenden Bedingungen war es einem Teil der Bauern nicht möglich, aus einmal gemachten Schulden wieder herauszukommen, wie auch das Schuldenmachen an sich kaum zu vermeiden war.

Solons Maßnahmen bestanden darin, daß einerseits die bestehenden Schulden erlassen wurden, andererseits für die Zukunft das Leihen untersagt wurde, bei dem der Schuldner sich selbst oder einen Angehörigen als Sicherheit stellte, die der Gläubiger verkaufen durfte, wenn die Schuld nicht zurückgezahlt werden konnte. Schließlich kaufte Solon solche frei, die auf diese Weise bereits zu Schuldsklaven geworden waren. Die Folgen der Maßnahmen waren: verschuldete Bauern wurden schuldenfrei, Hektemoroi und Schuldsklaven erhielten die Freiheit, blieben aber besitzlos. Das Ergebnis dürfte ein Anwachsen der Stadtbevölkerung gewesen sein.

Grundlegend für die folgende Entwicklung Athens blieb Solons Einteilung der Bürger in Klassen nach dem Einkommen, nicht nach der absoluten Größe des Grundbesitzes. Vier solcher Klassen gab es: a) Pentekosiomedimnoi – 500-Scheffler: Personen, die mehr als 500 Maß Ertrag hatten; b) Hippeis (ursprünglich die Reiter) mit mehr als 300 Maß Ernte-Ertrag; c) Zeugitai (ursprünglich solche, die sich ein Ochsengespann leisten konnten) mit mehr als 200 Maß Ernte-Ertrag; d) Thetai, mit weniger als 200 Maß Ernte-Ertrag. Mit ‚Maß' wird wechselweise der Medimnos (=52,5 l) für Getreide oder der Metretes (=39,4 l) für Öl oder Wein bezeichnet. Wegen der unterschiedlichen Ausnutzung des Bodens je nach Anbauform (Getreide, Olivenbäume, Reben) und der unterschiedlichen Fruchtbarkeit müssen etwa für einen Ertrag von 200 Maß sehr unterschiedliche Größen des Landbesitzes vorausgesetzt werden. Auffällig ist, daß alle Grundbesitzer unterhalb dieser Grenze zu den Theten geschlagen werden. Es geht dabei sicherlich nicht darum, daß ein solcher Ertrag keine gesicherte Existenzgrundlage bot. Die Grenzziehung, wie überhaupt die Klasseneinteilung, basiert wohl auf einer bereits bestehenden Einteilung für militärische Zwecke. Die Theten sind Leichtbewaffnete ohne militärische Rüstung, die Zeugiten sind die schwerbewaffneten Hopliten, die Hippeis ursprünglich die berittenen Krieger; aus der letzten Gruppe sind die 500-Scheffler künstlich herausgehoben. Neu war, daß in Zukunft die politischen Rechte nach diesen Klassen gestaffelt wurden.

Die Ruhe, die Solon in Athen hergestellt hatte, war trügerisch. Er konnte die Probleme, die sich aus den wirtschaftlichen Schwierigkeiten ergaben, nicht lösen. Ebensowenig hatte er die beständigen Machtkämpfe zwischen den vornehmen Familien verhindern können, die schließlich in die von etwa 550 bis 510 dauernde Dominanz der Peisistratiden über Athen einmündeten. Deren Herrschaft ist das quellenmäßig am besten bezeugte Beispiel für das Phänomen der sogenannten ‚älteren griechischen Tyrannis'. In der Mitte des 6. Jahrhunderts kämpften in Athen mehrere Männer um die Macht, aus denen schließlich nach einigen Anläufen Peisistratos als Sieger hervorging: Lykurg stand an der Spitze der Pediakoi, gemeint sind diejenigen Bauern, die in der Kephissosebene siedelten. Megakles stützte sich auf die Paralioi, Bauern aus dem Küstengebiet am Saronischen Golf. Der dritte war Peisistratos; er stammte aus der Gegend um Brauron, und es war naheliegend, daß er die Leute für seine Unterstützung von dort heranzog. Wie die anderen beiden Gruppen erhielt auch diejenige des Peisistratos eine geographische Bezeichnung: Hyperakrioi, Bewohner jenseits des Gebirges, aus dem Blickwinkel der Menschen in Athen.

Alle drei Rivalen hatten ein klares Ziel: Sie wollten die Macht, die Alleinherrschaft erringen, ohne daß sie vielleicht genau wußten, was dies nun konkret bedeuten sollte. Die Bemühungen, diese Macht zu erlangen, schildert Herodot so anekdotenhaft, wie man sich eben über ein Jahrhundert später daran erinnerte (1, 59–64): Er berichtet von Knüppelgarden, schönen Frauen, Verweigerung der ehelichen Pflichten und so fort. Zweimal scheiterte Peisistratos, erst beim drittenmal konnte er sich auf Dauer in Athen festsetzen, nachdem er in der Mitte der 40er Jahre mit einem Söldnerheer die Truppen der Stadt in einer Feldschlacht besiegt hatte.

Peisistratos sicherte seine Stellung innerhalb der großen Familien, indem er die einen vertrieb, andere an sich band. Ferner beanspruchte er die Silberbergwerke von Laureion. Das hier gewonnene Metall gab die Möglichkeit, Aufwendungen für Söldner, Bauten, Hofhaltung, Götterfeste und vieles mehr zu bezahlen; Peisistratos nutzte die Möglichkeiten der seit einiger Zeit vorhandenen und sich allmählich verbreitenden Münzprägung. Die städtische Bevölkerung dürfte von seinen Maßnahmen am meisten profitiert haben, und auch die Bauern hatten Vorteile, da sie von der Last des Heeresdienstes befreit waren und die Wirtschaft gedieh: In die Zeit der Peisistratidenherrschaft fallen die Blüte der schwarzfigurigen und der Beginn der rotfigurigen attischen Vasenmalerei.

Peisistratos war leutselig und beliebt, und die meisten Athener dürften letztlich uninteressiert daran gewesen sein, was für eine Regierungsform waltete, wenn nur Ruhe bestand und Prosperität. Die Masse des Volkes fragte lediglich danach, ob die Lebensverhältnisse sich besserten, nicht danach, ob die Polis geknechtet würde. Außerdem hatte Peisistratos den Organismus des solonischen Staatswesens nicht verändert. Seine Herrschaft war festgefügt, als er sie an seine Söhne vererbte; er starb um 528.

Der politisch maßgebende Sohn war Hippias. Insgesamt führte er die Politik in den bisherigen Bahnen weiter, bis schließlich 514 in Athen ein Attentat verübt wurde. Aber die Täter töteten nicht Hippias, sondern den ‚falschen' der herrschenden Brüder. Es ging um persönliche Eifersüchteleien, der Hergang der Tat liest sich wie das Drehbuch einer Operette. Der Überlebende, Hippias, wurde wenig später durch die Spartaner vertrieben (S. 69), was die Athener verständlicherweise gerne rasch vergaßen.

Es ist wichtig festzuhalten, daß durch die Herrschaft der Peisistratiden die bestehende Staatsordnung nicht grundlegend geändert wurde. Gesetze und staatliche Institutionen blieben bestehen; der Tyrann, falls man Peisistratos und seine Söhne so nennen will, regierte sozusagen neben und über der Polis. Seine Macht beruhte nicht auf einer amtlichen Funktion, sondern auf seiner militärischen und wirtschaftlichen Überlegenheit. Für Athen kann die Zeit der Peisistratiden als Ende der archaischen Epoche bezeichnet werden, kann man mit den Perserkriegen (S. 72) eine neue Epoche beginnen lassen.

Klassisches Griechenland

Angesichts der Problematik der Epochengrenze zwischen einer archaischen und einer klassischen Periode Griechenlands (S. 43) soll es nicht verwundern, daß der Überblick über das klassische Griechenland mit der Geschichte Spartas vor dem 6. Jahrhundert beginnt. Wichtig ist, daß Sparta Muster für die Verfassungsstruktur einer griechischen Polis ist. Gewiß, Sparta und Athen waren beide aufgrund ihrer Dimensionen keine normalen Poleis, aber hinsichtlich der Verfassungsform liefert Sparta das entscheidende Modell mit der vielfach zu beobachtenden Differenzierung der politischen Rechte der Bürger. Athen stellt einen Sonderfall dar, denn wenn man sich vornehmlich auf die dortige Staatsform der Demokratie konzentriert, verstellt man sich den weiteren Blick auf die Antike.

Sparta

Die Anfänge Spartas muß man sich bescheiden vorstellen. Wanderungsgruppen, die um 900 in der oberen Eurotas-Ebene siedelten, errichteten zunächst eine Reihe von Dörfern, die später Sparta genannt wurden. Mit der Ankunft der Eroberer und besonders nach der Eingliederung von Amyklai (um 750?) unterwarfen die Spartaner die ansässige Bevölkerung und machten sie zu Heloten. Diese bearbeiteten den Boden für ihre Herren, denen sie regelmäßig Abgaben liefern mußten; damit bestand für die Spartiaten, die Vollbürger, kein Zwang zur Arbeit. Ihre Lebensformen entsprachen damit einer Vorstellung, die Intellektuelle und Adlige vieler griechischer Städte als Ideal gesellschaftlicher Existenz schlechthin betrachteten.

Diese Lebensweise ermöglichte Beschäftigungen, wie sie anderswo in diesem Ausmaß für so viele Bürger nicht gegeben waren. Hier ist vor allem die militärische Betätigung zu nennen, durch die es den Spartanern in der zweiten Hälfte des 7. Jahrhunderts möglich wurde, ihr Gebiet weiter auszudehnen. In mehreren Kriegszügen eroberten sie das westlich von Sparta durch den Taÿgetos abgetrennte Messenien. Dieser Vorgang war gegen 600 abgeschlossen; ein Teil der Messenier wurde ebenso helotisiert wie die Bauern in Lakonien und das spartanische System damit endgültig stabilisiert.

Das Verhältnis der Spartiaten zu den Heloten soll Anlaß sein, über die Möglichkeiten zu reflektieren, mentalitätsgeschichtliche Fragestellungen auf die Antike zu übertragen. Der Begriff der Mentalität läßt sich als historische Kategorie nicht präzise definieren, sondern nur umschreiben: Danach haben Mentalitäten ihren Ort zwischen Ideen und Verhaltensweisen, zwischen Doktrin und Stimmung, an der Verbindungsstelle von Individuellem und Kollektivem, Absichtlichem und Unwillkürlichem, Außergewöhnlichem und Durchschnittlichem. Sie sind mehr als Lebensgewohnheit, Sitte und Brauchtum und nicht nur bloße Widerspiegelung eines sozio-ökonomischen Zustands. Mentalitäten schließen etwas Dynamisches in sich. Die Forschung hat bisher Einigkeit insbesondere über einige Hauptcharakteristika erzielt: Mentalitäten sind zunächst und vor allem etwas Anonymes, Kollektives, jeweils typisch für eine bestimmte Gesellschaft, meist allerdings eher für eine soziale Gruppe oder Schicht. Ferner bezeichnen sie ein Vorstellungssystem, dessen einzelne Teile sich wechselseitig bedingen und daher kurzfristig kaum oder nur mit großen Folgen für das Ganze verändert werden können. Damit hängt schließlich die relative Dauerhaftigkeit und Stabilität von Mentalitäten zusammen. Im Vergleich etwa zum schnellen Wechsel von Preisen, Löhnen oder Grundbesitzverteilung, im Unterschied auch zum Wandel sozialer Schichtungen, bilden sie den Sektor der stärksten Beharrung in der Gesellschaftsgeschichte. So stellen sie eine zum Teil eigengesetzliche Kraft dar, eine Geisteshaltung, die ein Werturteil über bestimmte Dinge impliziert und sich nicht zuletzt in Emotionen wie Frömmigkeit, Furcht, Haß und Aggression äußert; sie dienen der sozialen Integration und Stabilisierung, der Sinngebung und Lebensbewältigung.

Versucht man, in dieser Hinsicht das Verhältnis der Spartiaten zu den Heloten zu verstehen, bieten sich zwei Erzählungen antiker Historiker als Einstieg an. Herodot schildert die Geschichte eines Heloten, der seinen an einer schweren Augenkrankheit leidenden Herrn zu der Schlacht bei den Thermopylen führt (S. 74; Herodot 7, 229). Das Beispiel hat beinahe symbolische Bedeutung und ist fast zu schön, um noch authentisch zu sein. Das Verhalten von Spartiate und Helot ist zugleich gegensätzlich und komplementär. Der Spartiate Eurytos kann nicht sehen, der Helot, der bezeichnenderweise namenlos bleibt, darf nicht unter den Schwerbewaffneten kämpfen. Es bedarf also der Zusammenarbeit, damit jeder von beiden schließlich die seiner Gruppe gemäße Aufgabe erfüllen kann. Eine andere Geschichte bietet Thukydides (4, 80): Eines Tages hatten die Spartiaten alle Heloten, die meinten, sich vor dem Feind besonders verdient gemacht zu haben, aufgefordert, sich zu melden; ihnen sollte die Freiheit geschenkt werden. Daraufhin hätten die Spartiaten 2000 von allen, die sich meldeten, heimlich umgebracht.

Welche der beiden Geschichten gibt die Norm des Umgangs von Spartiaten und Heloten wieder? Jean Ducat findet folgende überzeugende Antwort: Spartiaten und Heloten bilden Kollektive; den Spartiaten geht es darum, für beide Gruppen das Kollektivbewußtsein wach zu halten und gleichzeitig die Überlegenheit ihres Kollektivs zu demonstrieren und zu bewahren. Ein Mittel dazu kann man in der bewußten Herabsetzung der Heloten sehen, um deren Kollektiv permanent an seine Inferiorität zu erinnern; dazu dienen beispielsweise erniedrigende Kleidervorschriften. Aber dies ist nicht die einzige Methode. Nach Ducat gibt es zwei Möglichkeiten, das Problem zu lösen, das entsteht, wenn die persönlichen Qualitäten eines Individuums mit seinem sozialen Status in Konflikt geraten: Man kann das Individuum oder den sozialen Status beseitigen. Tötung ist die eine, Beförderung die andere Lösung; beide lassen die Norm, den Abstand der Kollektive, intakt. In Sparta war die zweite Lösung, der soziale Aufstieg der Heloten, die gebräuchliche. Aber dem Kollektiv der Heloten prägten feste Regeln oder auch Erzählungen wie die des Thukydides die Unterschiede immer wieder ein.

Die besonderen Lebensformen Spartas, die bereits in der Antike – aber ebenso in der Neuzeit – Aufmerksamkeit, Erstaunen und Bewunderung auf sich zogen, stammten aus den Zeiten der Wanderungen beziehungsweise aus der frühen Phase der Okkupation und konnten sich lange halten. Das spartanische Erziehungswesen regelte und kontrollierte das Leben des Gemeindemitgliedes seit der Geburt. Der Staat übernahm die Knabenerziehung vom siebten Lebensjahr an; sie war eine konsequente Vorbereitung auf Männerbund, Kampf und Krieg. Geboten wurden den Knaben Schulbildung, Musik, vor allem aber körperliche Ertüchtigung und die Einübung von Gehorsam und Befehlsstrukturen. Besonders signifikant für die Männergesellschaft waren die gemeinsamen Mahlzeiten.

Um das Kerngebiet der Spartiaten ‚herum' siedelten die ‚Peri'oiken. So wurden die freien Bewohner Lakoniens genannt, die in den Ortschaften an der Peripherie lebten, weil der gute Boden der Flußebene des Eurotas nicht für alle ausreichte; ihr Name war durch das Verhältnis zur Gemeinde der Spartiaten bestimmt. Seit sich Sparta als politisches Zentrum herausbildete und es für die Bewohner dieser Orte unmöglich wurde, regelmäßig in die Zentrale zu kommen, entstand auch die politische Differenzierung. Innerhalb des lakedaimonischen Staates besaßen die Perioiken keine politischen Rechte und konnten folglich nicht an den beschließenden Versammlungen in Sparta teilnehmen. Sie bildeten somit eine Gruppe minderen Rechts, was zu einer faktischen Untertänigkeit gegenüber den Spartiaten führte.

In der Kontrolle der Spartiaten über die Perioiken zeigt sich so etwas wie Territorialherrschaft. Dies wird noch deutlicher, wenn man das Verhältnis Spartas zu Messenien (S. 65) betrachtet. Eine solche Kontrolle über ein größeres Territorium war insbesondere durch politisch-organisatorische Elemente möglich, die Sparta von anderen Städten unterschieden. Da ist vor allem das Doppelkönigtum zu nennen (S. 68). Die beiden Könige

Spartas hatten als zentrale Funktion die Führung im Krieg wahrzunehmen, und das blieb stets ihre Hauptaufgabe. Auf weitere Elemente der politisch-organisatorischen Struktur Spartas verweist uns ein Gedicht des um 600 schreibenden Tyrtaios (Fragment 5a):

„So hat der Goldgelockte, der Gott mit dem silbernen Bogen, Apollo, in der reich prunkenden Halle verfügt: Herrschen sollen im Rate die Könige, götterbegnadet, denen am Herzen die Stadt Sparta, die ewige, liegt; herrschen die würdigen Greise, mit ihnen die Bürger des Volkes, wahrend das gültige Recht, wie es der Satzung entspricht; sollen geziemendes Reden und alles Gerechte erwirken, nie unredlichen Rat geben in der heimischen Stadt, und der Masse des Volkes [das heißt dem Heer] wird Kraft und Sieg [im Kampf] sein."

Wichtig ist bei dieser Beschreibung nicht der Hinweis auf Königtum, Rat und Volksversammlung, denn die gab es mit Ausnahme des Königtums auch in vielen anderen griechischen Städten. Wichtig ist vielmehr, daß sie in einer satzungsmäßigen Ordnung stehen, und daß die Volksversammlung Entscheidungsrechte hat.

Nachdem Sparta im Anschluß an die Eroberung Messeniens (S. 65) auch gegen die Arkader Kriege geführt, aber keine Erfolge damit erzielt hatte, schloß es im Laufe des 6. Jahrhunderts Bündnisse – das wichtigste mit Tegea. Die Zielrichtung dieser spartanischen Politik traf mit den Interessen mancher Oligarchien zusammen, so daß sich Korinth, Phleius und andere anschlossen. Dies war der Kern des Peloponnesischen Bundes (S. 69). Dermaßen gestärkt, scheinen Sparta erstmals Erfolge gegen das militärisch gleichwertige Argos möglich geworden zu sein. Nach der Jahrhundertmitte fielen die Thyreatis und die Insel Kythera an Sparta. Seit dieser Zeit beherrschte die Stadt am Eurotas zwei Fünftel der Peloponnes, ein Gebiet von 8500 km^2; Athen zum Vergleich kontrollierte 2500 km^2.

Seit der Zeit der Wanderungen existierte in Sparta ein Doppelkönigtum, dessen Ursachen uns unbekannt bleiben. Die Spartaner selbst boten für die Tatsache, daß sie zwei Königshäuser hatten, eine Geschichte als Erklärung an, die Herodot (6, 52) bewahrt hat. Diese Erzählung erweist sich als Aitiologie in zweifacher Hinsicht. Sie will erklären, weshalb die Spartaner im Gegensatz zu allen anderen griechischen Völkern zwei Könige hatten und weshalb trotz der rechtlichen, verfassungsmäßigen Gleichheit der beiden Herrscher ein Königshaus größeres Ansehen genoß.

Im ausgehenden 6. Jahrhundert fassen wir mit Kleomenes I. eine der frühesten historischen Personen Spartas und zugleich einen König, der sowohl von den antiken als auch von den modernen Historikern kontrovers beurteilt wurde. Das unterscheidet ihn von dem unbedeutenden zweiten König Demaratos. Kleomenes kam etwa gegen 520 auf den Thron. In Athen beseitigte er durch militärisches Eingreifen zusammen mit Angehörigen der Alkmaioniden-Familie den Peisistratiden Hippias

(S. 64), verbündete sich bald aber mit einem anderen athenischen Vornehmen, Isagoras. Nachdem der Alkmaionide Kleisthenes Reformen in Athen durchgeführt und dessen Gegenspieler Isagoras an Kleomenes appelliert hatte, nutzte dieser die Chance und verbannte den Alkmaioniden zusammen mit weiteren 700 Familien aus Athen. Als Kleomenes daran ging, den neu geschaffenen Rat der Fünfhundert zu beseitigen, sah sich der athenische Demos seiner wichtigsten Errungenschaft beraubt und vertrieb die Spartaner aus der Stadt.

In dieser Lage gelang es Kleomenes, den Peloponnesischen Bund zu mobilisieren. Ein Kriegszug gegen Athen scheiterte allerdings, als sich die Korinther verweigerten und Demaratos, der zweite König, sie unterstützte. Kleomenes gab zunächst nach, brach den Feldzug ab und zog sich nach Sparta zurück, um die Angelegenheit mit Demaratos aus der Welt zu schaffen. Das Resultat war ein im Jahre 506 in Sparta beschlossenes Gesetz, wonach zukünftig nur noch jeweils ein König an einem Feldzug teilnehmen dürfe. Kleomenes schätzte die Mehrheitsverhältnisse in Sparta richtig ein: Demaratos verschwand von der politischen Bühne. Für den Rest seiner Regierungszeit führte Kleomenes die spartanischen Truppen.

Diese Geschichte und dieser Zusammenhang sind für das generelle Verständnis historischer Entwicklung von besonderer Anschaulichkeit. Die Maßnahme ist aus einer Konkurrenzsituation des Augenblicks, hier zwischen zwei Königen, entstanden, in der beide versuchten, einen lästigen Rivalen auszuschalten. Demaratos verrechnete sich und schätzte im Feld die Stimmung falsch ein; Kleomenes dagegen hatte Erfolg. Durch eine zeitlich festzulegende Konstellation aus persönlichen Gründen ergab sich eine Regelung, deren politische Verbindlichkeit über 300 Jahre Leben und Herrschen in Sparta prägte. Langfristig bedeutete diese Zurücksetzung eines Königs im Jahr 506 die Stärkung des Königtums, da in Zukunft ein meist erfolgreicher Heerführer gelegentlich über Jahrzehnte die auch politisch dominierende Kraft in Sparta war.

Noch ein weiteres Problem wurde aufgrund der Weigerung Korinths in Angriff genommen. Man entwickelte ein Verfahren, um das peloponnesische Bündnissystem berechenbarer zu machen und einigte sich darauf, daß in Zukunft jeweils eine Versammlung aller Bündner über die Feldzüge zu beschließen habe. Jede Polis besaß eine Stimme, und es gab einen Mehrheitsbeschluß, der alle Mitglieder band.

In die Regierungszeit des Kleomenes fällt ein weiteres folgenreiches Ereignis. Zu Beginn des 5. Jahrhunderts kam Aristagoras von Milet auf der Suche um Hilfe nach Sparta (S. 73). Die Stadt am Eurotas, besser gesagt ihre Krieger, galten in der damaligen Welt als einer der kampfkräftigsten Truppenverbände, und schließlich war die Stadt die wichtigste im Peloponnesischen Bund: Sparta war der Prostates, der Vorsteher, von Hellas. Aristagoras unterbreitete dem Spartanerkönig sein Angebot für ein Engagement in seiner Heimat Kleinasien. Die Argumente des Milesiers schildert uns Herodot, und wenn er auch nicht bei dem Gespräch anwesend war, so gibt er doch eine Argumentationsweise wieder, die seinerzeit glaubhaft erschien: In Kleinasien gäbe es Gold, Silber, Erz, bunte Stoffe, Zugtiere und Sklaven in Hülle und Fülle (5, 49). Aristagoras beschrieb die märchenhafte Höhe der Tributeinnahmen der Perser, den Reichtum ihrer Schatzhäuser und so fort. Diesem Text läßt sich entnehmen, daß das Ziel eines kriegerischen Unternehmens bei den Spartanern und bei anderen ein ganz elementarer Trieb des Beutemachens war. Man hatte aber in Sparta inzwischen von derartigen ‚überseeischen' Unternehmungen Abstand genommen und engagierte sich daher nicht.

Kleomenes war einer der energischsten Könige Spartas, der auch außerhalb großes Prestige hatte und davon reichlich Gebrauch machte. Er nutzte die Möglichkeiten des Landheeres und der Flotte, die Sparta während des gesamten 6. Jahrhunderts zur außenpolitisch aktivsten griechischen Stadt gemacht hatten. Er schuf damit indirekt, dies ist zu betonen, jene Grundlagen, die 480/479 die Abwehr der Perser ermöglichten. Sein Ende ist noch dunkler als manche Geschichte um seine Person. Die Tradition, die Herodot bewahrt und die dem spartanischen König feindlich ist, spricht von Wahnsinn, der ihn befallen haben soll, sei es, weil er an den Göttern gefrevelt habe oder aus Trunksucht; jedenfalls habe er sich selbst das Leben genommen.

Herodots Erklärung bietet mir die Überleitung zur Rolle der Religion, von der zwei Aspekte am Beispiel Spartas erläutert werden sollen. Diese Religiosität, eine Rücksichtnahme auf göttliche Zeichen in allem und jedem, drückt sich in jenen antiken Zeugnissen aus, die von der Furcht als Grundelement spartanischen Seins sprechen. Eine Furcht, die durch rigorose Erziehung und militärisches Training aufgefangen werden sollte, aufgefangen aber auch durch möglichst geregelte Lebensumstände. So ist eine lange Liste von Strafen für Deserteure der Beweis für eine ständige Sorge, daß Furcht und Feigheit gerade in für die Gemeinschaft kritischen Situationen, bei Feldzügen, offenbar werden könnten.

Einen weiteren Aspekt der Religiosität führt uns die aus Sparta bekannte Kindesaussetzung vor Augen. Der Eingriff der Gemeinschaft in das Leben des Spartiaten begann unmittelbar nach seiner Geburt. Die antike Familie nahm generell die Geburt eines neuen Mitglieds mit gemischten Gefühlen auf; der Zuwachs konnte zwar in der Zukunft einmal eine Verstärkung sein, bedeutete aber zunächst auf jeden Fall eine Last. Die vielen Orakel und Träume, die einigen Neugeborenen Ruhm, anderen Tragik in ihrem zukünftigen Leben voraussagten, zeugen von dieser Ambiguität. Das Recht der Eltern, ihr Kind aus sozialen oder ökonomischen Gründen auszusetzen, war daher grundsätzlich anerkannt; meist erfolgte die Aussetzung aber so, daß das Kind gefunden wurde.

In Sparta ging es dagegen um etwas anderes. Der Vater brachte das Kind vor eine Kommission, und diese entschied, ob es am Leben gelassen würde oder nicht. Plutarch (um 46–120 n. Chr.) gab später für dieses Vorgehen eugenische Gründe an (Lykurg 16); dies dürfte die eigene rationale, aber falsche Erklärung des Philosophen sein. Wie ignorant die Spartaner auch immer in medizinischen Dingen eingeschätzt werden, sie wußten sicherlich auch, daß aus einem mißgestalteten Kind, etwa mit einem zu kurzen Bein, ein kräftiger Erwachsener werden konnte. Und falls man die Art rein halten wollte, hätte es genügt, die Mißgestalteten vom öffentlichen Leben auszuschließen oder ihnen das Bürgerrecht zu verweigern. Die Aussetzung der Kinder außerhalb der Stadt, wo sie keine Chance zum Überleben besaßen, weist darauf hin, daß sie Angst verursachten. Die Spartaner übernahmen ihre Tötung nicht selbst, sondern überließen sie den Göttern. Solche Kinder waren ein Zeichen des Zorns der Götter und zugleich ein Grund dieses Zorns; sie waren verflucht und mußten deshalb vernichtet werden, indem man sie wieder an die Götter zurückgab. Um sich vor dem Unheil zu schützen, welches das Anomale verkündete, ließ man es verschwinden.

Perser und Perserkriege

Der jüdische Historiker des ersten nachchristlichen Jahrhunderts Flavius Josephus (um 37–100) formulierte, verärgert über die extravaganten Ansprüche einiger griechischer Autoren hinsichtlich der historischen Zuverlässigkeit ihrer Werke, folgende Einschätzung: Die Griechen seien erst sehr spät zur Schriftlichkeit gelangt, und zwar weit später als Ägypter, Assyrer und andere nordsemitische Völker. Josephus stellte ferner fest, die Verfasser von Genealogien und die Lexikographen, die ersten griechischen Beinahe-Historiker also, seien mit ihrem Wissen und ihren Angaben kaum über das fünfte vorchristliche Jahrhundert zurückgelangt (Gegen Apion 1, 2–5).

Damit hatte er recht. Die Wende zur ‚modernen' Geschichtsschreibung, von der Dichtung zur erklärenden Erzählung, fand in Kleinasien statt. In diesem Gebiet, das an Regionen mit einer langen literarischen und historischen Tradition angrenzte, wirkte um 500 Hekataios von Milet, der dem dort ansässigen Adel entstammte. Hekataios, ein weitgereister Mann, verfaßte eine Erdbeschreibung – periodos – der Gebiete um das Mittel- und das Schwarze Meer. Dabei gab er Informationen über das Landesinnere, legte reiches ethnographisches Material über die Bewohner vor und schilderte die Tier- und Pflanzenwelt. Herodot berichtet später von seinem Auftreten im Rat der zum Aufstand gegen Persien bereiten Ionier (5, 36): Auf Grund seiner Kenntnisse riet Hekataios entschieden von dem gefährlichen Unternehmen ab. Die ,Politiker' überstimmten den ,Historiker', zettelten den Aufstand an und scheiterten damit (S. 73).

Als Quelle für die Geschichte Griechenlands steht Herodot aus einer Vielzahl von Gründen einzigartig da. Der ,Vater der Geschichtsschreibung', wie Cicero (106–43) in seiner Schrift ,Über die Gesetze' ihn genannt hat (*de legibus* 1, 1, 5), wurde etwa um 485 in Halikarnassos geboren und dürfte kurz nach 430 gestorben sein. In einem Siedlungsgebiet in engster Nachbarschaft zum Perserreich erhielt er seine Ausbildung. Ein Aufenthalt in Athen ermöglichte das Eindringen in die Welt des dortigen Kunstschaffens. Reisen verschafften ihm zahllose Gelegenheiten, durch eigene Anschauung zu Vergleichen und Urteilen zu gelangen. Im Laufe dieser Reisen ergab sich aus dem geographisch-ethnographischen Interesse fast von selbst das historische, ging er doch von der Aufzeichnung des Gesehenen zu Berichten über größere Zusammenhänge über, von der Erzählung einzelner Geschichten zur Darstellung von Geschichte.

Die historischen Fakten als Augenzeuge an Ort und Stelle zu klären, andere Zeugen und Sachverständige zu befragen, deren Auskünfte und die eigenen Beobachtungen mitzuteilen: Dies entwickelte Herodot zu seiner Methode. Ein großes Thema beherrscht sein Werk, das landläufig ,Historien' genannt wird und später von alexandrinischen Gelehrten in neun Bücher eingeteilt wurde: die Beschreibung des Gegensatzes zwischen Europa und Asien.

Um dieser Geschichtsschreibung gerecht zu werden, müssen wir das Menschenbild verstehen, das ihr zugrunde lag. Die Zeit sah den Menschen nicht allein auf sich selbst gestellt, das Gesamtgeschehen in einem Volk oder zwischen den Völkern nicht nur als notwendiges Ergebnis des Zusammenwirkens nachweisbarer Kräfte. Einzelmensch und Gesamtheit existierten in einem höheren Zusammenhang, aus dem im letzten Grund die entscheidenden Gedanken und Antriebe kamen, die der Mensch als seine eigenen erfuhr und zu verantworten hatte.

Herodots Darstellung ist bestimmt durch die Informationen, die ihm in der damaligen Zeit zur Verfügung standen. Es sind dies – neben seinen Vorläufern – Erzählungen von Augenzeugen, Erzählungen von Söhnen und Enkeln über ihre Väter und Großväter, Erinnerungen an Erzählungen von Vätern und Großvätern. Er sprach mit Männern, die eine Erinnerung bis in das 6. Jahrhundert hatten; denn 150 bis 200 Jahre reicht das Kollektivgedächtnis zurück. Jenseits dieses Zeitraums verschwimmt die Erinnerung zu einer diffusen Ahnung an längst vergangene Zustände.

Bei der Bedeutung der von Herodot beschriebenen und aus griechischer Warte so genannten Perserkriege muß man sich klar darüber sein, daß das griechische Geschehen für die Perser am Rande ihres Blickfeldes lag. Aber seit dem Beginn des 5. Jahrhunderts griffen die Herrscher des Perserreiches, später der Parther und Sassaniden, immer häufiger in die

Geschichte des Mittelmeerraumes ein: Der Peloponnesische Krieg wurde 404 zugunsten Spartas durch die persische Hilfe entschieden. Der Königsfriede von 387/86 war in Wahrheit ein Diktat des persischen Herrschers. Die Auseinandersetzungen Alexanders mit den Persern eröffneten die Epoche des Hellenismus. Einige Jahrzehnte nach Alexander, um 250, erneuerte das parthische Arsakidenreich die Traditionen des Achaimenidenreiches, und es wurde ein nicht zu unterschätzender Gegner schließlich sogar der Römer; hier sei nur an deren Niederlage bei Carrhae 53 erinnert. Der Konflikt verschärfte sich seit der Begründung des neupersischen Reiches der Sassaniden 226 n. Chr., und die Bedrohung für Rom, das inzwischen auf das Oströmische Reich reduziert war, brach erst zusammen, als die Expansion der Araber 642 n. Chr. dem neupersischen Reich ein Ende bereitete. Es war also insgesamt mehr als ein Jahrtausend, in denen die Perser an der Geschichte des Mittelmeerraumes Anteil hatten.

559 trat in Pasargadai Kyros (559–529) die Nachfolge seines Vaters als Vasallenfürst der Mederkönige an. 550 beseitigte er die Vorherrschaft der Meder und führte den Stamm der Perser an die Spitze des Riesenreiches. Seither ging eine Stoßrichtung der persischen Ausdehnungsbemühungen nach Westen. Gegner war hier das Lyderreich jenes sagenhaften Kroisos, das um 547 mit der Eroberung der Hauptstadt Sardes fiel. Ionien wurde persischen Satrapen unterstellt; in vielen Städten trafen die Perser auf Sympathie, so daß dort Herrschaften unter persischer Duldung entstehen konnten. Einer dieser Männer war Aristagoras von Milet. Im Jahre 500 führte er ein militärisches Unternehmen gegen Naxos durch, das scheiterte. Um möglicherweise drohenden Repressalien der Perser zu begegnen, legte er seine Herrschaft nieder und proklamierte in Milet eine ‚Isonomia', wie auch die gleichzeitige Ordnung des Kleisthenes in Athen hieß. Die Unruhen an der kleinasiatischen Westküste breiteten sich rasch aus, und die ‚Aufrührer' suchten Unterstützung im westlichen Teil Griechenlands (S. 69). Der Aufstand scheiterte und die Westküste Kleinasiens blieb unter persischer Kontrolle.

490 erfolgte der erste größere Perserzug nach Zentralgriechenland. Zu dem Aufgebot gehörte der ehemalige athenische Tyrann Hippias (S. 64), der Athen zu einer von den Persern abhängigen Stadt machen wollte, entsprechend den Städten an der kleinasiatischen Küste. Von Euboia aus landeten die Perser in der Bucht von Marathon; möglicherweise spielte neben militärstrategischen Überlegungen die Tatsache eine Rolle, daß Brauron, die ehemalige Heimat der Peisistratiden (S. 63), dort lag. Hippias hoffte auf Unterstützung, irrte sich aber; er und die Perser verloren die Schlacht gegen ein weitgehend einiges Athen.

Dieses erste griechisch-persische Aufeinandertreffen hatte für die Griechenstädte kaum Auswirkungen. Alles lief seinen gewohnten Gang, die innergriechischen Zwistigkeiten wurden fortgesetzt. Als Xerxes (486–465) seine Herrschaft stabilisiert hatte, wandte man sich in Persien zehn Jahre später erneut dem Thema Hellas zu. Herodot (7, 138) mußte feststellen, daß die meisten Griechen sich am Krieg überhaupt nicht beteiligen wollten, sondern es mit den Persern hielten. Symptomatisch war die Einstellung der Phoker: Sie waren perserfeindlich wegen ihrer Gegnerschaft zu Thessalien; hätten es die Thessaler mit den Griechen gehalten, so Herodot, wären die Phoker vermutlich mit den Persern gegangen. Die gemeinsamen Überlegungen derer, die sich 481 gegen die Perser zusammentaten, waren aus der Not geboren. Sparta erhielt den Oberbefehl über Heer und Flotte, der aber eine delikate Angelegenheit blieb, da die Kompetenzen der jeweiligen Spartiaten nicht klar beschrieben waren. Aus dieser zweiten griechisch-persischen Konfrontation möchte ich nur den Kampf an den Thermopylen näher schildern. Er trug erheblich dazu bei, den ‚Mythos Sparta', die Legende von den todesmutigen Kämpfern, zu verbreiten. Ferner ist er Beispiel einer antiken Erzählung mit einer literarischen Rezeption bis in unser Jahrhundert.

„Wanderer, kommst du nach Sparta, sage, du habest uns liegen gesehen, wie das Gesetz es befahl!" Jener so berühmt gewordene Satz hat die Erinnerung an den Tod des spartanischen Königs Leonidas und seiner Soldaten wachgehalten bis zu den griechischen Freiheitskämpfen des 19. Jahrhunderts, bis hin zu Heinrich Bölls Erzählungen „Wanderer, kommst du nach Spa...". Was steht hinter dieser Legende, die nicht nur als Legende wichtig ist, denn sie hat das Bild Spartas nach 480 entscheidend mitgeprägt?

Um den Zug des persischen Landheeres nach Süden aufzuhalten, hatten die Griechen zunächst eine Sperre weiter nördlich geplant, ehe sie sich dazu entschieden, bei den Thermopylen ein Landheer von 7000 Soldaten und bei Artemision die Flotte zu stationieren, welche die Perser auf dem Seeweg aufhalten sollte. Welche Taktik sie dabei verfolgten, wissen wir nicht. Als Leonidas erfuhr, daß die Perser seine Stellung umgangen hatten, ließ er das Heer abrücken und hielt nur seine 300 Spartiaten, 700 Thespier und 400 Thebaner bei sich. Und diese Gruppe verteidigte den Paß eben – wörtlich – bis auf den letzten Mann. Karl Julius Beloch meinte zu diesem Vorgang, der einzige Sinn, den das Unternehmen gehabt habe, läge darin, daß es die Griechen von einem unfähigen Feldherrn befreit habe. Aber hier erlag auch Beloch der Legende, die sich um den Tod der Spartiaten rankt.

Zwar waren es nicht die Spartiaten allein, die umkamen, aber sie waren es, die den Ruhm ernteten. Thermopylai wurde zum Symbol des spartanischen Mythos. Die Legende entstand bereits am nächsten Tag, die Legende von den unerschrockenen, unbesiegbaren Kämpfern, von den todesmutigen Soldaten, deren Ruhm die eben zitierte Inschrift in alle Welt trug.

Der Ruhm von Leonidas ging auf ganz Sparta über und war unter anderem wichtig, um die Führung im Peloponnesischen Bund zu behaupten.

Es folgte die Seeschlacht von Salamis, geprägt vor allem von Fehlern der Perser, die das Debakel ihrer Flotte herbeiführten, den Ruhm des Atheners Themistokles begründeten und Athens Flottenstärke für den Rest des Jahrhunderts herstellten. Spartas Erfolg dagegen war der Sieg bei Plataiai 479 über die in Griechenland verbliebenen Reste des persischen Landheeres. Die Perser waren damit aus Griechenland vertrieben, einige Seeunternehmen machten bald auch die Ägäis wieder zu einem griechischen Gewässer. Allerdings zog sich Sparta von der weiteren Verfolgung, das heißt von einer aktiven Angriffspolitik, zurück. Es war dies jetzt die Stunde Athens, sich selbst ein Bündnissystem zu schmieden, um – allerdings zur See – seinen Einfluß weit über Attika auszudehnen.

Pentekontaëtie

Kriegszeiten werden häufig nach den Schauplätzen oder den Kriegsgegnern benannt, bei Friedensperioden fallen solche Bezeichnungen schwerer. Die Jahre zwischen dem Perserkrieg, wenn man ihn mit der Schlacht bei Plataiai 479 enden läßt, und dem Peloponnesischen Krieg, der 431 begann, ist eine solche ‚Friedensperiode', das heißt eine Zeit mit vielen kleinen innergriechischen und griechisch-persischen Auseinandersetzungen, aber ohne ‚große' längere Kriegshandlungen. Dieser Zeitraum von rund 50 Jahren heißt deshalb Pentekontaëtie: fünfzig Jahre.

In dieser Zeit gingen in Athen die Differenzen zwischen verschiedenen Adelsgruppen weiter. Vorwürfe der Tyrannenfreundschaft oder des Medismos, der Perserfreundschaft, waren dabei an der Tagesordnung. Entscheidend für die Fortentwicklung der Staatsform in Athen war der Sieg über die Perser, aus athenischer Sicht vor allem bei Salamis, der die Funktionsfähigkeit des politischen Systems erwiesen hatte. Hinzu trat die Bedeutung des Delisch-Attischen Seebundes, eigentlich eine Fortsetzung der anti-persischen Zweckallianz ohne Sparta und seine Verbündeten: In Delos, dem alten Mittelpunkt einer ionischen Amphiktyonie, sollten gemeinsame Beratungen stattfinden; hier wurde auch die Kasse, die unter der Kontrolle der Bündner von zehn athenischen Beamten verwaltet werden sollte, im Tempel des Apollo aufbewahrt. In sie flossen die Beiträge derjenigen Städte, die nicht stark genug waren oder kein Interesse daran hatten, Schiffe und Mannschaften für die gemeinsame Flotte zur Verfügung zu stellen, was eigentlich das Normale sein sollte. Es hat sich in späteren Jahren gerächt, daß manche Poleis aus Bequemlichkeit Geldzahlungen vorzogen. Denn mit diesem Geld finanzierten sie letztlich die Flotte der Athener, die mit athenischen Bürgern als Ruderern bemannt war und deren Übermacht dann Austrittsversuche im Keim ersticken konnte. Der Bund umschloß bald die meisten Städte an den Küsten und auf den Inseln des Ägäischen Meeres und umfaßte somit ein einheitliches großes Verkehrsgebiet.

Mit dem Delisch-Attischen Seebund waren Athen seit etwa 478 die Möglichkeiten gegeben, den Krieg gegen Persien fortzusetzen, aber dies konnte nur mit großen Unterbrechungen geschehen, weil die innenpolitischen Gegensätze führender Adliger in der Stadt immer wieder eine kontinuierliche Politik verhinderten.

Zunächst gelang Kimon die Vertreibung der Perser aus den europäischen Besitzungen in Thrakien und damit auch eine Ausdehnung des athenischen Bundes in dieses Gebiet. Der von Kimon im Anschluß unternommene neue Kriegszug erbrachte 469 einen glänzenden Erfolg, als an der pamphylischen Küste bei der Mündung des Eurymedon eine persische Flotte vernichtet werden konnte. Der Großkönig hatte nach der Niederlage von Salamis im Jahre 480 erstmals wieder eine Flotte von etwa 200 Schiffen zusammengestellt und gegen die Athener geschickt, eine Flotte, die Kimon vollständig aufrieb. Der Erfolg erbrachte eine gewaltige Kriegsbeute und den Anschluß der karischen und lykischen Küstenstädte an den Seebund.

Mit diesem Erfolg sahen einige Bündner die Aufgabe des Bundes als erfüllt an und schlossen daraus, es sei an der Zeit, ihn aufzulösen bzw. ihre Mitgliedschaft aufzukündigen. Dies erwies sich als verhängnisvoller Irrtum, da Athen den Seebund längst als eigenes Machtinstrument betrachtete und Austrittsversuche nicht zu tolerieren bereit war. Für abtrünnige Bündner war der gegebene Bundesgenosse Sparta. So wandten sich auch die Thasier 467/66, als sie zum Abfall entschlossen waren, an Sparta und baten um Unterstützung gegen die zu erwartenden athenischen Maßnahmen. Der Nachteil der spartanischen Hilfe, die bereitwillig gewährt wurde, lag darin, daß Sparta die weit entfernt liegenden Inselstädte wie Thasos nicht mit Schiffen unterstützen konnte. Deshalb versprach Sparta, mit dem Landheer in Attika einzufallen, um auf diese Weise Athen von einem seinerseitigen Angriff auf Thasos abzubringen. Spartas Aktion kam allerdings nicht zustande; ein Beben machte alle derartigen Pläne im Wortsinn dem Erdboden gleich.

Das Ausscheiden von Thasos aus dem Bund, aus athenischer Sicht als Aufstand der Thasier gewertet, und auch anderer Städte wurde blutig unterdrückt, um derartige Überlegungen für die Zukunft von vornherein auszuschalten. Der Delisch-Attische Seebund war damit, für jeden erkennbar, ein Machtinstrument Athens, seiner Politiker und seiner Volksversammlung geworden.

In der Mitte des 5. Jahrhunderts befand sich Athen auf dem Höhepunkt seiner Macht. Die Stadt beherrschte die Ägäis, kontrollierte Mittelgriechenland, beunruhigte die Küsten der Peloponnes – ohne allerdings hier allzu großen Schaden gegen Sparta anzurichten –, schnürte die Kreise Korinths ein und focht in Ägypten gegen die Perser. Und in Ägypten traf Athen eine Katastrophe, als 454 dort das attische Heer nach eineinhalbjähriger Belagerung durch die Perser vollständig aufgerieben wurde. Man befürchtete sogar ein erneutes Übergreifen der Perser in die Ägäis und verlegte die Kasse des Seebundes, allerdings keineswegs zum Leidwesen der Athener, von Delos nach Athen. So kam es gelegen, daß 451 Kimon aus dem Exil zurückkehrte und einen fünfjährigen Waffenstillstand mit Sparta abschließen konnte.

Der athenische Einfluß in Zentralgriechenland ging verloren, als sich ein boiotischer Bundesstaat unter Führung Thebens 447 militärisch gegen Athen behauptete. 446 lief dann der eben erwähnte Waffenstillstand mit Sparta ab, und die Spartaner waren willens, die Gunst der Stunde zu nutzen und fielen mit einem Heer in Attika ein. In den anschließenden Friedensverhandlungen von 446 mußte Athen auf alle peloponnesischen Eroberungen verzichten: Megara, Troizen sowie Besitzungen in Achaia. Nunmehr schlossen Sparta und Athen einen Frieden mit der Bestimmung, daß etwaige Streitigkeiten einem Schiedsgericht zu unterwerfen seien. Sparta, Hegemon des Peloponnesischen Bundes, und Athen, Herrin des Seebundes, vereinbarten, daß keiner der beiden Vertragspartner ein Bundesmitglied des anderen in seinen Bund aufnehmen dürfe.

Mit diesem Friedensschluß erkannten sich beide Bündnissysteme gegenseitig an. Beide hatten Gelegenheit, sich zu konsolidieren: Athen von den militärischen Niederlagen, Sparta von den Folgen des Erdbebens. Die Friedenszeit brachte vor allem in Athen eine Zeit der kulturellen Blüte auf allen Gebieten der Kunst mit sich und ließ darüber hinaus die Bereitschaft zu erneuten militärischen Unternehmungen wachsen.

Peloponnesischer Krieg

Der Begriff ‚Krieg' sollte nicht den Eindruck erwecken, daß es sich bei den Auseinandersetzungen von 431–404 um einen permanenten Kriegszustand über beinahe 30 Jahre gehandelt habe. Die Art des antiken Krieges, sowohl zu Land wie zur See, war gekennzeichnet durch kurzfristige Kriegshandlungen, und selbst diese wiederholten sich nicht jährlich. Dies gilt beispielsweise für die erste Phase, den Archidamischen Krieg von 431–421, nach jenem spartanischen König benannt, der die wichtigsten Züge der Spartaner nach Attika kommandierte. Ebenso wenig wie diese erste Phase einen dauernden Kriegszustand so hat die des Nikias-Friedens von 421–414, nach einem athenischen Unterhändler benannt, einen dauernden Frieden gekannt; im Jahre 418 fand die größte Landschlacht der gesamten Zeitspanne statt. Der Dekeleisch-Ionische Krieg von 414–404 kennzeichnet in seinem Namen die Veränderung der spartanischen Taktik in der Besetzung des attischen Dorfes Dekeleia und dem wesentlichen Kriegsschauplatz, die vor Ionien liegende See. Wir müssen bei dem Thema ‚Krieg' gleichzeitig die Selbstverständlichkeit bedenken, mit der Thukydides und andere von Kriegen sprechen. Wir müssen uns die Nüchternheit vor Augen halten, mit der sie schildern, daß nach der Einnahme einer Stadt die Männer getötet, Frauen und Kinder in die Sklaverei verkauft wurden.

Über diese Kriegshandlungen berichtet Thukydides (um 460–400), der weit über den Kreis der althistorisch Interessierten hinaus dadurch Bedeutung erlangt hat, daß er bei der Abfassung seines Geschichtswerkes die Unterscheidung von Ursache und Anlaß ‚entdeckte'. Dies hatte Konsequenzen für seine Darstellung. Ursache des Krieges war für Thukydides die Existenz zweier Hegemonialmächte: Sparta und Athen. Sie beinhaltete für ihn den Keim zum Krieg, der dann nur noch einiger Anlässe bedurfte. Diese Sicht des Atheners betont die Konfliktbereitschaft beider Seiten, während aus heutiger Warte vor allem Athen als Aggressor zu betrachten ist.

Bei den Auseinandersetzungen zwischen Sparta und Athen, die im ausgehenden 6. Jahrhundert begonnen hatten und sich bis ins 4. Jahrhundert fortsetzen sollten, handelte es sich, um eine Parallele aus dem 19. Jahrhundert, den drohenden russisch-englischen Krieg, heranzuziehen, um einen Zweikampf zwischen Elefant und Wal, zwischen einer Land- und einer Seemacht, deren jeweilige Dominanz anerkannt war. Die Spartaner hofften, durch Einfälle in Attika die Athener zu einer Landschlacht zwingen und sie besiegen zu können; als dies nicht gelang, war ihr Konzept bereits nach dem ersten Jahr gescheitert. Auch die Athener erreichten nichts Erwähnenswertes; wenn sie wirklich an den Erfolg von Flottenoperationen und Seeblockaden gegen die Peloponnes geglaubt hatten, so scheiterte dies an den begrenzten Möglichkeiten der Schiffe und der Zersplitterung der Küste ebenso wie an den dunklen Nächten und den Morgennebeln. So ergab sich bald Verhandlungsbereitschaft, zunächst auf Seiten der Spartaner, als 120 ihrer Bürger auf der Insel Sphakteria durch Athen gefangengenommen wurden; bei der abnehmenden Zahl der Vollbürger war dies für Sparta eine beachtliche Menge. Als spartanische Landtruppen an der thrakischen Küste sensible Bereiche des attischen Bündnissystems bedrohten – dort befanden sich Erzgruben und Wälder, die Holz für die Flotte lieferten –, waren beide Seiten zu einem Friedensvertrag bereit. Er wurde auch abgeschlossen, war aber von Beginn an Makulatur, da Athen und Sparta jeweils in Bündnissysteme eingebunden waren, deren Mitglieder immer stärker eigene Interessen verfolgten. Spätestens die Zeit des Nikias-Friedens illustriert mit aller Deutlichkeit die

Unfähigkeit der griechischen Städte zu einem friedlichen Nebeneinander. So blieben auch jeweils tagespolitisch wichtige Ereignisse für den Gesamtverlauf der Geschichte der Poleis Episode: Spartas Sieg bei Mantineia 418, die Niederlage Athens in Sizilien 413 und letztlich der Sieg Spartas über Athen 404, möglich geworden durch persische Geldzahlungen, mit denen eine den Athenern konkurrenzfähige Flotte aufgebaut werden konnte.

4. Jahrhundert

Die gewohnte Einteilung des Zeitraums vom Peloponnesischen Krieg bis zu Alexander in die Hegemonieepochen der Spartaner, Thebaner und Makedonen entspricht dem Wandel der Machtverhältnisse in Griechenland. Hinzu kam die entscheidende Rolle der Perser seit 412, als sie auf Spartas Seite in den Krieg eingegriffen und ihn zugunsten der Stadt am Eurotas entschieden hatten. Das war durch die partikularistischen Tendenzen und Kämpfe der Griechen untereinander ermöglicht worden. Dieses 4. Jahrhundert bis zur Neuordnung von Korinth 338/7 durch Philipp von Makedonien (S. 90) ist die Geschichte zahlloser Kriegshandlungen ohne wesentliche Konstanten bis auf diejenige, daß nichts ohne Beteiligung Spartas geschah. Diese Kriege boten dem persischen Großkönig stets die Gelegenheit, Einfluß zu nehmen und Zünglein an der Waage zu sein, bis ihm ein durch die Makedonen militärisch geeintes Griechenland entgegentrat. In den Kämpfen traten Söldner immer häufiger in Erscheinung. Vor der hier behandelten Zeit hatten bereits die Pharaonen und die Perser in größerem Maße Söldnertruppen, vor allem aus Hellas, eingesetzt. Da die Kriege immer länger dauerten und die Bauernkrieger aus wirtschaftlichen Gründen nicht zur Verfügung standen, wurde es üblich, Berufssoldaten anzustellen, die den Bauernkrieger ablösten. Diese griechischen Söldner rekrutierten sich überwiegend aus verarmten freien Bauern und Handwerkern, und es gab bald regelrechte Söldner-Märkte wie in Tainaron auf der südlichen Peloponnes. In dieser Zeit, so lassen die verfügbaren Quellen vermuten, befanden sich nie weniger als 25000 griechische Söldner irgendwo unter Waffen, und diese Entwicklung hatte steigende Tendenz.

Am Ende des Peloponnesischen Krieges stand der Sieg Spartas. Das war der Anfang eines allerdings nur kurzlebigen spartanischen Reiches. Sparta versuchte, seinen Einfluß auf der Peloponnes, in Mittelgriechenland und Kleinasien durch ein System direkter Vorherrschaft zu sichern: die Kontrolle der jeweiligen Städte durch Harmosten. Diese Statthalter waren Beamte, die jährlich abgelöst oder bestätigt wurden. Sie hatten die Aufgabe, Städte oder Gebiete, die sich unter der Kontrolle Spartas befanden, gegen feindliche Angriffe zu schützen. Häufig genug griffen sie aber auch in die inneren Belange der Städte ein und sorgten für die Einführung oder Unterstützung einer oligarchischen Verfassungsform, was ihnen mit Hilfe ihrer Truppen auch gelang. Diese vielerorts eingesetzten Harmosten trugen dazu bei, den Haß gegen Sparta zu schüren. Die Spartaner waren auf dem Höhepunkt ihrer Macht weder in der Lage, die im Peloponnesischen Krieg siegreiche Allianz zusammenzuhalten, noch war es ihnen gelungen, die ehemaligen Untertanen Athens durch eine erfolgreiche Politik an sich zu binden. Hatte Athen zu Beginn seines Seebundes noch die Begründung bieten können, es gehe darum, die Perser niederzukämpfen, so fehlte Sparta eine derartige Propaganda. Statt dessen wurde von Sparta bereits rigoros ausgeführt, was in der Moderne Napoleon I. als Grundsatz formulierte, nämlich im besetzten Land auf Kosten des Gegners zu leben. Berüchtigt für seine besonders rücksichtslose Anwendung dieses Prinzips wurde ein gewisser Derkylidas; ihm gab man den Beinamen Sisyphos nach jenem mythischen König von Korinth, der laut Homer der habgierigste aller Menschen gewesen sein soll.

Ausgangspunkt des beginnenden Befreiungskampfes in Griechenland gegen die spartanische Herrschaft war Theben in Boiotien. Die Koalition der Gegner verfestigte und vergrößerte sich rasch: 395 wurde eine Allianz zwischen Boiotien, Athen, Korinth, Argos, der korinthischen Kolonie Ambrakia, den Akarnanen, den Euboiern und Chalkidiern geschlossen. Den Abschluß dieses Kampfes bildeten Verhandlungen unter Leitung der Perser, die man allein für fähig hielt, einen Frieden zu garantieren. Das Diktat des Perserkönigs von 387/86, der nach ihm benannte Königsfriede, war notwendig, da es den Griechen selbst, trotz aller Fortschritte der politischen Theorie und der innerstaatlichen Verfahrensweisen, nicht gelungen war, ein adäquates System internationaler Regelungen zu entwickeln. Der persische Satrap von Sardes verkündete die Friedensbedingungen, die unter anderem die „Autonomie der griechischen Städte, kleiner wie großer" garantierten (Xenophon [um 430–355], Hellenika 5, 1, 31). Für die Folgezeit fand die Erwähnung des Begriffs ‚Autonomie' einen starken Widerhall und er wurde besonders von denjenigen Städten geschätzt, die in Gefahr waren, ihre Selbständigkeit zu verlieren. Die Formel von der Autonomie ging in zahlreiche Friedensverträge ein, die in immer rascherem Rhythmus aufeinander folgten und häufig genug nur Monate überdauerten; der Königsfriede wurde zu einer Norm für die folgenden Jahrzehnte.

Ein ähnlicher Friedenskongreß, an dessen Ende im wesentlichen eine Erneuerung des Königsfriedens stand, fand 371 in Sparta statt. In die unmittelbar an die Unterzeichnung anknüpfenden Streitigkeiten um den Geltungsbereich einzelner Unterschriften mischten sich persönliche Differenzen zwischen dem thebanischen Vertreter Epameinondas und dem lakedaimonischen König Agesilaos; der Friedenskongreß war der Anfang eines Krieges. Es kann keinem Zweifel unterliegen, daß dies von den leitenden Staatsmännern vorhergesehen und bewußt herbeigeführt worden war. Doch wer würde die besseren Truppen und/oder das bessere Konzept haben?

Es ist an dieser Stelle angebracht, sich dem neuen taktischen Konzept des thebanischen Feldherrn Epameinondas zuzuwenden, das auf die traditionelle Kriegführung der Spartiaten reagierte; diese beruhte trotz einzelner Reformen noch immer auf der alten Lineartaktik: Die Spartiaten hatten ihre Phalanx, die zumeist in einer Tiefe von acht Mann aufgestellte Schlachtreihe, mit der sie gegen den Feind vorrückten. Durch festen Zusammenhalt und gleichmäßige Tapferkeit glaubten die Spartaner, in der einen Schlacht so gut wie in der anderen den Sieg erringen zu können. Für die Gegner Spartas konnte also nichts vorteilhafter sein, als sich Gedanken über Neuerungen zu machen, um die Spartaner zu zwingen, anders als in gewohnter Weise zu kämpfen; und darauf setzte Epameinondas.

Der Grundgedanke war – wie in allen solchen Fällen – einfach. Die alte Taktik beruhte darauf, daß auf der ganzen Linie der Kampf gleichzeitig und mit gleichem Nachdruck eröffnet wurde. Epameinondas wich davon ab, indem er seine Truppen nicht in einer Schlachtreihe von gleicher Tiefe aufstellte, sondern dem linken Flügel mit fünfzig Mann Tiefe eine besondere Stärke gab; auf lakedaimonischer Seite standen zwölf Reihen hintereinander. Epameinondas wollte auf der Seite den Erfolg, das heißt den Durchbruch erzielen, wo der lakedaimonische König und das stärkste geschlossene spartiatische Aufgebot standen, die Leibgarde von 300 Mann; dies war traditionsgemäß die rechte Seite der lakedaimonischen Schlachtreihe, der Angriffsflügel. Für die Thebaner verlief die Schlacht von Leuktra nach Plan: Sie siegten im Reitergeplänkel – die lakedaimonische Reiterei wurde in die eigene Phalanx getrieben –, und der rechte Flügel der Lakedaimonier brach zusammen. Die Schlacht bei Leuktra im Jahre 371 brachte für Sparta eine verheerende Niederlage; allein 400 Spartiaten fielen. Leuktra beseitigte mit einem Schlag alle Voraussetzungen, auf denen die politischen Kalkulationen der Vergangenheit basiert hatten. Der ehemalige Hegemon von Hellas schied aus der griechischen Geschichte weitgehend aus.

Für wenige Jahre spielte Theben die führende Rolle in den innergriechischen Auseinandersetzungen, bis sein fähigster Feldherr Epameinondas 362 fiel; wieder kam es zu einem Frieden, der nahezu 15 Jahre hielt. Die Peloponnes war aufgeteilt in eine Anzahl von Poleis, von denen keine über ihren eigenen Bereich hinaus Einfluß ausüben konnte: Boiotien war weiterhin stark, aber in Zentralgriechenland nicht unumstritten, Athen besaß die wichtigste Flotte; Griechenland war in einem Ausmaß wie nie zuvor in Einzelinteressen zersplittert. Dies war eine der Voraussetzungen für den Aufstieg Makedoniens unter Philipp II., mit dem die Zeit des Hellenismus beginnt.

Die autonome Polis, so könnte man aus der Rückschau sagen, war nicht mehr als eine Konzeption, eine Idee. Sie setzte eine so seltene Verbindung von materiellen und institutionellen Gegebenheiten voraus, daß sie nie verwirklicht werden konnte. Nur für eine kurze Zeitspanne vermochten einige große Städte wie Sparta, Athen oder Theben ihr nahezukommen. Die Polis hatte, in einem politischen Sinn, keine Zukunft. Das Ende der selbständigen Polis markierte für Eduard Meyer eine Zäsur: „Das ist der Ausgang der griechischen Geschichte." Ganz Unrecht hatte er nicht.

Attische Demokratie

Die attische oder athenische Demokratie gehört zu den wenigen althistorischen Themen, die noch mit gewisser Regelmäßigkeit in der Schule behandelt werden; deshalb soll sie auch in dieser Einführung ihren Platz finden. Für die Schule steht nicht zuletzt die didaktische Absicht im Vordergrund, anhand eines historischen Themas, das uns noch heutzutage vertraut scheint, politische Urteilsbildung zu erfahren und zu üben.

Gerade bei dem Thema attische Demokratie wird häufig der Eindruck erweckt, hier lasse sich eine antike Staatsform aus moderner Begrifflichkeit und heutigem Wissen verstehen. Dies ist nicht der Fall; denn der Sinn, den ein solcher Begriff wie Demokratie damals oder heute besaß und besitzt, ist der durch den jeweiligen Gebrauch gegebene. Alles andere führt zu Fragestellungen wie: Ist die athenische Demokratie eine Demokratie? Und welche Einsicht vermittelte eigentlich die Antwort: Nein?

Kennzeichen der Demokratie

Jede griechische Polis bewahrte lange Zeit den Charakter einer auf wirklicher oder fiktiver Blutsverwandschaft basierenden Gruppierung. Man konnte Mitglied der Polis erst nach der Aufnahme in die engere Gemeinschaft werden, in welche die Bürgerschaft eingeteilt war. Die Zubilligung der Staatsbürgerschaft erfolgte nach strengen Maßstäben. Die Abneigung gegen eine Vermehrung der Staatsbürgerzahl war bei den Griechen ebenso allgemein wie stark.

Hinsichtlich der Staatsbürgerschaft war es natürlich, das heißt unbestreitbar, daß der Frau nicht die gleiche Stellung und die gleichen Rechte zukamen wie dem Mann; dagegen erhob sich kein Widerspruch. Wie sich oft beobachten läßt, führte solch ein Unterwürfigkeitsverhältnis, sobald es zur dauernden erblichen Gewohnheit geworden war, zur Stabilisierung der Auffassung, daß die derart Abhängigen tatsächlich geistig, moralisch und intellektuell unterlegen seien. Auch die untergeordnete Stellung der Sklaven widersprach aus Gründen der Tradition und der Vernunft nicht den damaligen Vorstellungen von Demokratie. Weshalb auch? Für Aristoteles war die angeborene Ungleichheit der Menschen, das heißt die qualitative Verschiedenheit, eine unbestreitbare Tatsache. Neben Sklaven und Frauen gehörten die Fremden, in Athen die Metoiken, nicht zu den Bürgern. Sie wurden zwar zu Leistungen in Form von Heeres- und Flottendienst herangezogen, zahlten Steuern und beteiligten sich an den Kosten für öffentliche Feste, hatten somit Pflichten wie die Staatsbürger, aber nicht deren Rechte. Kindern, Frauen, Sklaven und Metoiken gegenüber bildeten die eigentlichen Staatsbürger eine beinahe verschwindende Minderheit. Aber dies beeinflußte die antike Definition von Demokratie nicht. Sie war nach griechischem Verständnis eine Sache der Qualität und nicht der Quantität.

Die athenische Politik wurde durch Massenversammlungen der Bürger bestimmt. In diesen Versammlungen konnte ein jeder Ratschläge geben, der die Aufmerksamkeit der Menge zu fesseln vermochte. Gewiß, die Volksversammlung ließ sich wie alle Massen gelegentlich von Emotionen beeinflussen: Optimismus, Zorn, Entrüstung. Aber im allgemeinen hat die Volksversammlung die Fassung bewahrt und die Vorschriften eingehalten.

Im Verständnis der Athener gehörte zu den wesentlichen Elementen der Demokratie des ausgehenden 5. und 4. Jahrhunderts die Misthophoria, die Diätenzahlung: für die Beamten, den Rat, die Teilnahme an der Volksversammlung, an den Theateraufführungen, in den Volksgerichten, für die Landsoldaten und die Ruderer der Flotte.

Zu den Prinzipien zählte weiter der turnusmäßige Wechsel im Amt. Dies bedeutete, daß nach Ablauf einer in aller Regel einjährigen Amtszeit ein neuer Inhaber bestimmt werden mußte. Hinzu kam, daß in Athen jeder Bürger jedes durch Los besetzte Amt nur einmal bekleiden durfte; lediglich in den Rat konnte ein Bürger zweimal, wohl aber nicht ohne Unterbrechung gelost werden. Schnelle Abwechslung in den Amtsstellen verhinderte Machtansammlung durch zu große Detailkenntnis, verhinderte aber auch, daß jemand allzu viel Unheil anrichtete. Der turnusmäßige Wechsel zielte auf die Schwächung der mit einem Posten verbundenen Autorität. Dieses Fehlen einer eigentlichen dauerhaften Bürokratie verhinderte die Entstehung einer permanenten Ungleichheit zwischen Beamten und Bürgern. Dem gleichen Zweck wie das Turnusprinzip diente das Losverfahren. Die Kombination beider Elemente ermöglichte es jedem Bürger, ein Amt zu bekleiden.

War die Wahl – so betonte es Isokrates (436–338) – oder das Losverfahren – wie Aristoteles meinte – demokratischer? Es hängt bei der Beantwortung der Frage davon ab, was man für die demokratische Idee als wichtiger erachtet: die Gleichheit oder das totale Bestimmungsrecht der Bürger. Postuliert man die Gleichheit als Kern der Demokratie, dann wird diese durch Auslieferung an das blinde Los erreicht. Das Losverfahren war in dieser Hinsicht vollkommen, da es allen, ungeachtet ihrer sozialen und individuellen Unterschiede, gleiche Chancen gab.

Das schlechthin perfektionierte Losverfahren, welches ich gerade wegen seines komplizierten Verfahrens als Beispiel vorstelle, hatten die Athener für die Bestellung der Richter im Volksgericht entwickelt. Zum einen trug es der erwähnten Gleichheit aller Bürger Rechnung; zum anderen sollte ausgeschlossen werden, daß die Richter vor Prozeßbeginn wußten, bei welchem Verfahren sie zu entscheiden hatten. Wegen der großen Macht der Gerichte war man bemüht, Bestechungsmöglichkeiten, Absprachen oder Schiebung auszuschalten. Dazu diente schließlich auch die große Zahl von Richtern bei jeder Entscheidung: 200 bis 3000, meist wohl 500.

Für das Volksgericht konnte sich jeder Bürger bewerben, der das 30. Lebensjahr vollendet hatte. Von allen Bewerbern wurden jährlich 6000, 600 aus jeder der zehn Phylen, in die die Bürgerschaft eingeteilt war, erlost; aus ihnen bildete man, wiederum durch Los, 10 Abteilungen, die Dikasterien, gleichmäßig aus allen Phylen bestückt. Die Gesamtzahl der erlosten Richter eines Jahres lag somit fest. Jeder Richter besaß eine bronzene oder hölzerne Marke, auf der sein Name eingeschrieben war, die Phyle und ein Buchstabe, der dasjenige der 10 Dikasterien bezeichnete, dem er angehörte. Diese 6000 hatten die Möglichkeit, sich täglich neu einer Verlosung zu den einzelnen Prozessen zu stellen. An einem Gerichtstag kamen dafür die 600 Richter jeder Phyle an einem bestimmten Ort zusammen.

Das im folgenden geschilderte Verfahren spielte sich an 10 verschiedenen Stellen in Athen, für jede der 10 Phylen ab; ich konzentriere mich hier auf einen Versammlungsraum. An seinem Eingang standen 10 Kästen bereit, die ich einmal mit den Buchstaben A bis K kennzeichne. Jeder der 600 Richter gehörte je einem der 10 Dikasterien an. Er warf nun seine Marke mit dem Kennbuchstaben des Dikasteriums in den entsprechenden Kasten am Eingang. Theoretisch lagen dann in jedem der 10 Kästen 60 Marken. Alle Kästen wurden nun geschüttelt. Der leitende Beamte ließ aus jedem Kasten eine Marke ziehen: Die so erlosten zehn Personen erhielten die Aufgabe, die übrigen Marken des Kastens in beliebiger Reihenfolge in zwei Losmaschinen zu stecken; ein solches Exemplar wurde auf der Agora gefunden (Abb. 10), ihre Funktionsweise ist in Aristoteles' ‚Der Staat der Athener' (63–65) beschrieben. Es gab zwei solcher Losmaschinen mit jeweils fünf Reihen, A-E und F-K. In beide sind also jeweils unter den Buchstaben von oben nach unten die Marken der Richter eingeordnet, die nach dem Zufallsprinzip aus den jeweiligen Kästen am

Eingang des Phylenplatzes genommen worden sind. Für das weitere Verfahren gibt die am schwächsten bestückte Reihe den Ausschlag; denn es ist ja keineswegs immer der Fall gewesen, daß alle 600 Richter einer Phyle sich morgens einfanden. Nehmen wir an, in der am geringsten bestückten Reihe befanden sich 45 Marken. Alle Marken in den anderen Reihen ab Nummer 46 fallen dann aus dem weiteren Verfahren heraus.

Für dieses weitere Verfahren war wichtig, daß der Beamte die Zahl der Gerichtshöfe kannte, die an diesem Tag Recht sprachen. Gehen wir davon aus, daß 4 Gerichtshöfe zu 500 Richtern, das heißt 2000 Richter insgesamt benötigt wurden. Das bedeutet: 200 Richter pro Phyle=100 Richter

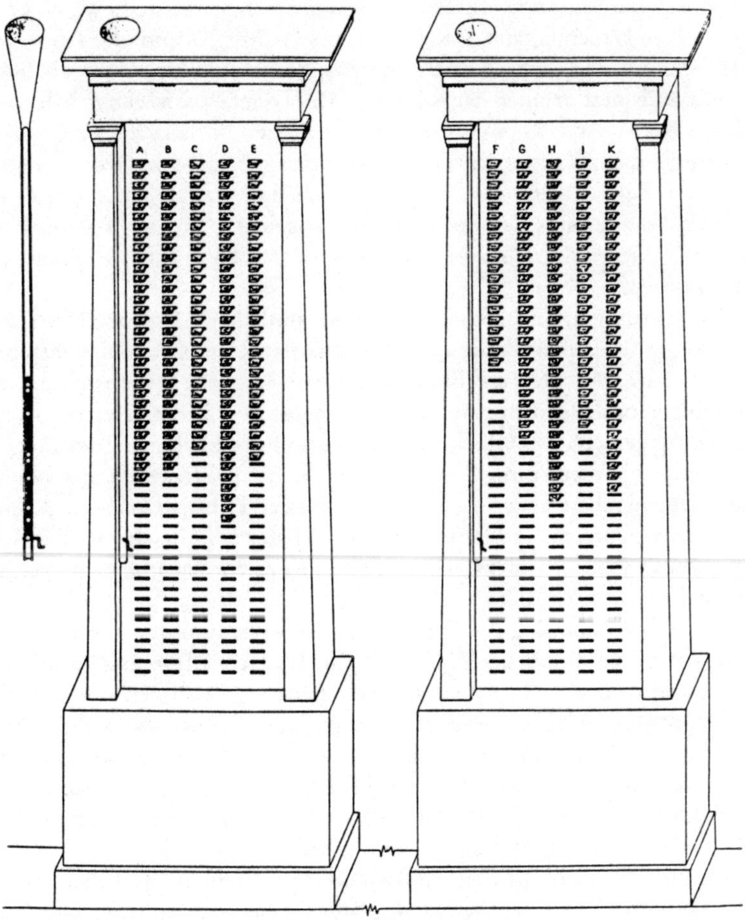

10. Losmaschine

pro Losmaschine=20 Richter pro Spalte, in der, in unserem Beispiel, 45 Marken stecken. Der Beamte nahm daher 20 weiße (so viele Richter brauchte man) und 25 schwarze (so viele mußten ausgesondert werden) Würfel, mischte sie und warf sie in den Trichter der Losmaschine. Am unteren Ende kam ein Würfel nach dem anderen heraus. War er weiß, dann wurden in der betreffenden Reihe alle fünf Namen aufgerufen, und die Personen erhielten ihre Marke; kam ein schwarzer Würfel heraus, dann blieb die Reihe stecken. Am Ende dieses Verfahrens hatten in der von uns betrachteten Phyle 200 Leute ihre Marken erhalten.

Nun hatte der Beamte zwei Urnen mit Eicheln in der Zahl der Richter pro Phyle (wir waren von 200 ausgegangen), in unserem Falle zwei Urnen mit jeweils 100 Eicheln. Da vier Gerichtshöfe benötigt wurden, gab es Eicheln mit vier unterschiedlichen Buchstaben, ich nenne sie L, M, N, O. In den beiden Urnen befanden sich also je 25 L-, M-, N- und O-Eicheln, die gemischt wurden. Jeder Richter zog eine Eichel und hielt sie hoch. Seine Marke kam jetzt in einen der Kästen L, M, N oder O, von denen jeder eine eigene Farbe hatte. Nehmen wir an, der Kasten N hatte die Farbe grün, dann erhielt der Richter, der ein N zog, einen grünen Stab. Grün war auch die Farbe der Schwelle der Tür zum Gerichtshof, so daß man mühelos erkennen konnte, falls sich ein ihm nicht zugeloster Richter einschleichen sollte. In diesen Gerichtshöfen fanden vor den so erlosten Richtern die Prozesse statt.

Geht man vom Ergebnis dieser und ähnlicher Losprozeduren aus, spielte die Gleichheitstendenz in der attischen Demokratie die entscheidende Rolle. Mochten die Philosophen wie Plato die Gleichstellung des Unfähigen und Untüchtigen mit dem Fähigen und Tüchtigen auch als naturwidrig geißeln, der Glaube an die Vernunft und Fähigkeit des *Bürgers* überwog in Athen. Eine Gemeinschaft, die die praktische und theoretische Ungleichheit aller Menschen in sozialer Hinsicht nahezu diskussionslos akzeptierte und lebte, trieb das Prinzip der Gleichheit aller Bürger in politischer Hinsicht gleichwohl zu einer vorher und auch nachher nie mehr erreichten Blüte.

Bei der Abstimmung des Volkes in der Volksversammlung über die Angelegenheit der Polis, der Gemeinschaft, war jeder Bürger eine Einheit wert, arithmetisch also jedem anderen gleichgesetzt. Ebenso war es bei der Vorbereitung jeder Beschlußfassung. Jeder Bürger galt als gleichberechtigt zur Teilnahme und Debatte in der Volksversammlung. Die Art der Gleichheit wird mit dem speziellen Begriff ‚Isegoria' bezeichnet: Gleichheit in einer öffentlichen Versammlung und Diskussion, gleiche Meinungsfreiheit, Redefreiheit. Die Gleichheit in politischer Hinsicht übertrug sich auch auf den gesellschaftlichen Verkehr in Athen. Selbst eine so belanglose Ehrenbezeugung wie die Verneigung beim Begrüßen lehnte man als monarchische Gepflogenheit ab: sie könnte leicht als eine

Betonung des Niveauunterschiedes ausgelegt werden, wenn man sie einseitig betriebe. Für manche Schriftsteller gefährdete dieses Gleichheitsprinzip sogar die allgemein vorausgesetzte naturgemäße Ungleichheit der Menschen. Wenn in allen menschlichen Beziehungen Gleichheit herrscht, dann kommt es eben sehr bald zu Unbotmäßigkeiten im Verhalten der Metoiken und Sklaven gegenüber den Bürgern, der Frauen gegenüber den Männern, der Jüngeren gegenüber den Alten.

Hellenismus

Bei der Behandlung des Phänomens ‚Polis' habe ich auf die Ethnos-Typ-Staaten und auf ihre zunehmende Bedeutung im 4. und 3. Jahrhundert hingewiesen (S. 53). Standen in der Frühzeit Fragen der Rechtssicherheit und Gesellschaftsordnung im Vordergrund, Probleme, die der Stammesverband kaum in Angriff nahm und nur die Ortsgemeinde lösen konnte, so hatte seit dem 5. Jahrhundert die steigende Machtentfaltung einzelner Poleis einen wütenden Kampf entbrennen lassen, der alle derartigen Gemeinwesen in ihrer Existenz bedrohte. In der Verteidigung nach außen aber bewährten sich am ehesten größere Verbände, die zugleich über einen weiteren Raum verfügten. Das allgemein verbreitete Streben nach Zusammenschluß der Städte versuchte man zunächst durch Kampfbünde (Symmachien) zu verwirklichen. Die herausragendsten Erscheinungen waren der Peloponnesische Bund (S. 69) und der Delisch-Attische Seebund (S. 75). Nachdem aber dieses Konzept im Peloponnesischen Krieg versagt hatte, da die Symmachien zum Werkzeug der Machtpolitik einzelner Städte entartet waren, besann man sich auf die naturgegebene Zusammengehörigkeit größerer Landschaften, vor allem auf die alten, stellenweise noch lebendigen, anderswo wenigstens im Gedächtnis bewahrten Stammesverbände, deren Neubelebung mit allen Mitteln der inzwischen in der Polis ausgebildeten Staatskunst Frieden und Ordnung verhieß. So wurden im 4. Jahrhundert einige dieser Ethnos-Typ-Staaten politisch mächtiger als die großen Städte. Das trifft auf die Aitoler und Achaier zu, die sich zu Bundesstaaten entwickelten, und vor allem auf Makedonien, das wiederum einen Sonderfall darstellte.

Makedonien

Zwei attische Redner prägten in der Mitte des 4. Jahrhunderts in Griechenland das Bild der Makedonen, vor allem ihres Königs Philipp II.: Demosthenes (384–322) und Isokrates (436–338). Während Demosthenes die Makedonen als ein Volk schilderte, das nicht einmal wert sei, Sklaven hervorzubringen, und Philipp selbst als raubgierige, mörderische Bestie hinstellte, pries Isokrates ihn als den möglichen Garanten einer hellenischen Einheit. Das Ziel des Isokrates in seiner Darstellung ‚Philippos' war es, den Makedonenkönig dazu zu überreden, sich an die Spitze eines Rachefeldzuges gegen die Perser zu setzen. Dabei vergaß Isokrates allerdings darzulegen, wie er sich die von ihm so gewünschte Einheit der Hellenen dachte.

Solche Vorstellungen besaß dagegen Philipp durchaus. Er war weder die mörderische Bestie des Demosthenes noch der idealistische Träumer des Isokrates; zielstrebig war er in den fünfziger und vierziger Jahren des 4. Jahrhunderts darangegangen, seine Herrschaft in Makedonien zu festigen und über das eigentliche Kerngebiet hinaus auszudehnen. Einen vorläufigen Abschluß erreichte diese Ausbreitung im Süden 338 bei Chaironeia, wo es zu einer Entscheidungsschlacht zwischen Philipp und den miteinander verbündeten Athenern und Thebanern kam, bei der Philipp einen vollständigen Sieg errang.

Dieser Erfolg beruhte auf mehreren Voraussetzungen, die teilweise von Philipp selbst geschaffen worden waren. Hier sind zunächst seine Bemühungen zu nennen, die häufig noch halbnomadisch lebenden Makedonen als Ackerbauern anzusiedeln: „Philipp übernahm euch als Herumtreiber und Arme; viele von euch weideten in Lederzelten ihre wenigen Schafe in den Bergen und kämpften ohne viel Erfolg gegen die Illyrer, Triballer und ihre Nachbarn, die Thraker. Er hat euch anstatt der Ziegenfelle Mäntel gegeben, euch aus den rauhen Bergen in die Ebenen hinabgeführt, hat euch den benachbarten Barbaren im Kampf ebenbürtig gemacht, so daß ihr auf die Sicherheit des Geländes nicht mehr vertrautet als auf eure eigene Tapferkeit und euch behaupten konntet. Er hat euch zu Bauherren von Städten gemacht und euch gute Gesetze und Sitten gebracht" (Arrian [um 95–175 n. Chr.], Anabasis 7, 9, 2–3). Was hier hinter aller Rhetorik beschrieben ist, ist der Übergang eines nomadisierenden Hirtenvolkes zu seßhaften Bauern und Stadtbewohnern. Darüber hinaus hat Philipp die Bevölkerung durch Ansiedlung von Skythen, Thrakern und Illyrern vermehrt. Der Landwirtschaft erschloß er neue Gebiete – auch dies bewirkte ein Bevölkerungswachstum –, indem er Dämme bauen, Sümpfe entwässern und Waldgebiete roden ließ.

Eine weitere Voraussetzung für Philipps Erfolge bildete das schlagkräftige Heer. Dessen wichtigsten Teil stellte der grundbesitzende Adel, der als Reiterei Heeresfolge leistete. Dabei war das persönliche Verhältnis zum König wichtig: als Hetairoi, Gefährten, bezeichneten sie sich. Bauern und Hirten bildeten hinter der Reiterei einen ungeordneten Schlachthaufen, der auch erst durch Philipp zu einer Fußtruppe ausgebildet wurde. Mit Pezhetairoi, Fußgefährten, erhielten sie gleichfalls einen Ehrentitel, der sie an den König band.

Für den Ausbau dieses Heeres war es von Bedeutung, daß Philipp in seiner Jugend als Geisel in Theben gelebt und hier die Kriegführung des Epameinondas kennengelernt hatte (S. 81). Etwa 355 König geworden, übernahm Philipp dessen ‚zündenden Gedanken', die schiefe Schlachtordnung, deren Taktik er an die makedonischen Verhältnisse anpaßte. Der

Reiterei fiel dabei die Offensive zu, der Phalanx der Fußsoldaten die Defensive. Das Reitergeschwader wurde in Regimenter aufgeteilt, in taktische Körper, die nach Landschaften rekrutiert wurden. Sie waren mit Helm, Panzer und Schwert bewaffnet und kämpften mit der Stoßlanze, die aus freier Hand geführt wurde. Die Defensivaufgaben des Fußheeres erklären seine Bewaffnung: lange und schwere Speere, die Sarisse, und einen kleinen runden Schild (Pelte); danach wurden sie Peltasten genannt. Mit Helm und Beinschienen angetan, waren sie nur zum langsamen Vorrücken geeignet. Die Wirkungsweise dieser Sarissen-Phalanx beschreibt später Livius (59 v.-17 n. Chr.; 32, 17). Man konnte nicht nahe an die Kämpfer herankommen oder die Lanzenspitzen abschlagen. Und selbst wenn eine Spitze abgeschlagen oder abgebrochen war, ließ der Schaft mit seiner scharfen Bruchstelle zwischen den Spitzen der unbeschädigten Waffen keine Lücke in dem Lanzenwall entstehen. Die Verbindung zwischen Reiterei und Phalanx hielten die leichtbewaffneten Fußsoldaten. Philipp hat erstmals diese drei Waffengattungen in einem taktischen Konzept vereinigt, dies war das Neue. Und noch etwas kam hinzu: Phalangen der griechischen Städte kämpften in einer Art Wettstreit, in dem der Sieger das Schlachtfeld behauptete und der Besiegte abzog. Möglichkeiten, den geschlagenen Gegner zu verfolgen, hatte die Phalanx kaum, da der Besiegte seine Rüstung und Waffen fortwarf und dann schneller als der bewaffnete Verfolger war. Die Makedonen operierten mit der Reiterei, und diese konnte nachsetzen. Philipp verfolgte den Gegner bis zum letzten Mann; dies war eine Neuerung, die Furore machte.

Nach der Schlacht bei Chaironeia war Philipp Herr von ganz Griechenland und konnte daran gehen, diesem Machtverhältnis eine Form zu geben. Zu jenem Zweck lud er sämtliche griechischen Staaten des Festlandes und der Inseln ein, Gesandte zu schicken, um gemeinsam mit ihm eine neue Ordnung zu beraten; die Spartaner waren die einzigen, die trotz ihrer politischen Ohnmacht ablehnten. Ende des Jahres 338 begann ein denkwürdiger Friedenskongreß zu Korinth, dessen Beschlüsse die Krönung des Lebenswerks Philipps darstellten. Das Ergebnis dieser Verhandlungen war ein zwischen dem Makedonenkönig und den in Korinth vertretenen Griechen geschlossener Symmachievertrag. Der so gebildete Bund, ‚die Hellenen' genannt, erhielt eine repräsentative Vertretung in einem gemeinsamen Bundesrat. Jedem einzelnen Bündner waren Freiheit und Autonomie zuerkannt. Der Kongreß wählte Philipp auf Lebenszeit zum Hegemon, zum Bundesfeldherrn. Dem Bundesrat, der auch das Bundesgericht bildete, waren Entscheidungen über Krieg und Frieden übertragen. Wurde ein Krieg bejaht, dann hatte der Hegemon die von den einzelnen zu stellenden Kontingente zu bestimmen und Krieg zu führen. Philipp war es gelungen, zum ersten Mal in der Geschichte einen griechischen Einheitsstaat zu schaffen. Die Schaffung dieses von den modernen Historikern so genannten ‚Korinthischen Bundes' ist aus seiner makedonischen Machtpolitik abzuleiten.

Philipp verstarb 336 mit 47 Jahren. Welchen Eindruck er auf seine Zeitgenossen gemacht hat, zeigt der Ausspruch des Historikers Theopomp (um 377–320), der im Eingang seines Werkes über Philipp sein Thema damit begründet, „daß alles in allem genommen noch niemals Europa einen solchen Mann hervorgebracht habe wie Philipp" (Fragment 27). Und doch sollte Philipps Bild in der Geschichtsschreibung bald verblassen gegenüber der von den antiken Historikern als so glänzend herausgestellten Erscheinung seines Sohnes Alexander.

Alexander

„Wenigen Menschen und wenigen Völkern wird das Vorrecht zuteil, eine höhere Bestimmung als die Existenz, eine höhere Unsterblichkeit als zeitloses Vegetieren, als das Nichts der körperlosen Seele zu haben." Dieser Gedanke bildet die Einleitung zu Johann Gustav Droysens Monographie über Alexander; Droysen war es auch, der im 19. Jahrhundert den Begriff des Hellenismus prägte. Der auf solche Weise eingeführte Alexander wurde am 6. Juli des Jahres 356 in Pella, der Residenz der Makedonenkönige, geboren; über die Geburt erzählte man sich später wie bei allen Persönlichkeiten Wundergeschichten und Wunderzeichen. Als Knabe von 6 Jahren erhielt der makedonische Prinz griechische Erzieher, die ihn vor allem mit dem Lesebuch der Griechen, mit Homer, vertraut machten. Sein Lehrer nannte ihn einen jungen Achill und legte dadurch den Keim in ihn, sich mit dieser Gestalt des Epos zu identifizieren. Alexander lebte in der Welt Homers, und dies nicht nur gedanklich, denn die makedonische Gesellschaft ähnelte der des archaischen Griechenland. Als Alexander 13 oder 14 Jahre alt war, kam Aristoteles an den Königshof und bestimmte in den darauffolgenden Jahren wesentlich die Entwicklung des späteren Herrschers.

Ins Rampenlicht der damaligen Öffentlichkeit trat Alexander bei der Schlacht von Chaironeia, als er den Angriffsflügel, die Reiterei der Makedonen, führte. 336 folgte er seinem Vater auf dem Thron. Die folgenden anderthalb Jahre, die einzigen, die er als König in Makedonien verbrachte, dienten der Sicherung der Herrschaft; danach galt das erste auswärtige Unternehmen der Erneuerung des Korinthischen Bundes. Er ließ die mit Philipp geschlossenen Vereinbarungen der Griechen für sich bestätigen, vor allem seine Stellung als Bundesfeldherr mit unbeschränkten Vollmachten für den geplanten Perserkrieg, der nun endgültig vorbereitet wurde. Das Heer Alexanders bestand aus etwa 30000 Fußsoldaten und

5000 Reitern; den Schwerpunkt bildeten makedonische Truppen, vor allem die Reiterei. Beim Heer, zu dem ein umfangreicher Troß gehörte, so daß das Ganze dem Zug einer Volkswanderung glich, befand sich auch der König selbst als Oberbefehlshaber mit seinem Hof und Gefolge. Dies schloß die Beamten der Kanzlei, die Bearbeiter der offiziellen Tagesberichte und der Planungsentwürfe sowie weitere Stäbe von Vermessungstechnikern, Schrittzählern und Ingenieuren ein. Persönlich war Alexander von den Leibwächtern sowie von einem Kreis seiner Freunde und Berater umgeben. Die Hof- und Tischgesellschaft bildeten außerdem Literaten, Philosophen, Geschichtsschreiber wie Kallisthenes (um 370–327), dazu Schauspieler, Musiker, Diener, bildende Künstler, wie zeitweilig der Bildhauer Lysipp (zweite Hälfte des 4. Jahrhunderts), ferner Ärzte, Priester und Wahrsager. Alle diese Personen trugen je auf ihre Art dazu bei, den späteren ‚Mythos Alexander' zu gestalten.

Alexanders Gegenspieler, der Perserkönig, überließ die Verteidigung seines Gebietes, wie dies der Tradition entsprach, den vom Einfall betroffenen Statthaltern, den Satrapen. Diese entschlossen sich, dem Makedonenkönig in einer Feldschlacht gegenüberzutreten, und wählten dafür eine Stellung am Granikos, einem Fluß im Nordwesten Kleinasiens. Alexander blieb siegreich, und die Folgen der Schlacht waren von weitreichender Bedeutung. Es hatte sich erwiesen, daß auch eine zahlenmäßig überlegene persische Reiterei den Makedonen nicht gewachsen war. Es folgte die Unterwerfung Kleinasiens: Im November 333 kam es zur Schlacht bei Issos, in der die beiden Heere im großen und ganzen wohl gleichwertig waren; sie wurde zugunsten der Makedonen entschieden. Der Sieg über den Perserkönig selbst mußte im Osten wie im Westen als Bestätigung der bisherigen Eroberungen Alexanders angesehen werden. Zur Beute nach der Schlacht gehörte auch der persische Kriegsschatz, allein 2600 Talente Münzgeld; von nun an gab es für Alexander keine finanziellen Schwierigkeiten mehr. Man kann von solchen Summen nur eine ungefähre Vorstellung vermitteln: 1 Talent = 6000 Drachmen = 36000 Obolen; es handelte sich um beinahe 100 Millionen Obolen, eine Summe, mit der man damals über 130000 Menschen ein Jahr lang hätte ernähren können.

Alexander zog nach Süden, ließ Tyros belagern und erobern, verleibte Ägypten seinem stetig größer werdenden Machtbereich ein. In Memphis übergab der Satrap die Regierungsgewalt des Landes förmlich an Alexander. Von hier aus fuhr dieser auf dem westlichen Nilarm zu dem Lagunensee Mareothis, wo er auf der langgestreckten Landzunge zwischen Küste und Lagune Anfang 331 die Hafenstadt Alexandria gründete, die wichtigste von vielen Gründungen, die noch heute seinen Namen trägt. Sie entwickelte sich zu einem der größten Handelsplätze des Mittelmeeres und zu einem der kulturellen Zentren der hellenistischen Welt.

Die Bedeutung der dritten und letzten größeren Auseinandersetzung mit den Persern bei Gaugamela 331 schätzte Alexander so hoch ein, daß er sich nach der Schlacht vom Heer als König von Asien ausrufen ließ; er betrachtete sich von nun an als rechtmäßigen Beherrscher des Perserreiches. Sein Einzug in Babylon gestaltete sich zu einem triumphalen Ereignis. Durch das Ischtar-Tor ging der Zug über die Prozessionsstraße zur Königsburg, in Weihrauchwolken, unter dem Gesang der Priester und dem Jubel der Massen, vorbei an den Hängenden Gärten und dem Turm zu Babel. Es war wohl einer der größten Eindrücke in Alexanders Leben; Babylon hatte ihn zum Herrscher des Orients gemacht. Der eigentliche persische Regierungssitz war Susa, wo der Makedone demonstrativ auf dem Thron der Achaimeniden Platz nahm. Die materielle Hauptbeute Alexanders in Susa war der große persische Königsschatz, der dort aufgrund der Sitte lagerte, solche Reichtümer zu thesaurieren und nur nach Bedarf davon auszugeben oder Münzgeld zu prägen; er fiel nun dem Eroberer unversehrt zu: Er betrug das Dreifache der Beute von Issos. Der Einnahme von Susa folgte bald diejenige von Persepolis, der repräsentativen und traditionellen Königsstadt des Perserreiches. Alexander gab sie den Soldaten zur Plünderung frei und brachte dadurch zum Ausdruck, daß ein Hauptziel des Feldzugs erreicht war. Schließlich ließ Alexander Brandfackeln in die Königsbauten werfen, die darauf zum großen Teil in Flammen aufgingen. Es war wohl keine bloße Affekthandlung, sondern ein gewolltes, sichtbares Zeichen dafür, daß die Macht der Perser gestürzt war. Alexander hatte die Aufgabe erfüllt, die er als Hegemon des Korinthischen Bundes übernommmen hatte. Es sei allerdings nicht verschwiegen, daß einige antike Schriftsteller diesen Vorgang auch als Tat eines Betrunkenen hinstellten, zu der er durch eine leichte Dame angestiftet worden sei. Nach Persepolis erfolgte die Eroberung von Pasargadai und von Ekbatana. Die Truppenkontingente der griechischen Verbündeten wurden reich beschenkt in ihre Heimat entlassen. Damit war zum Ausdruck gebracht, daß der vom Korinthischen Bund beschlossene Rachekrieg gegen Persien jetzt beendet war.

Von Ekbatana aus unterwarf Alexander nach dem Tode des Dareios im Sommer 330 in drei Kriegsjahren die Satrapien Ostirans. Es wurde viel gekämpft, zunehmend blutiger, zunehmend sinnloser. Mit der Erreichung des Indischen Ozeans fand Alexanders Feldzug im Sommer 325 seinen Abschluß, der in Susa im Frühjahr 324 gefeiert wurde. Nach einem Aufenthalt in Ekbatana zog Alexander nach Babylon, wo er die Verwaltung ordnete, Baupläne entwarf und eine Expedition nach Arabien vorbereitete, als er schwer erkrankte und unerwartet am 10. Juni 323 starb.

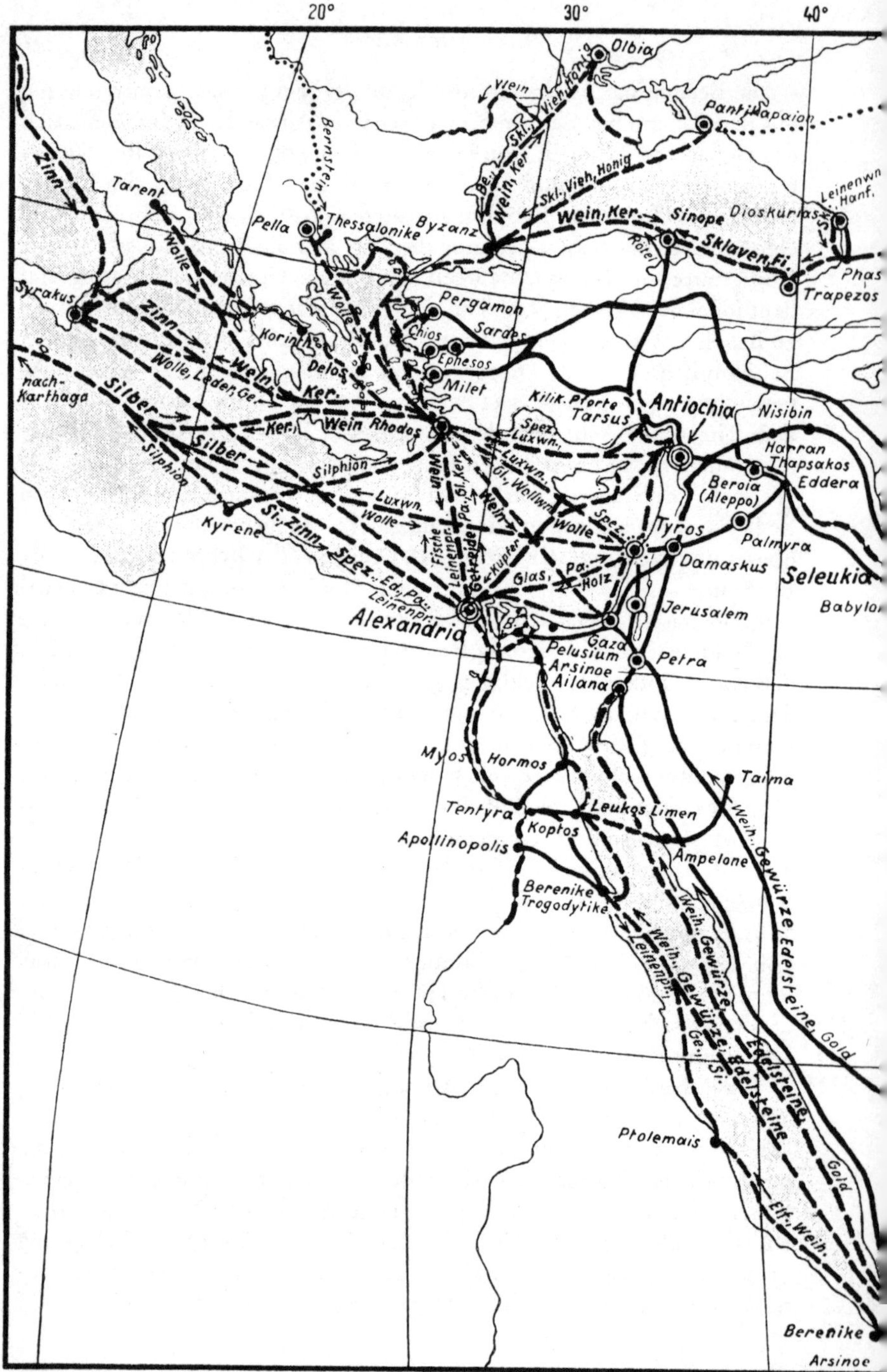

11. Handelsrouten in hellenistischer Zeit

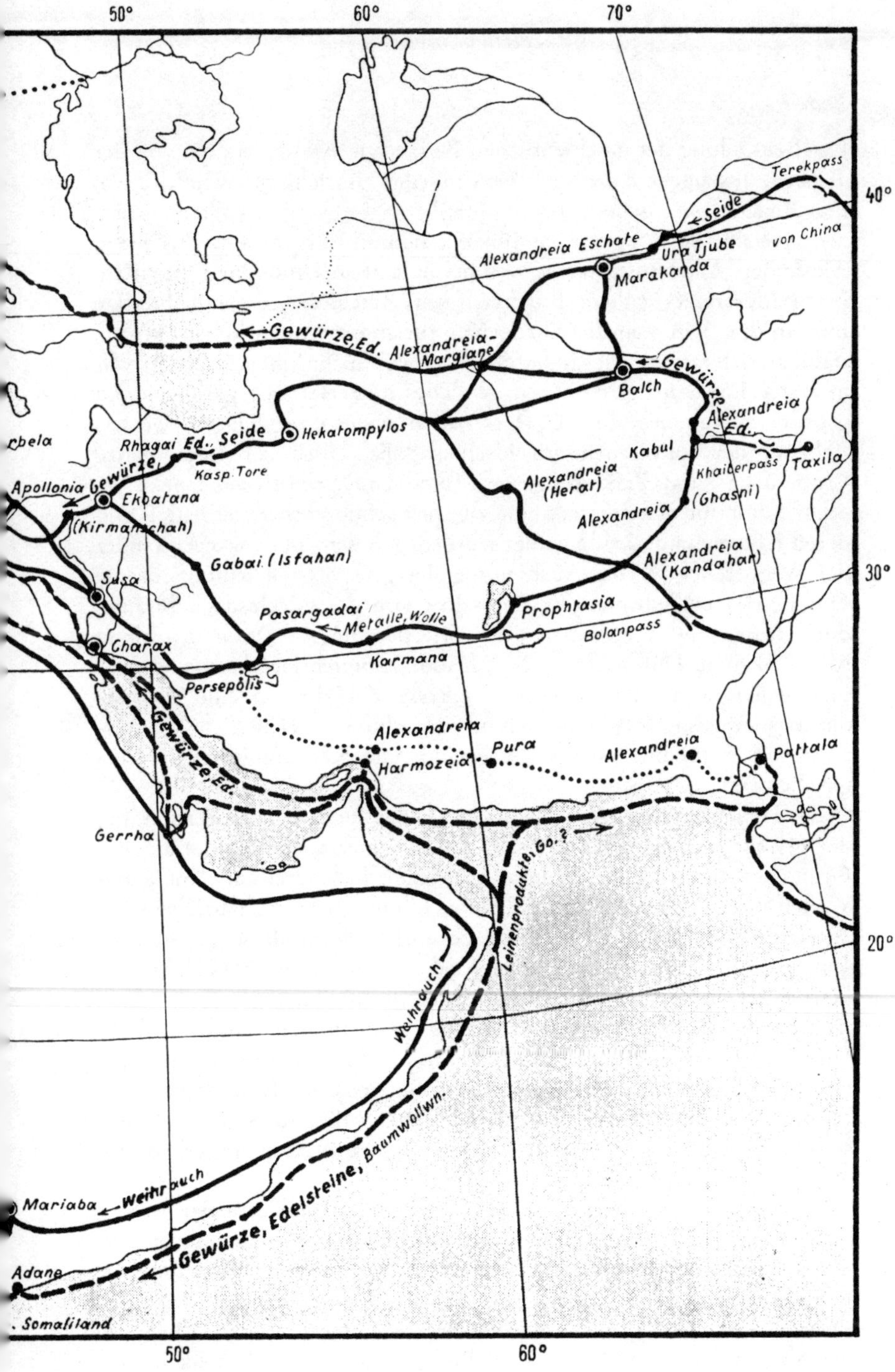

50°
60°
70°
40°
30°
20°
Terekpass
Seide
Alexandreia Eschate
Ura Tjube
von China
Marakanda
Gewürze, Ed.
Alexandreia-Margiane
Gewürze
Balch
Alexandreia
Ed.
Kabul
Taxila
Khaiberpass
Hekatompylos
Rhagai Ed., Seide
Kasp. Tore
Arbela
Apollonia
Gewürze,
Ekbatana
(Kirmanschah)
Alexandreia (Herat)
Alexandreia
(Ghasni)
Gabai (Isfahan)
Alexandreia (Kandahar)
Susa
Pasargadai
Metalle, Wolle
Prophtasia
Bolanpass
Charax
Karmana
Persepolis
Gewürze, Ed.
Alexandreia
Pura
Alexandreia
Pattala
Harmozeia
Gerrha
Leinenprodukte, Go.?
Weihrauch
Baumwollwn.
Mariaba
Weihrauch
Gewürze, Edelsteine,
Adane
Somaliland
50°
60°

Bedeutung

Die Beurteilung der geschichtlichen Bedeutung Alexanders hat von der Tatsache auszugehen, daß sein Werk in jeder Hinsicht unvollendet blieb. Das Reich, das er beherrschen wollte, hatte weder seine äußeren Grenzen erreicht, noch war es im Inneren definitiv organisiert. Das Heer, Alexanders Machtinstrument, war bis zuletzt in Umbildung begriffen. Nach Alexanders frühem Tod brach sein Reich, dieser nur halbfertige Bau, in den Kämpfen der Diadochen zusammen; einen konstruktiven, stabilen Neubau hat Alexander der Nachwelt nicht hinterlassen: Er war in erster Linie der große Zerstörer. Die im Perserreich geeinigte und geordnete Welt des alten Orients hat er ebenso zerschlagen wie das Zeitalter der souveränen griechischen Polis. Doch hat dieses ganze Eroberungs- und Zerstörungswerk auch einen positiven Aspekt. Es schuf Raum für neue Verhältnisse, die sich schon vorbereitet hatten und deren Kommen nun beschleunigt wurde. In diesem Sinne war Alexander der Wegbereiter für die Ausbreitung der griechischen Kultur, für die Epoche des Hellenismus. Er, der selbst von der griechischen Bildung durchdrungen war, eröffnete dem Griechentum im Osten ungeahnte Möglichkeiten. Durch ihn und nach ihm strömten griechische Söldner und Siedler, Beamte und Kaufleute in großer Zahl dorthin; eine Auswanderungsbewegung folgte, die sich mit den älteren griechischen Auswanderungen (S. 56) im Westmittelmeerraum und Schwarzmeergebiet vergleichen läßt.

Der Hellenismus zeigte sich vor allem in der zunehmenden Verbreitung der griechischen Sprache, die sich als Gemeinsprache (Koine) auf der Grundlage des attischen Dialekts entwickelt hatte und zur Amts- und Verkehrssprache wurde. Für die Entwicklung des Wirtschaftslebens hat Alexander entscheidende Impulse gegeben: Innerhalb seines Reiches wurden wirtschaftliche Schranken und Verkehrsgrenzen niedergelegt, neue Handelswege erschlossen (Abb. 11), die Erzeugung und der Austausch von Gütern intensiviert. Daher beschäftigten ihn bis zuletzt Hafen-, Straßen- und Kanalbauten; er förderte in diesem Sinne einen umfassenden Handel. Indem er die gehorteten persischen Königsschätze zu Münzgeld nach Maßgabe des attischen Münzfußes ausprägen ließ und somit eine Währung für den Handelsraum schuf, setzte er eine erhebliche wirtschaftliche Konjunktur in Gang.

Alexanders größte Bedeutung lag auf politischem Gebiet, in der Art seines monarchischen Herrschertums und mehr noch in seinem universalen Staatsgedanken. Die absolute Monarchie wurde durch ihn zur typischen Regierungsform der hellenistischen Zeit. Da der ungebundene Wille des Herrschers ausschlaggebend war, wurde er von der Gottheit her begründet. So wurde Alexander durch das Bewußtsein seiner Göttlichkeit zum

Begründer des hellenistischen Königskults, an den sich der römische Kaiserkult anschloß.

Wie Alexander im Osten der Begründer des Hellenismus, so war er für den Westen der Wegbereiter eines Orientalismus. Die alten Grenzen wurden durch ihn in beiden Richtungen aufgebrochen. Er leitete eine Verwestlichung oder Europäisierung des Orients auf kulturellem und wirtschaftlichem Gebiet ein. Er leitete aber auch eine Orientalisierung des Westens ein, wo die monarchischen Formen und die religiösen Bewegungen des Ostens sich ihrerseits durchsetzen konnten. Auch der Bevölkerungsaustausch, der zunächst von Westen nach Osten ging, sollte in römischer Zeit ebenso stark in umgekehrter Richtung erfolgen.

Nachleben

Von der geschichtlichen Bedeutung Alexanders ist sein Nachleben im Sinne der Erinnerung oder Betrachtung seiner Person etwa in der Politik oder in der Literatur, zu der auch die Geschichtsschreibung gehört, zu unterscheiden. Nur wenige Menschen haben das Vorstellungsvermögen und die Phantasie der Nachwelt so lebhaft beschäftigt wie dieser Makedone. An zwei Beispielen möchte ich die Rolle dieses Alexanderbildes darstellen: an den deutschen Historikern Niebuhr und Droysen. Niebuhrs Bonner Vorlesungen über Alexander stammen von 1828/30, und Droysens Alexanderbuch wurde nur drei Jahre später, 1833, geschrieben.

Niebuhr betont Alexanders einzigartige historische Bedeutung; niemand habe in der Geschichte stärker gewirkt als jener, aber es erhebe sich die Frage, ob dies zum Guten geschehen sei. Zwar könne auf lange Sicht die Wirkung Alexanders positiv bewertet werden, denn er habe begonnen, was 1830 vollendet wurde: die bestimmungsgemäße Dienstbarkeit Asiens unter der Herrschaft Europas. Das, was Alexander gewollt und unmittelbar selbst bewirkt hat, erfährt durch Niebuhr eine vernichtende Kritik. Alexander wird aus moralischen Gründen aufgrund der bekannten Episoden verurteilt, die ihn als maßlosen Säufer und brutalen Eroberer abstempeln. Er wird verurteilt, weil er an die Gleichwertigkeit der Asiaten glaubte und durch seine Politik die Europäer verdarb, den Asiaten aber auch nicht half, denn der minderwertige Orientale tauge nur unter europäischer Herrschaft.

Droysens Alexander dagegen erscheint, wie eingangs dieses Kapitels angedeutet, als strahlender Held, der die Weltgeschichte in ein neues Stadium gerückt hat. Die Gründe für die andersartige Beurteilung sind in Droysens Geschichtsphilosophie zu suchen. Er interpretiert die Alexandergeschichte als Teil eines Geschichtsverlaufes, der insgesamt einer höheren Notwendigkeit folgte und zur Freiheit führte. War für Niebuhr die Aufhebung nationaler Grenzen mit der Aufhebung der Lebensbedingungen wahrer Kultur identisch, so sieht Droysen darin eine befruchtende Durchdringung der aus ihren nationalen Fesseln befreiten Kulturen. Beruhte für Niebuhr die Gleichstellung von Europäern und Asiaten auf einem gefährlichen Vorurteil, so bedeutete sie für Droysen die Überwindung des gegenteiligen Vorurteils.

Alle derartigen Identifizierungen übertragen Gefühlswerte zeitgenössischer Positionen auf Personen der Geschichte; im Falle Droysens und Niebuhrs waren es die politischen Wertorientierungen des beginnenden Zeitalters der Nationalstaaten. Derartige Werte haften nicht an der Vergangenheit als solcher, sondern spiegeln vorhandene Einstellungen eines breiteren Publikums, um das mit dieser Identifizierung geworben wird. An Alexander läßt sich erkennen, was lange Zeit ‚aus der Geschichte lernen' bedeutete. Derartige Betrachtungen und die mit ihnen gestützten Ideale werden gern als die Lehren der Geschichte ausgegeben. Was sich für Historiker wie Politiker aus der Geschichte des Nachlebens Alexanders lernen ließe, wäre die Erkenntnis, daß der deutsche Überfall auf die Sowjetunion ebenso wenig mit Alexander motiviert werden sollte wie das Gelingen oder Scheitern der Europäischen Gemeinschaft; beides ist geschehen.

Diadochen

Das plötzliche Ableben Alexanders rief weithin große Verwirrung hervor, besonders aber im Lager seines Heeres in Babylon. Er hatte keine Kinder hinterlassen, und außer einem Halbbruder waren keine erwachsenen männlichen Nachkommen aus dem Hause Philipps am Leben. Da Roxane, eine von Alexanders Gemahlinnen, schwanger war, wurde empfohlen, die Niederkunft der Königin abzuwarten. Schon über diese Entscheidung brach ein offener Konflikt aus, der schließlich durch einen Vergleich beigelegt wurde: Philipp Arridaios, der Halbbruder Alexanders, sollte zum König proklamiert werden, und zwar unter der Bedingung, daß – falls Roxanes Kind ein Knabe sei – er unter dem Namen Alexander eine Art Mitregent minderen Rechts werde. Damit war wenigstens das Problem der Nachfolge leidlich gelöst, aber längst nicht das der Regentschaft.

Der Versuch einer Lösung dieser Frage mündete in den Kampf der führenden Generale Alexanders um die Nachfolge. Eine kurze Zeitspanne lang ging es noch um das Ganze, einige wollten die Reichseinheit erhalten, aber andere, bald waren es alle, hatten nur die Macht im Auge, wollten soviel Territorium wie möglich unter ihre Kontrolle bringen. Die ersten 43 Jahre nach Alexanders Tod waren von nahezu ununterbrochenem Kriegsgeschehen erfüllt, in das alle Teile des Alexanderreiches verwickelt wurden. Keiner der führenden Herrscher fühlte sich sorglos und sicher auf seinem Thron, alle hatten sie ihre Rivalen und Feinde, die geneigt waren, ihr eigenes Königreich auf Kosten ihrer Nachbarn zu vergrößern. Erst das Jahr 280 bezeichnete das Ende der Kriege um die Nachfolge.

Die Monarchien

Nach der entscheidenden Schlacht von Kurupedion 281 zwischen den beiden 80-jährigen ehemaligen Feldherrn Alexanders, Lysimachos und Seleukos, ergab sich eine Veränderung in der politischen Lage des ehemaligen Alexanderreiches, das in seine Bestandteile aufgespalten wurde und dessen Auseinanderfallen beständig voranschritt. In dieser Welt spielten die griechischen Städte eine untergeordnete Rolle, denn sie waren zumeist den großen Monarchien der damaligen Zeit untertan oder in irgendeiner Weise von ihnen abhängig; unter diesen waren Makedonien, Ägypten und Syrien, die alle von makedonischen Dynastien regiert wurden, die bedeutendsten. Neben ihnen stand in seiner fernen Isolierung das Bosporanische Königreich, zu dem sich andere pontische Monarchien gesellten, wie Bithynien, Pontus, Kappadokien und Armenien. In ihrer Nachbarschaft entstanden in Kleinasien Pergamon und der galatische Stammesstaat, die ihre Unabhängigkeit behaupten konnten. Im Osten behielten Indien und einige iranische Satrapien, die letzteren unter der Führung der Parther, ihre Freiheit und nationale Eigenart, während Baktrien eine griechische Enklave zwischen Indien und den iranischen Gebieten bildete.

Alle diese neuen hellenistischen Monarchien hatten lange vor der Zeit Alexanders zur damals bekannten Welt gehört, sie hatten ihre eigene Geschichte und ihr eigenes Gepräge. Zumeist waren sie Teile des persischen Reiches gewesen und waren dann von den Satrapen Alexanders und seiner Nachfolger regiert worden. Ihr gesellschaftlicher und wirtschaftlicher Aufbau war durchaus unterschiedlich und nicht weniger ihre Religion und ihre Kultur. Aus Bewunderung für alles Griechische bemühten sie sich, ihre Reiche mehr oder weniger zu hellenisieren. Dies bedeutet, daß sie sich als Teile einer Welt fühlten, der neuen Welt, die Alexander geschaffen hatte. Gleichzeitig strebten sie alle nach politischer Unabhängigkeit, die sie gegen jedermann verteidigten, der sie unter eben jenem Vorwand einer Einigung der hellenistischen Welt bedrohte. Ihre politischen Vorstellungen und Ideale waren nicht sehr verschieden von denen der griechischen Stadtstaaten: Politische Unabhängigkeit und Autarkie des Staates, Ansehen und politische Führerschaft sowie Hegemoniestreben waren die vorherrschenden Motive ihres Verhaltens. Ähnlich waren auch die wirtschaftlichen Ziele: Diese Monarchien suchten das größtmögliche Maß an Autarkie als feste Grundlage für die politische Unabhängigkeit. Um dies zu erreichen, waren sie bestrebt, die Hilfsquellen ihrer Reiche bis zum

Äußersten zu entwickeln, indem sie die Kräfte der Untertanen mobilisierten und organisierten und sie noch um neue Kräfte griechischer oder hellenisierter Einwanderer vermehrten. Den Erzeugnissen ihrer Länder suchten sie einen möglichst großen Markt zu sichern, indem sie weitreichende Handelsverbindungen anknüpften. Das bedeutete, daß sie ihre Länder auch der übrigen Welt öffneten; für diese Entwicklung soll hier das Beispiel Ägypten stehen.

Ägypten

Ägypten ist diejenige makedonische Monarchie, über die wir am besten unterrichtet sind; hier begründete die Ptolemaier-Dynastie ihre Herrschaft für fast drei Jahrhunderte. Unsere Kenntnisse von diesem Land, welche literarischen, epigraphischen, papyrologischen und archäologischen Quellen entstammen, sind außergewöhnlich reich. Die Hauptquellen stellen die Papyri dar, unter ihnen beispielsweise Urkunden, die die Verpachtung königlicher Einkünfte regeln, aber auch Aufzeichnungen einzelner Personen und Dienststellen. Die Masse derartiger Urkunden beleuchtet die Beziehungen zwischen der Regierung und den verschiedenen Bevölkerungsgruppen Ägyptens. Man fand Verordnungen und andere Verlautbarungen des Königs und seiner Minister, verschiedene offizielle Schriftstücke, die mit der Besteuerung und der Verwaltung der königlichen Einkünfte zusammenhängen, Eingaben und Beschwerden der Bewohner an den König oder seine Offiziere und Beamten, Prozeßakten, Steuerquittungen und so weiter. Schließlich gibt es eine beträchtliche Anzahl von Privatbriefen. Diese Papyri wurden in den Ruinen von Städten und Dörfern entdeckt und in den Abfallhaufen verschiedener Siedlungen, vor allem als Mumienbinden, für die ‚Altpapier' als Material verwendet wurde.

Ägypten, das eine sämtliche Bereiche des Lebens prägende hochentwickelte Kultur und Tradition besaß, umfaßte im 3. Jahrhundert neben dem Kernland am Nil eine Reihe von auswärtigen Besitzungen wie Zypern, Kyrene mit der Kyrenaika und das sogenannte Koilesyrien mit Phönikien und Palästina. Für viele Jahre bildeten ferner Lykien, Karien, einzelne Gebiete Ioniens wie Milet, Samos und Ephesos sowie eine Gruppe von Ägäisinseln, sogar einige Orte der Peloponnes Teile des Ptolemaierreiches. Für diese überseeischen Erwerbungen der Ptolemaier bietet Polybios (um 200–120) eine überzeugende Theorie, indem er sie als einen Schutzschild um die Kernlande am Nil charakterisiert (5, 34).

Während Ägypten als eine der Satrapien unter Alexander noch seine traditionelle Lebensweise fortsetzte, änderte dies Ptolemaios I. Soter (323–283). Da die Unabhängigkeit des Landes vom Militär abhing, war Soter gezwungen, das griechisch-makedonische Heer und die Flotte, die er von Alexander geerbt hatte, an sich zu binden und zu vergrößern. Das konnte nur geschehen, wenn Offiziere und Mannschaften so gut bezahlt wurden, daß es ausreichte, sie selbst und ihren Anhang zu unterhalten. Ferner band er sie an ihre neue Heimat, indem er ihnen eine privilegierte Stellung einräumte.

Für sein Heer, seinen Zivilstab und seine auswärtige Politik benötigte Soter Gold- und Silbergeld in großen Mengen. Um sich einen regelmäßigen Zustrom an Edelmetall zu sichern, ging er verstärkt daran, den Überschuß an ägyptischen Erzeugnissen, für die eine Nachfrage bestand, in größerem Maße verfügbar zu machen und auf den Markt zu bringen. All dies konnte nicht ohne die Mitwirkung Fremder geschehen, die in der Geldwirtschaft Erfahrung hatten und gleichzeitig etwas vom Handelssystem der Mittelmeerwelt verstanden. Dazu erhielt Ägypten eine griechische Fassade mit einer griechischen Hauptstadt: Alexandria.

Quellenmäßig faßbar ist für uns die Reform der Wirtschafts- und Gesellschaftsordnung durch Ptolemaios II. Philadelphos (285–246), den Sohn des Soter; diese Ordnung blieb für die nachfolgende Zeit – und dies gilt auch für die römische – bestimmend. Die Ptolemaier waren Nachfolger der Pharaonen und somit Eigentümer und Herren des Landes und ihrer Untertanen. Die daraus resultierende Herrschaft bedeutete nach der ägyptischen ebenso wie nach der makedonischen Auffassung das Eigentumsrecht über den Staat, über den Boden und was darunter ist, das heißt über die Erzeugnisse des Bodens und die Bodenschätze. Nach ägyptischen Vorstellungen stand dem König zudem die Arbeitskraft der Bevölkerung zur Verfügung. Ziel der Maßnahmen des Philadelphos war die Steigerung der Produktivität des Landes durch ein straffes Wirtschaftssystem. Dabei wurden mittels einer durchgreifenden Organisation die Anstrengungen der Bevölkerung konzentriert und die Hilfsquellen des Landes durch die Übernahme technischer Neuerungen verbessert. Philadelphos verband die bestehenden uralten Praktiken Ägyptens mit den Methoden des griechischen Staates und des griechischen Privathaushalts. Insgesamt ging es um die Vermehrung und Stabilisierung der königlichen Einkünfte. Der Schilderung der Wirtschaftsbedingungen läßt sich der Passus eines Briefes eines ägyptischen Beamten als Motto voranstellen: „Niemand hat das Recht, das zu tun, was er will, doch alles ist zum Besten geordnet" (Papyrus Tebtunis 703, 230–232).

Die Grundlage der ägyptischen Wirtschaftsordnung bildete wie überall in der antiken Welt die Landwirtschaft. Ägyptens Klima war ausgezeichnet, die Wasserversorgung in normalen Jahren bei gründlicher Bewässerung ausreichend, um eine hervorragende Ernte zu sichern. Der äußerst fruchtbare Boden eignete sich für vielfältigen Anbau: Getreidesorten, Gemüse, Gras, Ölpflanzen verschiedenster Art, Weine und Oliven, Obstbäume und Beeren. Ägypten war in den Augen der übrigen alten

Welt ein Eldorado, ein Geschenk des großmütigen Nil an sein Volk (Herodot 2, 5).

Diese Landwirtschaft funktionierte bei sorgfältiger Bewirtschaftung der Wasservorräte nach der Nilschwemme. Dazu war die Erfassung der Arbeitskraft der Bevölkerung zum Bau und zur Erhaltung des Kanal- und Dammnetzes notwendig. Organisierte Arbeit bedeutete Zwangsarbeit, und die gab es in Ägypten für die Zwecke des Bewässerungssystems seit undenklichen Zeiten. Ebenfalls aus der Vergangenheit übernahmen die Ptolemaier die sorgfältige, auf Vermessung beruhende Aufnahme des gesamten Landes. Die Grundbücher wurden von der Dorfverwaltung, den Bürgermeistern und Dorfschreibern, unter der Aufsicht höherer Beamter erstellt und jährlich erneuert. So enstand ein Verzeichnis des Ackerlandes, das auch die Beschaffenheit der verschiedenen Parzellen, die jährlich wechselte, enthielt. Die Parzelle konnte eingesät sein oder trocken, das heißt sie konnte unter dem Gesichtspunkt des Ernteertrages vollwertig sein oder einer herabgesetzten Pacht unterliegen. Außerdem gab es verschiedene Landkategorien sowie verschiedene Steuern für das Privileg, sein Land zu bestellen. Während der Feldarbeit wurde der Bauer von zahlreichen Regierungsbeamten bewacht, besonders während der Erntezeit. Er erntete das Getreide, brachte es zur Tenne, drosch es, alles unter den wachsamen Augen der Verwaltung. Das Getreide wurde auf der Tenne inspiziert und zwischen Krone und Bauer geteilt. Das Regierungsgetreide kam in die königlichen Vorratsspeicher, die über das ganze Land verstreut lagen. Aus den lokalen Scheunen wurde es zu Wasser oder Land in die größeren Zentrallagerhäuser transportiert, von dort beispielsweise in die Großspeicher von Alexandria. Andere Ernten wie Heu, Gras und Flachs wurden in ähnlicher Weise behandelt.

Generell waren alle privaten Haustiere für Steuerzwecke registriert. In vielen Bereichen verfeinerte die Verwaltung im Laufe der Zeit die Methoden der Überprüfung und Kontrolle. Die Viehzählung war beispielsweise während der Nilschwemme angeordnet, wenn sich das Vieh notgedrungen auf den Dämmen zusammendrängte. Insgesamt betrachtet erbrachten die Land- und Weidewirtschaft, Fischfang und Jagd, Baumzucht, Bergwerks- und Steinbrucharbeiten dem Herrscher große Mengen an Nahrungsmitteln und Rohmaterialien. Ein großer Teil dieser Produkte konnte jedoch nicht direkt verbraucht werden, da er aus Rohmaterialien für eine Weiterverarbeitung in Manufakturen bestand: Samen für die Herstellung von Pflanzenöl, Gerste für das Bierbrauen, Milch für die Käseherstellung, Häute für Leder, Flachs und Wolle für die Textilien, Hanf für Taue, Papyrus für die Herstellung von Matten, Körben und vor allem Schreibmaterial.

Während in Griechenland die private Erzeugung von Gütern und privates Gewerbe die charakteristischen Merkmale des Wirtschaftslebens waren, wurden in Ägypten und wohl auch in den anderen orientalischen

Monarchien die Bedürfnisse des königlichen Haushalts durch ‚staatliche' Werkstätten befriedigt, in denen Tausende von Handwerkern mit der Herstellung von Bier, Pflanzenölen, Käse und dergleichen, mit Arbeiten in Metall, Holz und Stein, mit Weben und Stricken beschäftigt wurden. Die Skulpturen und Malereien in den Königsgräbern und anderen ägyptischen Grabstätten erweisen die Bedeutung der großen Manufakturen und zeigen, wie stolz die Herrscher auf ihre Werkstätten waren. Zwei Voraussetzungen für den Aufbau einer solchen Großproduktion auf gewinnbringender Basis waren gegeben: Die Könige hatten Mengen von Rohmaterialien in ihren Lagerhäusern konzentriert und eine große Zahl von Fachkräften zu ihrer Verfügung. Eine Kombination beider Elemente brachte das hervor, was wir mit einem modernen Begriff die ‚ptolemaischen Monopole' nennen, Planwirtschaft auf dem Gebiet der Manufaktur.

Das bekannteste solcher Monopole ist das der Pflanzenöle. Wir besitzen die Regelung der Ölproduktion durch ein umfangreiches Steuergesetz des Philadelphos aus den Jahren 259/58. Es regelte die Herstellung der in Ägypten am weitesten verbreiteten Pflanzenöle: Sesam, Rizinus, Saflor, Kürbis und Leinsamen. Alljährlich verteilte die Zentralregierung die mit Ölpflanzen zu bebauende Fläche auf verschiedene Distrikte; die Distriktverwaltungen bestimmten die Parzellen für die einzelnen Dörfer und die Dorfverwaltungen wiederum für die Bauern. Die entsprechende Anbaufläche mußte mit der vorgegebenen Ölpflanze bebaut werden, und niemand besaß das Recht, zusätzlich andere Äcker mit diesen Pflanzen zu bestellen. Jeder Bauer erhielt von der Regierung das notwendige Saatgut, das er später wieder zurückzahlte. Die Ernten wurden unter Aufsicht der Verwaltung und der Unternehmer eingebracht, die als Unterzeichner eines Vertrages für den Ertrag verantwortlich waren. Der Ertrag der Felder wurde gemessen, ein Viertel wurde als Steuer bezahlt und der Rest vom Unternehmer übernommen, der den Bauern den Preis für das abgelieferte Quantum ausbezahlte. Die Höhe der Zahlung war durch einen Tarif festgesetzt, den der König alljährlich bekanntmachte.

Der Unternehmer hatte die gesammelten Mengen der Regierung zu übergeben. Die abgelieferten Anteile wurden in die königlichen Lagerhäuser transportiert und dann in die staatlichen Ölfabriken überführt. Private Mühlen waren nicht geduldet, es sei denn, sie gehörten den Tempeln. Diese behielten ihre Ölpressen, aber sie mußten sie registrieren lassen, und es war ihnen nur während zweier Monate gestattet, unter der Kontrolle der Unternehmer und der Beamten eine bestimmte Menge Sesam-Öl zum eigenen Verbrauch herzustellen; das übrige Jahr hindurch blieben ihre Mühlen plombiert. Der Verkauf von Öl war ihnen nicht gestattet.

Auf der Grundlage dieser ägyptischen Landwirtschaft und Manufaktur hatten die Ptolemaier zwei Ziele im Auge: Das Land sollte autark werden, um unabhängig von Importen zu sein; ferner sollte Ägypten eine günstige

Handelsbilanz erzielen, um Gold und Silber zu erhalten. Dies konnte durch Vermehrung und Verbesserung derjenigen ägyptischen Waren erreicht werden, für die im Ausland Nachfrage bestand.

Das erste Ziel wurde erreicht, indem die Ptolemaier den Anbau bestimmter Pflanzen steigerten, die, obgleich sie in Ägypten bekannt waren, bislang nicht in bedeutendem Umfang angebaut worden waren wie zum Beispiel der Wein. Weingärten gab es zwar schon, aber das Nationalgetränk der Ägypter war das Bier. Einer der ersten Schritte, die die Ptolemaier unternahmen, um die stets wachsende Nachfrage der griechischen Einwohner nach Wein zu befriedigen, war eine Ausweitung des Weinanbaues.

Die ersten Ptolemaier versuchten sich auch in der Akklimatisierung fremder Pflanzen, die bis dahin in Ägypten unbekannt waren oder nur wenig angebaut wurden. Pionierarbeit leisteten sie beim Anpflanzen von Olivenbäumen. Die Bedeutung des Olivenöls für die ins Land strömenden Griechen ist klar. Sie waren von Kindheit an Olivenöl gewöhnt, für das sie wahrscheinlich niemals einen Ersatz angenommen hätten. Ferner mußte die Nachfrage dieser Griechen nach Gemüse und Früchten gestillt werden, um die Einfuhren zu reduzieren. So wurden Feigen, Quitten, Granatäpfel, Früh- und Spätäpfel, Aprikosen und Nüsse angebaut, und gleichzeitig wurde der Versuch gemacht, die Qualität des in Ägypten gezogenen Kohls durch die Einfuhr von Saatgut aus Rhodos zu verbessern.

Das zweite Ziel bestand darin, Produkte im Ertrag zu steigern, die für den Export wichtig waren; dies betraf vor allem den Getreideanbau durch eine Vergrößerung der Anbauflächen. Zusätzliches Land gewann man durch Ausdehnung der Bewässerung. Hierbei waren vor allem Verbesserungen an den Bewässerungseinrichtungen wichtig, um Land zu erreichen, das außerhalb des Bereichs der Nilschwemme lag. Während Tausenden von Jahren hatten sich die Ägypter damit begnügt, dieses Land mit der Hand oder mittels primitiver Schöpfanlagen zu bewässern. Effizientere Methoden konnten angewendet werden, nachdem technische Probleme wissenschaftlich durchdrungen worden waren und die Mechanik im 4. und 3. Jahrhundert einen hohen Entwicklungsstand erreicht hatte. Durch eine Kombination von Zahnrad und endlosem Seil konstruierte man ein einfaches, wirksames Wasserrad. In geringem Maße wurden Pumpen verwendet, die auf dem Prinzip der archimedischen Schraube beruhten; sie waren für landwirtschaftliche Zwecke weniger geeignet.

Diese Wirtschaftsreformen der Ptolemaier zeitigten Erfolge. Sie waren in den Augen der Mitwelt die reichsten Könige ihrer Zeit; wir haben auch dafür außergewöhnlich viele Zeugnisse. Das Bild, das zum Beispiel im 3. Jahrhundert Kallixenos aus Rhodos von dem großen Festzug, der Pompe, des Philadelphos gibt, ist eines von vielen (bei Athenaios [um 200 n. Chr.] 5, 197–203). Die Aufzählung des Reichtums, der Schönheit und der Sehenswürdigkeiten Ägyptens und Alexandrias im ersten Mimus des Herondas um 250 gibt die Vorstellungen wieder, welche die damaligen Griechen von Philadelphos hatten (Z. 26–27): „Alles, was irgendwo auf der Welt vorhanden ist und erzeugt werden kann, gibt es in Ägypten."

Aber trotz des lichten Bildes dürfen die großen Anstrengungen, die für diesen Reichtum notwendig waren, nicht vergessen werden; denn sie brachten eine Verstärkung des Regierungsdrucks auf die Bevölkerung mit sich. Es war nur zu natürlich, daß die bis ins kleinste gehenden Regelungen, die zu keiner Zeit den Interessen der Bevölkerung entsprachen, zu wiederholten Übertretungen der Gesetze durch Kleinhändler und Verbraucher führten. Spionage, Denunziation, Haussuchungen und Gewaltakte waren daher an der Tagesordnung. Wir hören von einer ägyptischen Miliz, von Einheimischen, die zu dem verhaßten Flottendienst gezwungen wurden, von zunehmender Härte in den Methoden der Bürokratie und von Pächtern, die erpresserischen Pachtzinsen unterworfen waren. Das Ergebnis war, daß in einzelnen Fällen Leute von ihren Wohnsitzen flohen, neugegründete Dörfer verlassen wurden und sogar bewaffneter Widerstand aufbrach. Die Verwaltung Ägyptens wurde mehr und mehr durch reine Bürokratie ersetzt, die unpersönlich war und gerade durch ihre Unpersönlichkeit erbitterte.

Diese düsteren Erscheinungen waren jedoch für die Zeitgenossen außerhalb Ägyptens kaum wahrnehmbar. Die beherrschenden Kennzeichen waren äußerer Glanz und rascher Fortschritt. Das sehenswerteste Bild bot Alexandria. Mit aufsehenerregender Schnelligkeit wurde es die größte Griechenstadt der Welt, größer als die großen Städte der Vergangenheit: Athen, Korinth, Syrakus. Alexandria war die Residenz des Königs, seine Stadt, und gleichzeitig ein Stadtstaat, der handelte, als wäre er eine freie, autonome griechische Polis. Die wichtigsten Züge sind uns aus literarischen Beschreibungen, aus Epigrammen, aus den Papyri und aus Darstellungen in der zeitgenössischen Malerei, Skulptur und Kleinkunst bekannt. Jedermann hatte von dem Mausoleum Alexanders gehört, von der Bibliothek und dem berühmten Museion, einer königlichen Akademie der Künste und Wissenschaften.

Wissenschaft

Ausgangspunkt der Wissenschaft als systematisierte Erfahrung und zielgerichtete Erforschung der Erscheinungen in Natur und Gesellschaft war ein Bestreben, die Welt aus sich selbst, also rational zu erklären und damit die Einflußnahme der Götter zu leugnen. Deduktive Darlegung und beweisender Vortrag gehörten ebenso zu den dabei entwickelten Methoden wie die Theoriebildung und die Suche nach Gesetzmäßigkeiten der festgestellten Erscheinungen. Man bemühte sich darum, Vorgänge zu begreifen, wie sie etwa im menschlichen Körper, in den Gestirnbewegungen, in der Sprache, in der Musik oder in der Welt der geometrischen Figuren beobachtet wurden. Daraus resultierten die Ansätze zur Ausbildung der Einzelwissenschaften, deren Blüte in die Zeit des Hellenismus fiel. Wissenschaftliche Forschungen kosteten schon damals Geld, und sie wurden gefördert von den großen Mäzenen der Zeit, den Ptolemaiern in Ägypten und den Attaliden in Pergamon, aber auch von anderen Herrschern. So war es vielen möglich, in großen Lehr- und Forschungszentren in Muße zu arbeiten, wie beispielsweise im Museion in Alexandria. ‚Außenstehende' Wissenschaftler beurteilten solche Unterstützung skeptisch; Timon von Phleius, ein Philosoph des 3. Jahrhunderts, sprach von „wohlgenährten Papyrusstengeln, die endlos im Tempel der Musen streiten" (bei Athenaios 1, 22 d).

Auch wenn das Interesse der Herrscher bei der Förderung der Wissenschaften vor allem den repräsentativen, nicht den anwendungsorientierten Arbeiten galt, greife ich im Rückblick auf die oben geschilderten Verbesserungen der Agrar- und Industrieproduktion hier aus dem Bereich wissenschaftlicher Forschungen zunächst zwei Beispiele mit praktischer Nutzanwendung heraus. In der griechischen Landwirtschaft spielte die Bienenzucht eine wichtige Rolle. Honig war für die alte Welt das, was Zucker für die moderne ist, und Wachs verwendete man reichlich und für vielerlei Zwecke. Es ist darum nicht überraschend, daß die Bienenzucht eine einträgliche Beschäftigung der Grundbesitzer des Altertums darstellte und große und kleine Bienenhäuser eine auffallende Erscheinung des griechischen Landlebens bildeten. Darum kam einer rationellen Arbeitsweise große Bedeutung zu. Sie beruhte auf einer eingehenden Forschung über das Leben, die Gewohnheiten und die Arbeit der Bienen. In das 3. Jahrhundert gehört der begeisterte Bienenzüchter und Bienenforscher Aristomachos von Soloi, der 58 Jahre seines Lebens ausschließlich dem Studium dieser Tiere widmete.

In der Textilherstellung schenkte man dem Problem des Färbens größere Aufmerksamkeit als zuvor. Unsere Nachrichten über diesen Gegenstand sind an die Person des Bolos Demokritos von Mendos, eines Graeco-Ägypters, geknüpft. Er war Philosoph, Schriftsteller und Enzyklopädist des frühen 2. Jahrhunderts und stellte unter anderem mehrere Bücher über das Färben zusammen, die ein interessantes Schicksal hatten, weil sie den Anlaß zur Pseudowissenschaft der Alchimie gaben, deren Entwicklung im 2. und 3. nachchristlichen Jahrhundert begann. Experimente hinsichtlich des Färbens von Stoffen dienten Bolos auch dazu, die Grundwahrheiten seiner Philosophie zu beweisen und zu veranschaulichen, die kosmische Sympathie und Antipathie: „Eine Natur erfreut sich der anderen, eine Natur tut der anderen Gewalt an, und eine Natur überwindet die andere“ (H. Diehls, Fragmente der Vorsokratiker 2^3, 131).

Aber nicht alles diente der praktischen Nutzanwendung, sondern häufig auch der frappierenden Demonstration, wie der hier abgebildete Mechanismus (Abb. 12), der zur Erbauung etwa bei einem Festbankett eingesetzt wurde. Es war der Alexandriner Heron, der eine Reihe von Geräten entwickelte, die fließendes Wasser in Form einer künstlichen Quelle voraussetzten. Ein künstlicher Vogel wird an einer Quelle aufgestellt. Daneben plaziert man eine Eule. Solange sie sich abwendet, singt der Vogel; dreht sie sich ihm wieder zu, verstummt er.

Unter eine kleine, ständig fließende Quelle setzt man einen Trichter, durch den Wasser in den luftdicht verschlossenen Vorratsbehälter (1) fließen kann. Aus diesem ragt eine als Bäumchen gestaltete Pfeife hervor (hier schematisch dargestellt), auf dem der Vogel hockt. Wenn Wasser in den Behälter fließt, wird die dort vorhandene Luft durch die Pfeife (2) gepreßt: Der Vogel ‚singt‘. Sobald sich das Gefäß jedoch durch einen Überlaufhahn (3) entleert, verstummt er. Um die Eule im passenden Moment automatisch zu drehen, hängt man unter den Überlaufhahn einen Eimer (4). Auf einer Plattform wird eine feste Achse senkrecht errichtet und ein Rohr (5) darüber gestülpt, das sich leicht drehen läßt. Auf die Spitze setzt man die Figur der Eule. Außen am Rohr befestigt man zwei Seile, von denen das eine über eine Rolle an den Eimer angebunden wird, während das andere über eine Rolle an ein Gegengewicht (7) geknüpft ist, das schwerer als der leere Eimer sein muß.

Ist nun durch das langsam aus dem Trichter rinnende Wasser die Luft in die Vogelpfeife gedrückt worden, arbeitet der Überlaufhahn (3). Die Flüs-

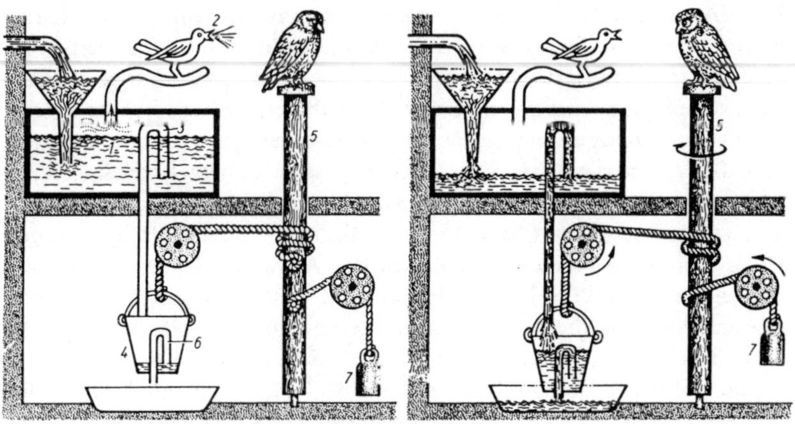

12. Unterhaltungsautomat

sigkeit strömt in den Eimer (4), der sich senkt, während das Gegengewicht (7) in die Höhe gezogen wird und dabei die Eule dem Vogel zudreht. Darauf entleert sich der Eimer über einen Überlaufheber (6) in seinem Innern, er wird leichter. Das Gegengewicht erhält das Übergewicht, senkt sich und dreht dabei die Eule erneut von dem Vogel ab, der daraufhin wieder singt. Man sieht also, daß der Erfindergeist nicht nur Verbesserungen im Bereich der Agrarproduktion oder der Bau- und Kriegsmaschinen hervorbrachte, sondern auch unterhaltsame Ergebnisse zeitigte.

Neben inneren Tendenzen der wissenschaftlichen Erkenntnis sind äußere Gründe hervorzuheben, welche die Entwicklung der naturwissenschaftlichen Forschung in der hellenistischen Periode begünstigt haben. Die Erweiterung der tatsächlichen Kenntnis der Erde, die der Alexanderzug der griechischen Wissenschaft brachte, die Vermehrung des Forschungsmaterials, die ihm und vor allem den Ptolemaiern zu verdanken war, haben einen starken Einfluß auf die Ausbildung wissenschaftlicher Methoden ausgeübt. Deren wirksamste Mittel, Experiment und umfassende Induktion, erfuhren nun ihre Ausbildung. Mathematik und Mechanik nahmen einen bedeutenden Aufschwung. Geographie, Astronomie, Botanik und Medizin gelangten aufgrund umfassender Beobachtungen zu wichtigen Ergebnissen, wurden zum Teil erst zu selbständigen Wissenschaften ausgestaltet. ‚Kühne' Hypothesen, die das gesamte Weltbild neu gestalteten, wie die Vorwegnahme der kopernikanischen Theorie durch Aristarchos von Samos, zeigen die schöpferischen Kräfte der damaligen Wissenschaft.

Römische Einmischung

Das Gleichgewicht der Kräfte, wie es sich um 250 eingependelt hatte, wurde durch die Ereignisse der letzten Jahre dieses Jahrhunderts von Grund auf erschüttert. Dies wurde vor allem durch zwei junge Monarchen veranlaßt, die fast gleichzeitig den Thron zweier bedeutender Reiche des Ostens bestiegen: Philipp V. von Makedonien (221–179) und Antiochos III. von Syrien (223–187). Beide Herrscher hatten ehrgeizige Pläne, und beide waren entschlossen, sie auszuführen. Durch die rastlose Tätigkeit des Antiochos im Osten und eine ähnliche Aktivität Philipps in der Ägäis und in der Adria erregten beide den Argwohn Roms, das sich bewogen sah, in die Politik der hellenistischen Welt einzugreifen. Die wichtigsten Ergebnisse dieser politischen Entscheidungen waren, daß Ägypten seine Besitzungen in Syrien und in der Ägäis verlor und in eine zunehmende politische Isolierung geriet. Griechenland erhielt eine Freiheit, die politische Anarchie zur Folge hatte; gleichzeitig gewannen Rhodos und Pergamon an politischer Bedeutung. Syrien, das jetzt durch die Barriere des pergamenischen Reiches und anderer Königreiche in Kleinasien von der ägäischen Welt abgetrennt war, wurde ebenfalls politisch isoliert.

Während eines langen Zeitraums war Griechenland wieder einmal der Schauplatz zahlloser Kriege. Sie wurden vorwiegend zwar in den gleichen äußeren Formen wie in der Vergangenheit geführt, aber alle Gewährsleute betonen übereinstimmend die Tatsache, daß die Kriege mit einer unnötigen und bisher auch unbekannten Grausamkeit geführt wurden und vieles dabei zu Lasten der Römer ging.

Rom beargwöhnte den hellenistischen Osten mit seinen militärischen Traditionen und seinem Ruf, die Heimat aller großen Erfindungen auf dem Gebiet der Strategie, der Taktik und der Kriegsmaschinen zu sein. Es fühlte sich in dieser Hinsicht als Schüler Griechenlands und hatte vor seinem Lehrmeister Angst. Dem römischen Denken gelang es nie, die Furcht vor den Griechen völlig zu unterdrücken: Selbst nach den leichten Siegen über Philipp, Antiochos und Perseus (179–168), sogar noch in der Zeit des Mithradates (111–63), fühlte man sich im heimischen Italien nicht ganz sicher. So war es nur folgerichtig, daß die Römer nach der siegreichen Beendigung des zweiten Römisch-Karthagischen Krieges (S. 123) ohne Zögern die erste sich nur bietende Gelegenheit wahrnahmen, einen der beiden Großen im Osten herauszufordern.

199 hielt ein makedonischer Gesandter vor der Bundesversammlung der Aitoler eine Rede, aus der ich eine längere Passage zitiere (Livius 31, 29, 4–11): „Wollt ihr etwa lieber die Willkür der Römer nachahmen, oder soll ich sagen ihre Unzuverlässigkeit? Sie, die angeordnet hatten, daß euren Gesandten in Rom folgende Antwort erteilt wurde: ‚Was kommt ihr zu uns, ihr Aitoler, da ihr doch, ohne uns zu fragen, Frieden mit Philipp [V.] geschlossen habt?', ebendiese fordern jetzt, daß ihr mit ihnen Krieg gegen Philipp führt. Und vorher taten sie so, als ob sie euretwegen und für euch die Waffen gegen ihn ergriffen hätten; jetzt hindern sie euch, mit Philipp in Frieden zu leben. Um Messana Hilfe zu bringen, sind sie beim erstenmal nach Sizilien hinübergegangen [im Jahre 264], dann erneut, um das von den Karthagern bedrängte Syrakus zu befreien [im Jahre 212]. Messana und Syrakus und ganz Sizilien haben sie jetzt selbst, und sie haben es als tributpflichtige Provinz ihren Beilen und Rutenbündeln unterworfen. Freilich, so wie ihr in Naupaktos gemäß euren Gesetzen durch die von euch gewählten Beamten eure Bundesversammlung habt, um frei zu wählen, wen ihr zum Bundesgenossen und zum Feind haben wollt, und um Krieg und Frieden nach eurer Entscheidung zu haben, so wird für die Gemeinden der Siculer eine Versammlung in Syrakus oder Messana oder Lilybaeum angesetzt: Ein römischer Praetor leitet die Versammlung. Durch einen Befehl aufgeboten, kommen sie dort zusammen. Sie sehen ihn, wie er auf hoher Tribüne seine hochmütigen Rechtsentscheidungen trifft, umgeben von Liktoren; Ruten drohen ihrem Rücken, Beile ihren

Nacken, und jedes Jahr erhalten sie durch das Los immer wieder einen anderen Herrn. Darüber dürfen oder können sie sich aber nicht wundern, da sie die Städte Italiens, wie Regium, Tarent und Capua, derselben Herrschaft unterworfen sehen – die benachbarten Städte will ich gar nicht nennen, durch deren Untergang die Stadt Rom groß geworden ist. Capua freilich, das Grab und Mahnmal des campanischen Volkes, existiert noch, nachdem die Bevölkerung selbst zu Grabe getragen und aus dem Land vertrieben ist, eine verstümmelte Stadt, ohne Senat, ohne Volk, ohne Magistrate, etwas Widernatürliches, und daß man die Stadt zum Bewohnen hat stehen lassen, ist grausamer, als wenn man sie zerstört hätte." Eine glänzende Analyse römischer Politik!

Die Geschichte von der allmählichen Eroberung des hellenistischen Ostens durch die Römer detailliert zu erzählen, ist nicht der Platz. Dem zweiten Makedonischen und dem Syrischen Krieg folgte bald der dritte Makedonische, als Rom sehen mußte, daß Perseus, der Nachfolger Philipps, nicht gesonnen war, seinen Befehlen blind zu gehorchen. Nach der Schlacht von Pydna 168 hörte Makedonien auf, als politische Einheit zu bestehen; während einer nur kurzen Zeit mit halber Autonomie wurde es 147 in eine römische Provinz umgewandelt. Korinth, der wichtigste Stützpunkt Griechenlands und des Achaiischen Bundes, wurde 146, im selben Jahr wie Karthago (S. 192), unbarmherzig zerstört, und Griechenland wurde eine Art Anhängsel der römischen Provinz Makedonien.

Das letzte Jahrhundert im Leben des ptolemaiischen Ägypten war wenig ereignisreich. Die Geschichte des Landes ist praktisch die der Ptolemaier, ihrer Streitigkeiten im eigenen Hause, ihrer Verbrechen, ihrer Beziehungen zum Heer und zur Bevölkerung von Alexandria und nicht zuletzt ihrer dauernden, gegeneinander gerichteten Appelle an Rom, dessen gehorsame Diener sie alle waren. Während jedoch sogar die bedeutenderen Herrscher in Syrien für uns nur Namen ohne jedes persönliche Gepräge sind, stehen die Gestalten der letzten Ptolemaier mit ihren individuellen Besonderheiten vor unseren Augen: Die beiden feindlichen Brüder, leicht erregbar und unterwürfig, Ptolemaios VI. Philometor (180–145) und Ptolemaios VIII. Euergetes II. (145–116), mit dem Kreis ihrer Mütter, Schwestern und Frauen, die mitleiderweckende Gestalt des Ptolemaios XII. Auletes, des Flötenspielers, und vor allem Cleopatra (69–30), die letzte Königin Ägyptens, die Geliebte Caesars, die Frau des Antonius, die Gegenspielerin des Octavian. Ägypten brachte so zuletzt eine fähige und ehrgeizige Frau hervor, deren Ziel es war, die hellenistische Welt zu erneuern, mit Ägypten als Mittelpunkt und einem von Italien und vom Westen gestellten Heer. Dies war ein Traum, der sich wohl auch dann nicht hätte verwirklichen lassen, wenn Antonius bei Actium nicht unterlegen wäre, doch es war ein Traum, welcher der Tradition Ägyptens auf der einen und der hellenistischen Welt auf der anderen Seite würdig war.

Römische Republik

Zu den wenigen Daten aus der Antike, die im allgemeinen Wissen noch verankert sind, gehört sicherlich das reimfreundliche sogenannte Gründungsdatum Roms: sieben fünf drei. Am Anfang der Stadt stehen Geschichten zweier Brüder, die von einer Wölfin oder einer Dirne, je nach Überlieferung (Livius 1, 4, 6–7), aufgezogen wurden, eines Brudermörders, der zum Stadtgründer wurde, und so fort. Ich möchte einen anderen Anfang setzen, nämlich mit der Person des Appius Claudius Caecus. Sein Elogium aus dem Beginn des 3. Jahrhunderts wurde unter Augustus in Arezzo erneut aufgezeichnet (Corpus Inscriptionum Latinarum [CIL] 1^2 S. 192 [10]):

„Appius Claudius, des Gaius Sohn, Caecus [der Blinde, das heißt, er ist im Alter erblindet], Censor, Consul zweimal, Dictator, Interrex dreimal, Praetor zweimal, curulischer Aedil zweimal, Quaestor, Militärtribun dreimal, nahm mehrere Städte von den Samniten ein, zerstreute ein Heer der Sabiner und Etrusker und verhinderte einen Friedensschluß mit König Pyrrhos. Als Censor ließ er die Via Appia pflastern, einen Aquädukt für Rom bauen und den Tempel der Bellona errichten."

Zweierlei ist an diesem Text hervorzuheben, auf dessen zentrale Passagen ich wiederholt zurückkommen werde. Zum einen sind es die Leistungen, die von Ap. Claudius Caecus aufgeführt werden. Zum anderen das Datum: Etwa mit dem Jahr 300 setzen unsere seriösen Informationen über die Republik ein. Als um 200 die Geschichtsschreibung der Römer begann, werden sie ungefähr zwei Jahrhunderte davor überblickt haben. Aus dem 5. Jahrhundert werden noch punktuelle Erinnerungen vorhanden gewesen sein, die an Lokalitäten, Namen und Relikten, wie Weihegaben in Tempeln, hafteten. Echte, aber auch falsche Erinnerungen, Deutungen sowie in Sage abgesunkene Zusammenhänge haben sich dabei derart miteinander vermischt, daß wir nicht mehr zu beurteilen vermögen, was richtig und zuverlässig ist.

Meine Darstellung setzt also mit dem Beginn des 3. Jahrhunderts ein und skizziert die Zeit davor nur knapp, wobei ich mich im wesentlichen auf die außenpolitische Entwicklung konzentriere und bei dem Prozeß der Ausbreitung Roms die Rückschläge weitgehend ignoriere.

Ausweitung der römischen Herrschaft über Italien

Die Geschichte der jungen Republik nach der Abschüttelung der Herrschaft der Etrusker, deren Schüler die Römer in vielfacher Hinsicht blieben, ist im Inneren wie nach außen ein fast unbeschriebenes Blatt. Rom war und blieb wie so viele Gemeinden damals ein Kleinstaat; denn es war zwischen den großen, einander feindlichen Mächten, den Etruskern im Norden und den Griechen im Süden, eingeklemmt und noch nicht einmal Herr im eigenen Lande. Nur allmählich vermochte Rom durch eine vorsichtige Vertragspolitik gegenüber sakralen Bünden oder einzelnen Gemeinden eine Anzahl latinischer Siedlungen an sich anzuschließen, die den Oberbefehl Roms wenigstens für den Kriegsfall zur allgemeinen Anerkennung brachten.

Eingeengt war der römische Staatsraum lange Zeit noch gegen Norden hin – dies resultierte nicht zuletzt aus den geographischen Gegebenheiten –, bis Rom um die Wende zum 4. Jahrhundert im Kampf gegen Veji die Offensive über den Tiber hinaustrug. Es war ein schwerer Kampf, der in einer langwierigen Belagerung und Zerstörung der Stadt Veji endete. Mit dieser Einverleibung von Teilen Südetruriens, durch die das Territorium Roms auf das Doppelte anwuchs, hatte die Stadt die bis dahin so schwierige Grenzlage im Norden verbessert. Der Tiber war jetzt in seinem Unterlauf aus einem Grenzfluß zum römischen Fluß geworden.

Ein etruskisches Italien im Norden, ein griechisches im Süden, dies waren lange Zeit die bestimmenden Gebilde der Halbinsel. Beide Völker, die im 5. Jahrhundert noch die Führung innegehabt hatten, waren sowohl an Gebietsumfang der Stadtterritorien wie an Machtfülle längst im Rückgang begriffen. Vor diesem Hintergrund trat nach 400 ein Ereignis ein, das die bisherige Entwicklung störte: Der Einfall eines Nordvolkes, der Kelten oder Gallier, der für gewisse Teile des etruskischen Besitzstandes vernichtend wurde und Rom selbst an den Rand des Verderbens brachte, ja die Halbinsel auf der Ostseite bis tief hinein in den Süden erschütterte.

Als die Kelten sich dem römischen Gebiet näherten, zogen dessen Bewohner ihnen entgegen. Am 18. Juli 387/86, so das Datum zumindest in der Überlieferung, erlitten die Römer an der Einmündung des Baches Allia in den Tiber, 16 km nördlich von Rom, eine vernichtende Niederlage. Dieser Tag ging später als *dies Alliensis*, als Unglückstag, in den römischen Kalender ein. Viele Geschichten spannen sich um diese Niederlage der Römer; am bekanntesten wurden zweifellos die schnatternden Gänse, die das Capitol gerettet haben sollen. Sicher ist nur folgendes: Das Ende der gallischen Belagerung wurde durch einen Vertrag herbeigeführt, gegen hohe Goldzahlungen waren die Kelten bereit abzuziehen, nachdem sie die Reste der Stadt eingeäschert hatten. Die wichtigste Folge in den nächsten Jahrzehnten war die Errichtung der sogenannten Servianischen Mauer. Die Bedrohung, die man erlebt hatte, legte die Verwandlung der nur in Teilen geschützten Stadt in eine einheitliche gewaltige Festung nahe. Darüber hinaus stellte die Gallierkatastrophe einen Schock dar, der im Unterbewußtsein weiterwirkte. Seither waren die Römer von einer den Griechen unbekannten, heimlichen Angst vor Einbrüchen barbarischer Völker aus den Weiten Mitteleuropas, vor diesen aus unkontrollierbaren Räumen aufsteigenden Gefahren erfüllt.

Das 4. Jahrhundert brachte ferner den Latinerkrieg (340–338), der Rom erfolgreich sah; die Latiner wurden mit Landabtretungen bestraft. Einige Städte wurden Rom sozusagen einverleibt, ihre Bürger erhielten das volle römische Bürgerrecht. Andere erhielten es ohne Stimmrecht (*civitas sine suffragio*), das sie aber privatrechtlich den Römern gleichstellte und zum Kriegsdienst in den Legionen verpflichtete. Am härtesten wurde Velitrae bestraft, dessen Mauern man niederriß und dessen Grund und Boden an römische Kolonisten verteilt wurde. Diese Neuordnung sieht wie die vollendete Verwirklichung des den Römern nachgesagten Grundsatzes *divide et impera*, teile und herrsche, aus. Das Ergebnis war, daß Römer und Latiner zu einem Volk zusammenwuchsen, freilich im römischen Sinne, weil Latium gewissermaßen zum Landgebiet der Stadt Rom wurde. Die mit den militärischen Auseinandersetzungen einhergehende Expansion garantierte den Römern die Fortdauer und Überlegenheit der eigenen Sozialordnung, denn sie konnten durch den Landgewinn die Folgen der Übervölkerung auffangen. Da die Samniten ähnliche Probleme hatten, war gerade die Auseinandersetzung der beiden Völker, an denen Ap. Claudius Caecus beteiligt gewesen war (S. 111), so blutig und langwierig. Die römische Expansion hatte neben anderem seit 340 zu einer raschen Vermehrung des *ager publicus*, des eroberten und okkupierten Landes der Besiegten, geführt. Es war eine Auswirkung dieser Expansion, daß im Jahre 326 ein Gesetz die Abschaffung der Schuldknechtschaft erreichte; Livius (8, 28, 1) bezeichnete dieses später als ein neues Gründungsdatum der Republik.

Zweiter (327–304) und dritter Samnitenkrieg (298–290) – wobei der von den Römern als erster gezählte legendär ist – schlossen sich an. Die Entscheidung in letzterem fiel, als sich Roms Gegner endlich zu gemeinsamen Aktionen zusammenfanden. Gegen diese gegnerische Koalition errangen die Römer 295 den folgenschweren Sieg bei Sentinum; der weitere Ausbau der römischen Herrschaft über Mittelitalien konnte beginnen.

Rom um 300

Haben wir uns bislang nur auf dünnem Eis bewegt, so betreten wir um 300 (S. 120) festeren Boden, was die Geschichte der römischen Republik betrifft. Etwa in diesen Zeitraum gehört Ap. Claudius Caecus, der 312 Censor war, der erste Römer, der in unseren Quellen als wirkliche Persönlichkeit erscheint (S. 111).

Wie sah Rom um 300 aus? Wie groß war die Stadt? Es ist äußerst schwierig, eine zuverlässige Angabe der Bevölkerungszahl vorzulegen, möglicherweise spiegeln die von modernen Autoren gemachten Angaben von 30000 um 350, 60000 um 300 und 90000 um 264 die Realität. Solche Zahlen lassen annehmen, daß die Stadt mit Wasser und Nahrung von außen versorgt worden sein muß. Erheblicher Getreidehandel über See und den Tiber impliziert aber, daß das Getreide bezahlt werden konnte und die Schiffe wohl nicht leer zurückfuhren. In Rom mußte somit die Bevölkerung in erheblichem Umfang in Handel und Handwerk engagiert gewesen sein. Der sich daraus ableitende Außenhandel setzt die Leistungsfähigkeit der römischen Produktion voraus, die ein entsprechendes Arbeitskräftepotential vermuten läßt, also die Verwendung von Sklaven in Handwerk und Handel. Dies hatte zur Folge, daß die Bevölkerung stärker differenziert war; reiche Bauern lebten neben kleinen Handwerkern und Kaufleuten, abhängigen Kleinbauern, Freigelassenen in städtischen Berufen und Sklaven.

In dem Elogium des Ap. Claudius Caecus ist ausgeführt, daß dieser neben seinen militärischen Leistungen auch solche im Bauwesen aufzu-

13. aes signatum – Rind

weisen hatte. Die nach ihm benannte *via Appia* verband Rom mit den südlichen Gegenden, was in den Kriegen vor allem strategische Bedeutung hatte, sicherlich aber auch in Friedenszeiten dem Handel zugute kam. Die Notwendigkeit des Baus von Wasserleitungen nach Rom aufgrund der wachsenden Bevölkerungszahlen wurde von Caecus ebenfalls registriert.

Bedeutsam wurde die Zeit um 300 ferner durch die Münzprägung. *Pecunia*, das Geld, nach der Bezeichnung für das Rind (*pecus*) benannt, wird für Rom in dem hier behandelten Zeitraum wichtig; die Stadt trat erst spät in den Kreis der münzprägenden Mächte ein. Dabei war Rom zunächst eingebunden in ein Münzsystem Mittelitaliens, das, verglichen mit demjenigen der griechischen Städte, rückständig war. Es handelte sich um große, schwere gegossene Kupferstücke. Diese wurden durch das sogenannte *aes rude*, gewogene Kupferbrocken, und schließlich durch das *aes signatum* abgelöst. Bei letzterem handelte es sich um gegossene und bebilderte Kupferbarren – beispielsweise mit einem Rind (Abb. 13) – von drei römischen Pfund (zu je 273 Gramm) Gewicht. Solches *aes signatum* war teilweise durch die Inschrift *Romanorum* gekennzeichnet. Eine Rundform erreichte dieses Schwergeld im *aes grave* von einem römischen Pfund; die Art dieses Geldes schloß eine intensivere Geldzirkulation aus, wenngleich es auch kleinere Nominale gab.

Parallel damit lief die Integration in den griechischen Bereich. Um 320 prägte Neapel für Rom Kupfermünzen mit der griechischen Aufschrift ΡΟΜΑΙΩΝ (Romaiōn). Nach 300 entstand die Didrachme, ein Silbergeld von 7,5 Gramm, deren Vorbilder aus Tarent und Karthago kamen. Diese Silbermünzen trugen die Aufschrift *ROMANŌ(n)*, den altertümlichen Genitiv Plural für *Romanorum*. Damit hatte Rom den Erfordernissen der äußeren Politik, möglicherweise auch den intensiveren Wirtschaftsbeziehungen nachgegeben. Im Jahre 269 wurden die ersten römischen Didrachmen mit der bekannten Wölfin und der Umschrift *ROMA* geprägt.

Die Geschichte der römischen Republik ist bestimmt von der Dominanz einer herrschenden Schicht, die sich auf erhebliche Machtmittel stützen konnte. Dazu gehörten vor allem die Möglichkeiten der Magistratur und das Heer. Wegen der damit einhergehenden Gefahr, daß einzelne Mitglieder zu sehr aus den Reihen der Standesgenossen herausragten, mußte die Oligarchie stets um einen *Konsens* ringen. Hierin lag eine der zentralen Aufgaben des Senats. Dieses Ringen um Gruppenkonsens und sein schließliches Scheitern stehen daher im Zentrum der folgenden Abschnitte über Senat, Magistratur und Heerwesen.

Senat

Die Organisation des Senats reicht sicherlich in die Frühzeit des Staates zurück. Die Annahme, daß schon in vorhistorischer Zeit die Häupter der großen Familien dem König zur Beratung zur Seite standen, entspricht durchaus dem Aufbau des alten Geschlechterstaates. Der Name bedeutet ‚Versammlung der Alten' und muß einmal dem Wesen des Senats entsprochen haben. In historischer Zeit ist das nur noch bedingt richtig; ein bestimmtes Lebensalter war nicht Voraussetzung für den Senatssitz, vielmehr wurde der Anspruch, in diese Körperschaft berufen zu werden, mehr und mehr an das Bekleiden eines Staatsamts geknüpft, was bedeutete, daß man anschließend gleichsam automatisch in den Senat einzog. Der einmal gewonnene Senatssitz blieb lebenslänglich. Über die Größe des ältesten Senats existiert keine glaubhafte Überlieferung; in der Zeit allerdings, die ich hier behandle, betrug die Zahl der Senatoren normalerweise 300.

Im juristischen Sinne war der Senat nur der ständige Beirat der Magistrate (S. 118); mit der Summe von Erfahrung und Wissen, die seine Mitglieder verkörperten, unterstützte und beriet er die Magistrate in ihrer Amtstätigkeit. Wie die Volksversammlung konnte sich auch der Senat nicht aus eigener Initiative versammeln, er mußte dazu von einem Magistraten oder in den späteren Jahrhunderten auch von einem Volkstribunen einberufen werden. Der Senat fällte seine Entscheidung nach einer Debatte, in welcher die dienstältesten Mitglieder zuerst das Wort erhielten. Damit war aber in Versammlungen, die einen hohen Respekt vor Erfahrung und Autorität haben, häufig nicht nur das erste, sondern auch bereits das letzte Wort gesprochen.

Schon die Zusammensetzung des Senats läßt es verständlich erscheinen, daß trotz aller formalen Begrenzung seiner Zuständigkeit die Fäden der Innen- und Außenpolitik in seiner Hand zusammenliefen. Im Senat war die Staatstradition Roms verkörpert, die gesammelte Regierungs- und Amtserfahrung aller lebenden ehemaligen Magistrate. In ihm saßen die Angehörigen derjenigen Familien, die Geschichte darstellten, die oft seit vielen Generationen und Jahrhunderten die Geschicke Roms gelenkt hatten, von Jugend an aufgewachsen und verankert in den Traditionen des Adels. So bildete der Senat gegenüber den jährlich wechselnden Magistraten den festen und dauernden Kern des Staates, den Hort der Regierungserfahrungen, der Staatsgrundsätze, dasjenige Element, das der Politik Roms ihre Stetigkeit und Festigkeit verlieh.

Mit der Erweiterung des Staatsgebietes und der völkerrechtlichen Beziehungen wuchs die Bedeutung des Senats im politischen Leben immer mehr. Die wirkliche Teilnahme des Volkes an der Gesetzgebung, in einem kleinen Stadtstaat sinnvoll und durchführbar, verkehrte sich im erweiterten Staatswesen der römischen Großmacht zu einer leeren und politisch zugleich gefährlichen Formalität. Selbst die Magistrate konnten, da sie Jahr für Jahr wechselten, die großen Linien der Politik kaum noch entscheidend beeinflussen. Erst als spätere Senatoren waren sie, nun auch aufgrund der während ihrer Amtszeit gesammelten Erfahrungen, wirklich in der Lage, einen vollständigen Überblick über das immer dichter werdende Netz der innen- und außenpolitischen Beziehungen zu gewinnen.

Es ist bezeichnend, daß *auctoritas* ein Terminus technicus in der Geschäftsordnung des Senats war; er tat seine Ansichten in Beschlüssen (wörtlich *auctoritates*) kund, wenngleich ohne rechtliche Folgen. So mächtig auch die Autorität des Senats war, sie existierte nur solange, wie sie sich rechtfertigen konnte. Denn darin lag das Wesen der *auctoritas*: Sie war etwas, das nicht auf geschriebenem Gesetz beruhte, sondern auf dem Einfluß und dem Konsens einer Anzahl von Familien, welche die höchsten Magistrate gestellt hatten und die untereinander die Gruppe der Nobiles bildeten.

Es läßt sich, gerade wenn man den Senat ins Auge faßt, feststellen, daß sich die politische Befähigung der Römer vor allem in der Gemeinschaft entfaltete, wenn sie in ihr fest eingebettet waren. Doch als immer mehr Senatoren aus ihrer römischen Umgebung herauskamen, um vor allem im griechischen Osten Erfolg und Beute zu suchen, genügte der Senat als Klammer der Gemeinschaft immer weniger. Er war auch immer weniger in der Lage, die Fähigkeiten der Senatoren zugunsten der römischen Ordnung zu instrumentalisieren, das Individuum in die Gemeinschaft einzubinden. Die beherrschende außenpolitische Rolle des Senats etwa begann erst nach dem zweiten Römisch-Karthagischen Krieg und währte nur wenige Jahrzehnte; sie wurde noch im 2. Jahrhundert durch eine Vormachtstellung der führenden Imperiumträger (S. 120), vor allem der Generale, abgelöst.

In dem Augenblick, in dem der Senat nicht mehr in der Lage war, seine mächtigsten Mitglieder zu kontrollieren und darüber hinaus selbst zum Spielball dieser Mächtigsten wurde, als diese Wege zur Machtvergrößerung, wenn nicht gar zur Alleinherrschaft suchten, zeigte sich zugleich die eminente Gefahr des Systems, das eben neben dem römischen Senat kein Korrektiv mehr hatte. Man könnte davon sprechen, daß der Staat in eine Krise geriet, und zwar wie Christian Meier sicherlich zu Recht betont, in eine Krise ohne Alternative. Anders betrachtet, bewies die Schwäche des Senats, daß Agrargesellschaften des Umfanges, in den Rom hineingewachsen war, von einer Adelsgruppe nicht mehr gelenkt werden können, weil das Korrektiv fehlt, um den Adel zu kontrollieren und zum steten Konsens zu zwingen. Dieses Korrektiv war der Monarch.

Die Inschrift des Ap. Claudius Caecus (S. 111) ist ein frühes Beispiel für den Leistungswillen der römischen Oberschicht und dokumentiert den ständigen Wettbewerb um Ämter, Posten und Ehrungen, in dem sich die Senatoren mit ihresgleichen befunden haben. Jeder wollte *primus*, *maximus*, *optimus* (erster, größter, bester) sein. Dies bezog sich vor allem auf militärische Erfolge, strahlte aber von dort ebenso auf Maßnahmen im Straßenbau, die Anlage von Wasserleitungen und vieles andere mehr aus. Deutlichste Sichtbarmachung dieses Wettstreites war der Triumph, in dem der Triumphator nicht zufällig als Abbild des Jupiter, des *optimus et maximus*, des Besten und Größten, auftrat (S. 121). Dieser Wettbewerb war objektiv vorhandene Lebenssituation der meisten Senatoren und bestimmte ihre geistige Haltung. Dieses Wettbewerbsdenken war genuin für die Republik und führte sie zwangsläufig wie viele vergleichbare Gesellschaften in die Monarchie. Denn erst innerhalb des Gefüges der Monarchie konnte der Wettbewerb in Bahnen gelenkt, gleichsam staatsdienlich organisiert werden (S. 160).

Magistratur

Die Bedeutung des innergesellschaftlichen Konsenses kann an einem wesentlichen Charakteristikum des römischen Staates, der besonderen Bedeutung der Magistratur, aufgezeigt werden: Die souveräne, gewaltige Machtfülle in militärischer und ziviler Hinsicht, die dem Magistraten in die Hand gegeben war, hätte das Staatsleben und die Politik blockieren können, hätte es nicht Absprachen, Rücksichtnahmen, eben Konsens gegeben. Cicero (106–43) beginnt in seiner Schrift ‚Über die Gesetze' (*de legibus* 3, 1, 2) seine Darstellung der Grundzüge des römischen Staates mit den Magistraten, und zwar mit der ausdrücklichen Begründung, daß diese das Fundament des Staates seien. Diese Bedeutung erklärt sich geschichtlich daraus, daß die römische Magistratur aus dem absoluten Königtum hervorgegangen ist und die Umwandlung und Anpassung der zugrundeliegenden königlichen Gewalt an die veränderten Verhältnisse und die Anforderungen der Republik darstellte.

Die gewöhnliche Bezeichnung für den Amtsinhaber ist *magistratus*, ein Begriff, der nicht nur die Person, sondern auch das Amt als solches bezeichnet. Älter als dieses Wort ist das ihm zugrundeliegende *magister*. Was *magister* heißt, wird klar, wenn man das zugehörige *minister*, Diener, danebenstellt. Beide Worte gehören zu den Komparativen *magis* und *minus*, mehr und weniger. *Magister* ist derjenige, der mehr ist, also der Herr; und diesen Sinn hat die römische Magistratur stets behalten. Ihr Träger ist mehr als jeder andere Bürger, der nicht Magistrat ist. Er ist Inhaber und Träger der Staatsgewalt, kein von der Staatsgewalt eingesetzter Beamter, also kein Beauftragter der Staatsgewalt (weshalb ich in diesem Abschnitt die Übertragung des Begriffs mit ‚Beamter' vermeide). Aus diesen Grundvoraussetzungen folgt die andere Eigentümlichkeit der römischen Magistratur, nämlich die Einheit von zivilem und militärischem Kommando, die bis weit in die Kaiserzeit hinein praktisch wirksam war (S. 157). Der römische Magistrat war Inhaber der Staatsgewalt und als solcher Vorgesetzter des Bürgers in jeder Beziehung.

Angesichts der hohen Bedeutung des Amtes ist es wichtig zu wissen, wer Magistrat war und wer nicht. Das wichtigste und entscheidendste Erfordernis für die Magistratur war die Wahl durch das römische Volk. Ein weiteres Kennzeichen war die zeitliche Befristung dieser Stellung, und zwar galt grundsätzlich für jedes regelmäßige Amt die Dauer von einem Jahr, nach dessen Ablauf es unweigerlich erlosch. Drittens gehörte zum Begriff des Magistraten, daß er eine ständige und regelmäßige Institution der Staatsverfassung war.

Das Maß an Staatsgewalt, das einem Magistraten zusteht, ist seine *potestas*, seine Amtsbefugnis. Der Begriff besitzt keinen Inhalt an sich, sondern konkretisiert sich nur in Beziehung auf das jeweilige Amt, also beispielsweise *tribunicia potestas*, die Amtsbefugnis, die dem Volkstribunen zusteht. In Beziehung auf andere Magistrate kann diese Befugnis eine höhere, *maior*, eine niedrigere, *minor*, oder eine gleiche, *par potestas*, sein. Die überlegene Amtsgewalt schließt dem rangniedrigeren Magistraten gegenüber das Recht ein, ihm Befehle zu erteilen oder Amtshandlungen zu verbieten, bis hin zum vollen Verbot der Amtstätigkeit überhaupt.

Von besonderer Bedeutung für das römische Staatswesen aber war die gleiche Amtsgewalt, die alle Mitglieder derselben Magistratur zueinander hatten, denn sämtliche römischen Magistrate bildeten Kollegien von mindestens zwei Inhabern desselben Amtes. Kollegialität bedeutete für das Verständnis der Römer, daß jedes einzelne Mitglied für sich allein die vollständige und uneingeschränkte Amtsbefugnis hatte und sie jederzeit allein aus eigener Machtvollkommenheit in vollem Umfang ausüben konnte. Die logische Konsequenz der völligen Gleichstellung der Kollegen war, daß jeder die Amtshandlungen des anderen verhindern konnte. Nach dem allgemeinen Grundsatz, daß von zwei rechtlich gleichstehenden Akten der spätere den früheren aufhebt, ergibt sich, daß bei einer solchen Konkurrenz zweier gleichstarker Willensakte der hindernde der praktisch gültige blieb. Und darin gab es kein Mehrheitsprinzip. Dies ist vor allem für den Volkstribunat wichtig. Die Intercession eines einzigen Volkstribunen zum Beispiel war genauso gültig, ob sie sich nun gegen einen einzelnen Kollegen oder gegen alle anderen neun zusammen richtete. Dieses Intercessionsrecht war der eigentliche Sinn der römischen Kollegialität. Es sollte die ungeheuere Machtfülle des Magistraten in Schranken halten.

All dies bedeutet nicht, daß gemeinsame Handlungen eines Beamtenkollegiums nicht vorkamen; im Gegenteil, sie waren sogar die Regel. Um eben die unliebsame Überraschung der Intercession auszuschließen, verständigte man sich über ein gemeinsames Vorgehen, man schuf einen Konsens.

Eine besonders wichtige Rolle im römischen Staatswesen spielte der Begriff des *imperium*, der die besondere Amtsgewalt der Consuln und Praetoren bezeichnete. Das Wort scheint noch aus einer urtümlich religiös-magischen Sphäre zu stammen und ursprünglich die besondere, dem Herrscher nach ältester Auffassung innewohnende magische Kraft bezeichnet zu haben, sein Volk zu beherrschen und das Heer zum Siege zu führen.

Ein letztes Begriffspaar sei hier angesprochen: Die Unterscheidung der verschiedenen Rechtsbereiche *domi* und *militiae*. Die wörtliche Übersetzung heißt *domi*, zu Hause, und *militiae*, im Krieg, was keine zeitliche, sondern eine örtliche Unterscheidung war, der Unterschied zwischen der Stadt Rom und dem übrigen, immer größer werdenden Gebiet außerhalb Roms.

Dem einzelnen Bürger gegenüber standen dem Magistraten alle Zwangsmittel zur Verfügung, Geldstrafen, Haft, Prügelstrafe und schließlich sogar Hinrichtung. Dieses Koercitionsrecht war im Amtsbereich *domi*, das heißt in der Stadt Rom, früh durch das Recht der Provokation, das Recht der Anrufung der Volksversammlung, eingeschränkt worden. Danach konnten die schärfsten Strafformen, die hohen Geldstrafen von einer bestimmten Summe an, Auspeitschung und Hinrichtung, gegenüber dem Bürger nicht vollzogen werden, da er dagegen das Recht der Provokation hatte, das in Rom seit 300 galt. Im Amtsbereich *militiae* galt die volle Straf- und Disziplinargewalt des Feldherrn bis zum Anfang des 2. Jahrhunderts, gegen Nichtrömer blieb sie stets bestehen.

Dem Volk als Ganzem gegenüber drückte sich die Machtfülle des Magistraten etwa bei Volksversammlungen dadurch aus, daß er auf seinem Amtsstuhl auf einem erhöhten Tribunal saß, während das Volk stand. Dieses hatte ausschließlich über die ihm vorgelegten Anträge, und zwar mit Ja oder Nein, abzustimmen. Jeder Antrag war eine Frage an das Volk, ob es die ihm vorgelegte Sache wolle oder nicht. Bei Gesetzesanträgen und sonstigen Beschlüssen gab es also nur Annahme oder Verwerfung, bei Wahlen Abstimmung nur über die vorgelegten Kandidaten, bei Gerichtsversammlungen nur Verurteilung oder Freispruch. Das Ergebnis jeder Abstimmung wurde dem Magistraten gemeldet, der es dann verkünden ließ. Erst durch diese öffentliche Verkündigung wurde das Abstimmungsergebnis rechtsgültig. Es ist dies der deutlichste Beweis für die unbeschränkte Amtsvollmacht des römischen Magistraten, daß es rechtlich in sein Belieben gestellt war, ob er das ihm gemeldete Ergebnis verkünden wollte oder nicht. Die Kompetenz kam nicht aus dem Volk als solchem, sondern lag bei dem Magistraten. Stärker kann die Überlegenheit der römischen Magistratur nicht ausgedrückt werden als dadurch, daß selbst das sonst souveräne Volk seine Souveränitätsrechte nur insoweit ausüben konnte, als es die Magistrate als Inhaber der Staatsgewalt dazu aufriefen. Deshalb steht wohl am Anfang der römischen Sage ein König, der sich seinen Staat und sein Staatsvolk erst schafft, und nicht etwa ein Volk, das sich seinen König wählt.

Heerwesen

Die römische Gesellschaft war durch und durch militaristisch, und dies in einem Ausmaß, wie es bei keinem anderen antiken Staat zutraf. Die hohe Bewertung erfolgreicher Eroberungskriege äußerte sich in zahlreichen wichtigen Institutionen. Ein Magistrat, der in seiner Funktion als General einen Krieg siegreich beendete, erwarb sich großes Ansehen, reiche Kriegsbeute sowie neue Klienten (S. 123) unter den Besiegten und Beliebtheit dadurch, daß er die Beute verteilte. Meist wurde ihm auch ein Triumphzug zugestanden, eine glanzvolle öffentliche und religiöse Siegesfeier. All dies war das Ziel einer vom Konkurrenzgeist geprägten Oligarchie. Hinzu kam, daß sich innerhalb dieser Oligarchie das Bedürfnis nach Sicherheit zu einem fast neurotischen Gefühl der eigenen Verletzlichkeit steigerte, wobei stets eine Portion Habgier mitspielte. Rom wurde immer größer, eroberte immer weitere Gebiete Italiens und stellte sich an die Spitze eines komplizierten Bündnissystems. Es waren vor allem Truppenaushebungen, durch die Rom Nutzen aus diesem Bündnis ziehen konnte.

Die höchste Auszeichnung, die ein Römer erreichen konnte, war der Triumph. Als ursprünglich religiöser Akt bedeutete der Zug von der Stadtgrenze bis zum Capitol die Einlösung des beim Auszug in den Krieg den Göttern gegebenen Gelübdes. In der Stadt herrschte festliches Treiben, die Tempel waren geschmückt, Opfer wurden dargebracht, das an den Straßen aufgereihte Publikum, das zum Teil auch auf eigens errichteten Tribünen saß, warf Blumen auf die Vorbeiziehenden, klatschte Beifall und rief *Io triumphe*, hurra, ein Triumphzug! Das Gesicht des Triumphators war mit Mennigefarbe bestrichen, wodurch er Jupiter ähnlich wurde: Jupiter, verkörpert durch den Feldherrn, kehrte in seinen Tempel auf dem Capitol zurück. Ein hinter dem Imperator stehender Staatssklave sagte dem ‚Gott' bei den Akklamationen des Volkes ins Ohr: „Bedenke, daß du ein Mensch bist." Livius (34, 52, 3–7) beschreibt den Triumph des Titus Quinctius Flamininus, den dieser 194 als Oberbefehlshaber in Makedonien und Griechenland feierte (S. 124).

Zur Durchführung eines Triumphes mußten bestimmte Bedingungen erfüllt sein. Valerius Maximus schreibt dazu in der ersten Hälfte des 1. nachchristlichen Jahrhunderts (2, 8, 1): „Es gab einige Feldherren, die wegen unbedeutender Gefechte Gesuche um einen Triumph eingaben. Um dem Einhalt zu gebieten, bestimmte ein besonderes Gesetz, daß nur derjenige Feldherr triumphieren könne, der in einer Schlacht 5000 Feinde getötet habe." Das Gebiet, das den römischen Generalen immer wieder das entsprechende Reservoir an Toten lieferte, waren neben den bereits angesprochenen Kriegsschauplätzen vor allem die keltischen Gebiete Norditaliens.

Die seit der Mitte des 3. Jahrhunderts andauernden kriegerischen Auseinandersetzungen in immer weiter von Rom entfernten Gebieten konnten mit dem bisherigen System der jährlichen Aushebungen nicht länger bewältigt werden und erzwangen die Einführung einer Dienstzeit anstelle der bis dahin üblichen Jahresfeldzüge; außerdem benötigte man zunehmend Truppen in den Provinzen. Damit wurde die Entwicklung des stehenden Heeres eingeleitet. Da die Soldaten bei den ausgedehnten Feldzügen nur noch selten im gleichen Jahr zurückkehrten, oft sogar mehrere Jahre abwesend waren, konnten viele Bauernhöfe nicht mehr versorgt werden und wurden aufgegeben. Kurzfristig entschädigten sich die Soldaten durch ihre hohen Beuteanteile. Langfristig verloren aber zahlreiche Bauern nicht nur ihre wirtschaftliche Grundlage, sondern fielen auch für weiteren Militärdienst aus, da sie nicht länger das geforderte Mindestvermögen besaßen.

Die Entwicklung zum stehenden Heer der Kaiserzeit trieb Marius am Ende des 2. Jahrhunderts voran. Die von ihm durchgeführte Anwerbung von Soldaten war zwar nicht in der Art, wohl aber im Ausmaß neu: Sie betraf in großem Umfang die aufgrund ihres zu geringen Vermögens zum Kriegsdienst eigentlich nicht verpflichteten römischen Bürger, die sogenannten *proletarii*. Das Heer bestand zwar jetzt zum großen Teil aus Berufssoldaten, die aber nach wie vor römische Bürger waren. Allerdings erfolgten weder eine entsprechende Erhöhung des Soldes noch praktikable Maßnahmen zur geordneten Rückführung der Ausgedienten ins zivile, bürgerliche Leben. Das marianische Konzept krankte in erster Linie daran, daß die herrschenden Kreise es zwar aus Bequemlichkeit duldeten, jedoch nicht bereit waren, die entsprechenden Konsequenzen zu ziehen, sich diese vielmehr jedesmal neu von den weitgehend eigennützig denkenden Feldherren abringen ließen.

Die durch die Proletarisierung des Heeres in der späten römischen Republik hervorgerufenen sozialen und politischen Probleme äußerten sich am augenfälligsten in einer seit Sullas Marsch auf Rom im Jahre 88 kaum mehr abreißenden Reihe schwerwiegender Konflikte zwischen dem Senat und einzelnen Feldherren, die sich durch konsequente Ausnützung der Gefolgschaft ihrer Soldaten und Veteranen als nicht nur militärisch, sondern in der Regel auch politisch übermächtig erwiesen. Die Strukturveränderung der spätrepublikanischen Armee war somit einerseits eine zentrale Voraussetzung für den Aufstieg der großen Einzelpersönlichkeiten mit ihren für die Republik tödlichen Herrschaftsansprüchen, andererseits bestimmten ihre Begleiterscheinungen in vielfältiger Weise die politischen Auseinandersetzungen in Senat und Volksversammlung. In diesem Zusammenhang muß das Moment der Beziehung zwischen Soldaten und Feldherren betont werden, der Klientel.

Die Klientel war ursprünglich ein wechselseitiges Bindungsverhältnis zwischen einem Vornehmen, Patron, und seinen Klienten mit der Verpflichtung zur gegenseitigen Unterstützung. Der Patron war aufgrund seiner wirtschaftlichen Macht, seines politischen Einflusses, seiner Kompetenz und seines Sozialprestiges in der Lage, seinen Klienten in wirtschaftlichen, juristischen und sonstigen Notfällen zu helfen. Da solche Bindungsverhältnisse auch auf die außeritalischen Gebiete übertragen wurden, wuchsen die Klientelgruppen einzelner Familien der römischen Aristokratie beträchtlich an. Zudem diente das Klientelverhältnis immer mehr der Stärkung von Macht und Ansehen des Patrons. So trug schließlich auch das Klientelwesen dazu bei, das System gleichrangig rivalisierender Kräfte innerhalb der Führungsschicht zu sprengen. Eine besondere Dimension erhielt das Klientelwesen vor allem im letzten Jahrhundert der Republik zwischen den Inhabern der großen Heereskommanden und den längerfristig dienenden Soldaten. Die Bindung des Soldaten, dem es um seine Versorgung nach beendeter Dienstzeit ging, an die Person, die diese Versorgung sicherstellte, hatte Vorrang vor unpersönlichen Bindungen an Senat, Volk oder res publica.

Bei solcher Wirkung von Klientelbindungen ist die moralische Verpflichtung auf seiten der Soldaten wohl häufig überschätzt worden. Geld wirkt immer mehr als Moral, und die durch den langen Dienst oder die Ansiedlung von Veteranenkolonien begründeten Beziehungen hatten höchstens die primäre Richtungsneigung der Angesiedelten festzulegen vermocht. Staatliche oder politische Interessen waren für die Soldaten nicht motivierend, und das politische Konzept ihrer Anführer war ihnen im Grunde gleichgültig. Insofern waren sie auch umzustimmen, wenn neue Mittel bereitstanden.

Der Weg in die Monarchie

Das Ringen um die Macht innerhalb der Nobilität ist niemals schärfer gewesen als in Kriegszeiten; denn inmitten dieses Rivalisierens standen die Militärs voran, welche die eigentlichen Schöpfer des Weltreiches waren. Gelegenheiten in dieser Hinsicht ergaben sich immer wieder, wie in der ersten römisch-karthagischen Auseinandersetzung um Sizilien (264–241). Das Ende des zweiten Römisch-Karthagischen Krieges (218–201), in dem es um die Kontrolle des westlichen Mittelmeers sowie wichtiger Gebiete Spaniens ging, sah die Person des Imperator Scipio Africanus erfolgreich, der von den Truppen, die er in Spanien befehligte, wie ein König gefeiert worden war. Der Abstand zu seinen Standesgenossen hatte vor allem seinen Grund darin, daß er den neuen Typus des beruflich geschulten Staatsfeldherrn darstellte, der sich allein imstande zeigte, einen Hannibal niederzuwerfen. Es war eben jener Scipio Africanus, der laut Cicero die Kyroupaedie Xenophons nie aus der Hand ließ, jenes Lehrbuch für den Thronnachfolger des persischen Großkönigs. Die für römisches Empfinden bedenkliche Distanzierung mancher Mitglieder des Adels von denen, die ihnen angeblich gleichgestellt waren (wann waren sie es je?), setzte spätestens in dieser Zeit ein. Von Scipio Africanus zu Sulla und Caesar führt eine Entwicklung, die in die Monarchie einmündet.

Seit Beginn des 2. Jahrhunderts beschleunigte sich die Desintegration der Nobilität rapide. T. Quinctius Flamininus hatte Philipp V. von Makedonien besiegt und war noch zu Lebzeiten von denjenigen griechischen Städten, die ihm ihre angebliche Freiheit verdankten, kultisch verehrt worden. Die ungeheure Macht, die römische Magistrate weitab von senatorischer Aufsicht ausübten, führte zur Verabschiedung jedes Gleichheitsgedankens. Der Reichtum, den sich manche Mitglieder der Oligarchie durch ihr Amt, vor allem durch die skrupellose Ausbeutung des Ostens, erwarben, hob sie in derart auffälliger Weise aus der Reihe der übrigen hervor, daß von einem Gruppenkonsens keine Rede mehr sein konnte. Seit dieser Zeit verstärkten sich, wie erwähnt, die Bemühungen großer Teile des Senats, wahrscheinlich sogar der Mehrheit, die ja stets nur, und dies darf man in gewisser Weise auch positiv verstehen, Mittelmaß repräsentierte, einen Konsens zu erzwingen, allerdings mit immer geringerem Erfolg. Schließlich verschloß sich die Mehrheit dieses Gremiums bei allen wichtigen Problemen den jeweils von einzelnen vorgeschlagenen Lösungen. Zur gleichen Zeit betonten und feierten die verschiedenen Münzen der Republik die führenden Familien sowie ihre Interessen und Ziele, die nahezu ausschließlich persönlicher Natur waren. Der ehrgeizige und jedem Widerstand trotzende Tiberius Gracchus war keinesfalls der erste, selbstverständlich auch nicht der letzte seines Schlages.

Das Jahr 133

Die siegreiche Bevölkerung Italiens hatte in dem langen militärischen Ringen zwischen Römern und Karthagern unendlich viel opfern müssen. Das Bauerntum, auch im 3. Jahrhundert noch Kern und Halt des römischen Staates, war schwer getroffen, besonders im reichen, strichweise sehr dicht bevölkerten Süden. Die immer wieder erfolgenden Verheerungen seiner Ländereien, noch mehr aber der nahezu permanente Kriegsdienst der Bürger und Bundesgenossen im Gesamtraum der Halbinsel sowie endlich das Brachliegen vieler besetzter oder zu Staatsgut erklärter Besitzungen gestalteten die Landwirtschaft um. So muß der Krieg gegen Hannibal und die auf ihn unmittelbar folgende Zeit als die erste Epoche bezeichnet werden, in welcher der italische Raum begann, eine wirtschaftliche und soziale Strukturveränderung durchzumachen, die Staat und Gesellschaft von der bisher in ihr dominierenden Bauernschicht wegführte und den Anfang jenes Zusammenströmens der vom Lande vertriebenen und entrechteten Elemente in der Hauptstadt brachte.

Dies hatte langfristig eine Agrarkrise zur Folge. Das Entstehen von großen Landbesitzungen fällt in jenen Zeitraum. Durch die römisch-karthagischen Kriege waren viele mittlere und kleine Bauern auf Jahre hinaus von ihren Äckern ferngeblieben, diese Äcker verfielen, mußten verkauft werden, und die Bauern kehrten nach dem Krieg nicht mehr in ihre heimatliche Umgebung zurück: teilweise, weil es eben ihre Höfe nicht mehr gab, teilweise, weil sie – vor allem in den Kriegen im Osten – ein städtisches Leben kennengelernt hatten, das sie nicht mehr missen wollten. Sie fanden neue Arbeit in Rom durch zum Teil lebhafte Bautätigkeit, die aufgrund der reichen Erträge eben dieser Kriege möglich war. Für die Großgrundbesitzer waren die Bauern entbehrlich geworden, weil in immer stärkerem Maße Sklavenmassen aus den hellenistischen Gebieten nach Italien gebracht wurden; so wurde der Erwerb von Sklaven möglich und wegen der großen Güter sinnvoll. Es war somit eine Reihe miteinander verknüpfter Faktoren, die die Entstehung des Großgrundbesitzes vorantrieben und die Abnahme der Zahl freier Bauern beschleunigten. Für die römischen Politiker erregte bei dieser Agrarkrise nicht das soziale Elend der nunmehr zum Teil verarmten Bauern Besorgnis, sondern vor allem die damit gegebene Abnahme derjenigen Bevölkerungsschicht, aus der sich Roms Heer seit Jahrhunderten rekrutierte; denn in der Mitte des 2. Jahrhunderts galt es noch als undenkbar, Römer in das Heer aufzunehmen, die nicht über ein gewisses Mindestvermögen verfügten. In diesen Zusammenhang gehört die Tätigkeit des Tiberius Gracchus.

Die Gracchen, ein Name, ein Fanal! Nicht nur für die späte Republik, sondern weit darüber hinaus. Als während der Französischen Revolution der Möchtegern-Revolutionär François-Noël Babeuf, dem allgemeinen Trend der Zeit folgend, seine christlichen Vornamen über Bord warf, nannte er sich Gracchus, und dieser Vorname war ein Programm, das seiner Meinung nach Erfolg versprach, weil die Gracchen Erfolg gehabt hatten. So glaubte man es zumindest zur Zeit der Französischen Revolution. Und Babeuf konnte schreiben: „Ich will aufrecht wie die Gracchen sterben, deren Leben mir zusagt und unter deren Schutz ich mich von jetzt ab ausschließlich stelle.“ Denn so ganz konnte er seine christliche Vorstellung von einem Taufpaten und Schutzengel doch nicht abstreifen.

Tiberius Gracchus und sein Kreis, der ihn beriet, hatten bei ihren Bemühungen um die Beseitigung der angedeuteten militärisch-agrarischen Krise keineswegs allein das Schicksal der Republik im Auge. Es ging auch um den Wohlstand, um den Besitz jedes einzelnen Mitgliedes der römischen Aristokratie, der gefährdet sein mußte, wenn Rom nicht mehr in der Lage war, sein Territorium militärisch zu schützen. Und ein weiteres muß immer wieder genannt werden: Es ging dieser Gruppe auch um mehr Prestige, mehr Autorität, mehr Ansehen, um eine größere Klientel, das heißt um ein Maß an politischem Einfluß, das die übrigen Senatoren nicht billigen mochten. Tiberius Gracchus ist zweifellos nicht der erste römische Adlige, der Aktivitäten an den Tag legte, die, aus der Rückschau betrachtet, den Weg in die Monarchie ebneten, womit ich keineswegs das wohl törichte Vorurteil der Zeitgenossen des Tiberius Gracchus wiederholen möchte, dieser habe nach der Krone gestrebt.

Die aufgrund der Familientraditionen aussichtsreiche Karriere des Tiberius Gracchus sowie seine *dignitas* (Würde) waren 137 infolge der Weigerung des Senats, den von ihm mit vermittelten Vertrag mit den Numantinern in Spanien zu ratifizieren, in Mitleidenschaft gezogen worden. Indem er die weithin als dringlich empfundene Militär- und Agrarfrage in Angriff nahm, konnte er bei Erfolg auf Hebung seines Ansehens rechnen; konkreter: auf neu zu gewinnende Klienten, die seine Karriere weiter fördern würden. Reformanliegen und persönliche Ziele verbanden sich also von vornherein in einer zwar für römische Verhältnisse normalen, aber – wie sich später herausstellen sollte – ebenso fatalen Weise. Dies erklärt zu einem guten Teil die Radikalisierung der Amtsführung des Volkstribunen Tiberius Gracchus, der sich einen zweiten Rückschlag eben einfach nicht mehr leisten konnte.

Doch kehren wir zu den Problemen Roms zurück. Tiberius Gracchus war nicht der erste, der sah, daß Roms Bauernstand rapide abnahm. Bereits vor ihm hatte es Lösungsvorschläge gegeben, um die Zahl der Soldaten zu erhöhen. Ein Mittel war die drastische Senkung des Mindestzensus gewesen, die offenbar aber keinen großen Erfolg gezeitigt hatte. Der Lösungsversuch des Gracchenkreises sah anders aus. Tiberius Gracchus brachte ein Ackergesetz ein, das die Nutzung des widerrechtlich okkupierten Staatslandes, des *ager publicus*, durch die römischen Großgrundbesitzer beschränkte. Der Inhalt des Gesetzes läßt sich aus zwei Quellen einigermaßen rekonstruieren. Nach Appian (um 100–170 n. Chr.; ‚Bürgerkriege' 1, 9) soll Tiberius Gracchus ein altes Gesetz erneuert haben, wonach niemand mehr als 500 *iugera* (Morgen) Staatsland haben sollte; dem habe er den Zusatz beigefügt, daß jedes Kind (oder jeder Sohn) des Besitzers die Hälfte der festgesetzten *iugera* zusätzlich haben dürfe. Im Griechischen steht das Wort παῖς, das Kind oder Knabe bedeuten kann; für die genaue Bezeichnung Sohn hätte Appian das Wort υἱός zur Verfügung gestanden, so daß nicht auszuschließen ist, daß er ,Kind' meinte, also auch die Töchter. Dies bedeutete bei sechs Söhnen/Kindern, daß jemand 500+6 x 250 *iugera* hätte behalten dürfen, also insgesamt 2000. Einem solchen Ergebnis glaubten einige aufgrund einer Passage bei Livius widersprechen zu müssen; zwar sind die Bücher, welche die Geschichte der Gracchen behandeln, verloren, aber es sind Inhaltsangaben, *Periochae*, die wohl aus dem 4. nachchristlichen Jahrhundert stammen, erhalten. Hier findet sich die Formulierung des Gesetzes, daß niemand mehr als 1000 *iugera* des *ager publicus* besitzen solle; *nequis ex publico agro plus quam ∞ iugera possideret* (Livius, Periochae 58). Mit diesen 1000 *iugera* könnte, so wird argumentiert, die Obergenze gemeint gewesen sein, die jemand insgesamt – eigener Anteil und derjenige der Kinder/Söhne – besitzen durfte. Problematisch ist indes die Zahlenangabe; denn in den verschiedenen Abschriften der Periochae finden sich folgende Zahlen bezeugt: ∞ (1000), *D* (500), *decem* (10) und *centum* (100). Manches läßt sich erklären, wie etwa *decem* als Auflösung eines mißverstandenen *D*. Insgesamt spricht vieles dafür, daß in den Periochae ebenfalls jene Zahl stand, die Appian überliefert, also 500 *iugera*, womit die angebliche Obergrenze entfiele. Dies bedeutet, daß Tiberius Gracchus mit seinem Ackergesetz versucht hat, den Großgrundbesitzern sehr weit entgegenzukommen; denn sie durften einen erheblichen Teil des Landes behalten, das sie sich widerrechtlich angeeignet hatten.

Das darüber hinaus gehende, nun freiwerdende Land sollte an Besitzlose verteilt werden, um damit eine größere Gruppe von Leuten als Grundbesitzer, als Zensusfähige zu etablieren. Wirtschaftlich gesehen war dies Unfug, denn man gab das Land an Personen, die weder Lust zu landwirtschaftlicher Tätigkeit hatten, noch Erfahrung darin besaßen. Das Land, das sie erhielten, sollte auf ewig unverkäuflich sein, was ökonomisch ebenso unsinnig war. Diese Idee wurde offenbar aus Sparta übernommen. Sie war aber wichtig für den Zweck der Aktion, denn man wollte Bürger schaffen, die den Mindestzensus besaßen. Es ging also gar nicht um agrarische Maßnahmen, nicht darum, daß die Leute Landwirtschaft betrieben – wenn sie es taten, um so besser. Aber ob sie auf ihre Güter gingen oder nicht, arbeiteten oder nicht: Sie waren Eigentümer und sollten es bleiben.

Tiberius Gracchus hatte das Amt des Volkstribunen inne, als er sein Ackergesetz in Rom präsentierte. Die Volkstribunen waren als Angehörige senatorischer Familien in den gesamten Staatsapparat eingebunden, ähnlich den Magistraten. Hinter dem Plan standen führende Mitglieder der römischen Aristokratie, stand auch ein juristisch geschulter Sachverstand. Aber bereits bei den vorausgegangenen Diskussionen dürfte sich herausgestellt haben, daß es im Senat, dem Beratungsgremium für derartige Vorhaben, Schwierigkeiten geben würde. Abgesehen von persönlichen, familienbedingten Animositäten, betrachtete die Aristokratie immer skeptischer die Versuche einzelner ihrer Mitglieder, eine überragende Stellung im Staat zu bekommen. Vielleicht erschien einigen die Möglichkeit des Prestigezuwachses, die Tiberius Gracchus und seinem Kreis die Lösung der drängendsten Frage Roms erbracht hätte, nicht tolerierbar.

Tiberius Gracchus wandte sich also – unter Umgehung des Senats – mit seinem Gesetz direkt an die Volksversammlung. Dies war keine Revolution; es war zwar nicht das Normale, aber keineswegs außergewöhnlich. Doch bevor es in der Volksversammlung zu einer Abstimmung über das Gesetz kommen, das heißt bevor der Antrag des Tiberius Gracchus durch Volksbeschluß zum Gesetz werden konnte, erhob einer der neun Mittribunen sein Veto.

Zweifellos bezeichnet dieses Veto des Octavius den eigentlichen Wendepunkt im Tribunatsjahr des Tiberius Gracchus. Er ließ – ein bislang nie dagewesener Vorgang – seinen Amtskollegen Octavius abwählen, indem er argumentierte, daß ein Volkstribun seine Kompetenzen überschreite, wenn er das Zustandekommen eines Gesetzesprojektes von allgemeinem Interesse durch sein Einschreiten verhindere. Er vertrat die Auffassung, daß ein Volkstribun in seinem Handeln an den Willen des Volkes gebunden sei. Nach der Absetzung des Octavius war der Weg für die Annahme des Gesetzes durch die Volksversammlung frei.

Es stimmte bedenklich, daß Tiberius Gracchus eine notwendige Akkerkommission, die die Verteilung der Ländereien durchführen sollte, auf den engsten Familienkreis beschränkte. Den eigentlichen und endgültigen Bruch mit dem Senat führte die Behandlung der attalidischen Erbschaft durch Tiberius Gracchus herbei. Die Ackerkommission benötigte zur Durchführung ihrer Maßnahmen Geld, das in Rom nur mit Genehmigung des Senats zu erhalten war; aber dieser verweigerte der Ackerkommission alle Mittel. Es war für Tiberius Gracchus ein glücklicher Zufall, daß zu dieser Zeit Attalos von Pergamon starb, der sein Reich dem römischen Volk vermacht hatte. Hier griff Tiberius Gracchus zu und beschlagnahmte quasi das Vermögen des Attaliden durch Volksbeschluß.

Die Außenpolitik war aber eine bis dahin unumstrittene Domäne des Senats gewesen. Der eklatante Übergriff mit Hilfe von Volksbeschlüssen in die Zuständigkeit dieses Gremiums, vor allem für die Finanzen wie für die auswärtigen Angelegenheiten, bedeutete eine für römisches Empfinden gänzlich abwegige Interpretation der universalen Gesetzgebungskompetenz der Volksversammlung. Ja, es bedeutete vor allem die Gefahr der faktischen Alleinherrschaft des von der Zustimmung des Volkes getragenen Tribunen. Nun wurden alle vorherigen Maßnahmen neu bewertet, und dies ließ auch die Absetzung des Mittribunen Octavius im Rückblick in einem sehr viel düstereren Licht erscheinen. Schließlich war man aus diesem Grunde keinesfalls mehr bereit, die gegen jedes Herkommen verstoßende Wiederwahl des Tiberius Gracchus zum Volkstribunen hinzunehmen.

Die letzte bekannte unmittelbar aufeinander folgende Bekleidung des Volkstribunats lag damals, 133, mehr als 200 Jahre zurück, falls man sich überhaupt noch an Konkretes erinnerte. Seit 342, das Datum ist weniger wichtig als die Tatsache, daß eine solche Regelung offenbar existierte, seit 342 angeblich, legte ein Gesetz ein zehnjähriges Intervall für die Wiederbekleidung eines Amtes fest. Die Verlängerung einer Magistratur in zwei unmittelbar aufeinanderfolgenden Amtsjahren hatte es zuletzt 215 auf 214 für den Consulat gegeben; aber damals hatte es sich nach der verheerenden Niederlage der Römer gegen Hannibal bei Cannae immerhin um eine extreme Kriegssituation gehandelt. Dieses Beispiel zeigt, daß man bei solch generellen Regelungen stets die Möglichkeit einkalkulierte, Dispens einzuholen. Dann gab es eine Ausnahmeregelung, die der Senat der Volksversammlung über einen Magistraten als Mittler vorschlug; so war es noch im Jahre 134 geschehen. Im Jahre 151 war nämlich die Wiederbekleidung des Consulats generell untersagt worden. Und doch hatte es Scipio Aemilianus eben für das Jahr 134 erreicht, daß man für ihn eine Ausnahme herbeiführte. Es war Konsens, daß ein breiter Konsens jederzeit solche Ausnahmen möglich machen sollte. Doch wissen wir, und Tiberius Gracchus wußte es ebenso, daß für seine Person ein solcher Konsens 133 ganz gewiß nicht zustande zu bringen war.

Bei der Wahlversammlung des Sommers 133 kam es zu Tumulten, in deren Verlauf an die 200 Menschen getötet wurden, unter ihnen auch Tiberius Gracchus. Er wurde erschlagen von Senatoren, die in diesem Augenblick wohl wirklich glaubten, die Republik gerettet zu haben. Als folgenreich erwies sich, daß Tiberius Gracchus und seine Gruppe, wie zehn Jahre später sein Bruder Gaius Gracchus, Lösungen, die sie für notwendig hielten, mit Hilfe der Volksversammlung herbeiführten. Für so verfahrende Politiker prägte man den Begriff Populare, während sich die Gegenseite, die sich auf den Senat stützte, als die Besseren, die Optimaten, sah. Unabhängig von solch unterschiedlicher Vorgehensweise ist zu betonen, daß die Gracchen, wie dies der Natur römischer *dignitas* entsprach, ihre eigene Stellung im Staate mit Hilfe des Volkes erhöhen wollten, somit immer mehr Konventionen zerbrachen und so mittelbar die Monarchie weiter vorbereiteten.

Von Marius bis Caesar

Dieser Weg in die Monarchie führte über Männer wie Marius, der im römischen Heer seinen Weg gemacht hatte, ehe er im Jahre 101 die Kimbern besiegte und Rom damit von einer ebenso realen wie psychischen Bedrohung befreite. Die Zeitgenossen überhäuften ihn mit Ehren: Er galt als der dritte Gründer Roms, ihm brachte man im Hochgefühl der Siegesstimmung wie einem Gott Trankopfer dar, ihn nannte man Vater des Vaterlandes. Der Weg führte über Sulla, der nach seinem Marsch auf Rom den Krieg gegen Mithradates VI. von Pontos (111–63) führte. Wieder aus Griechenland zurückgekehrt, machte ihn die Volksversammlung zum *dictator legibus scribundis et rei publicae constituendae*. Er sollte also den Staat nach inneren Unruhen wieder ordnen und festigen und konnte zugleich selbst bestimmen, wann seine Aufgabe ausgeführt war. Als er glaubte, sie erledigt zu haben, legte Sulla seine Kompetenzen nieder. Caesar beurteilte dies später als einen Fehler, als er den von Sulla vorgezeichneten Weg einschlug und als *dictator perpetuo* eine quasi monarchische Stellung innehatte. Der Weg führte auch über Pompeius, der als Zweiundzwanzigjähriger aus eigenen Mitteln eine Armee mobilisierte, sich als *Magnus*, der Große, in die Alexandertradition stellte, 79 gegen alles Herkommen als Privatmann triumphierte und für seine Aktionen gegen die Seeräuber 67 das größte Machtpotential in Händen hielt, das Rom bislang jemals einem einzelnen Befehlshaber anvertraut hatte.

Der private Zusammenschluß dreier führender Männer, das Triumvirat des Jahres 60, kennzeichnet noch einmal die wesentlichen Elemente des Übergangs der Republik zur Monarchie, wenngleich in diesem Falle die Elemente durch drei Personen verkörpert waren, denn die drei Politiker brachten in ihr Privatbündnis sehr verschiedenartige Kräfte ein: Pompeius die große Gefolgschaft des letzten Krieges, die ihren alten Feldherrn noch immer stürmisch feierte, wenn er in der Öffentlichkeit auftrat; Crassus die Geldmittel, die inzwischen in der römischen Innenpolitik alles möglich gemacht hatten; Caesar vor allem die wichtige Basis eines großen Staatsamts – für das Jahr 59 war er zum Consul gewählt worden –, und im übrigen jene kühne und ungewöhnliche militärische und politische Begabung, die in ihm schließlich die drei Momente vereinigte, die im Triumvirat zunächst noch getrennt hervortraten.

Die Bedeutung des Paktes dieser drei Männer ist bald gesehen worden. Ihr Machtstreben und ihr Einfluß wurden für die Republik gerade deshalb gefährlich, weil diejenigen, die sich als Verfechter der republikanischen Tradition fühlten, Pompeius, Crassus und Caesar verwehrten, ihre *dignitas* im Rahmen der Republik zu sichern. Die Triumvirn hatten nicht nur bestimmte Nahziele im Auge, sondern strebten konsequent und rücksichtslos eine langfristige und kontinuierliche gemeinsame Machtausübung an, die auf lange Sicht die traditionelle Kontrolle des Senats neutralisieren mußte. Eine derartige Machtposition konnte in die republikanische Struktur nicht mehr integriert werden.

Ich übergehe die gallischen Kriege (58–50) und die Bürgerkriege (49–46). Für Caesar stand nach seinem Sieg bei Thapsus im Jahre 46 die innenpolitische Problematik im Vordergrund, die Frage nach der rechtlichen Fixierung seiner Stellung im Staat. Es ist beinahe unbegreiflich, daß weite Kreise in Rom, selbst ehemalige Gegner Caesars, allen Ernstes die Wiederherstellung des verfassungsrechtlichen Zustands vor Ausbruch des Bürgerkrieges erwarteten, daß sie also darauf hofften, Caesar werde das reorganisieren, was sie die Republik nannten. Zu einer solchen Illusion hat es wohl deshalb kommen können, weil Caesar mit der oft zitierten *clementia*, seiner Politik der Milde, selbst seine wichtigsten innenpolitischen Gegner nicht beseitigt, sondern begnadigt hatte. Auch dies war indessen der klare Ausweis eines monarchischen Denkens. Cato hatte es deutlich gesehen: „Ich will dem Tyrannen nicht Dank schuldig sein für sein ungesetzliches Tun. Denn er handelt ungesetzlich, wenn er wie ein Herr diejenigen begnadigt, über die ihm kein Herrenrecht zusteht" (Plutarch, Cato der Jüngere 66, 2). Caesars *clementia* wird dadurch definiert als die dem Untertanen vom Monarchen gewährte Begnadigung; die *clementia Caesaris* war somit ein Indiz dafür, daß die Republik tot war.

Gewiß, Caesar bediente sich vordergründig der Mechanismen der Republik. Dies schien noch der Fall zu sein, als er 46 nach der Rückkehr aus Afrika die Diktatur für zehn Jahre zugesprochen erhielt. Dabei handelte es sich zunächst um eine Reihe von zehn Ein-Jahres-Diktaturen, das heißt die Diktatur war stets am Ende eines Jahres abzulegen und danach wieder aufzunehmen, so daß das Phänomen der traditionellen zeitlichen Begrenzung des Amts formal gewährleistet blieb. Doch was für einen Sinn hat es, diese Formalitäten herauszuheben, zumal der letzte Anschein republikanischer Verfassungstradition verflog, als Caesar 45 die Diktatur auf Lebenszeit zuerkannt wurde? Auf den Münzen des Jahres 44 ließ Caesar die lapidare Formel *dictator perpetuo*, Diktator auf Dauer, setzen. Caesar war Monarch, wenngleich man nicht von ihm erwarten kann, daß er dies in einer Titulatur wie etwa *rex*, König, zum Ausdruck gebracht hätte.

Caesar wurde von Brutus ermordet. Die letzten Münzen, die der Mörder Caesars prägen ließ, ehe er im Kampf gegen die Rächer Caesars unter-

14. Denar des Brutus

lag, waren Denare (Abb. 14). Auf der einen Seite waren zwei Dolche und ein *pileus* dargestellt, eine Filzkappe, wie sie römischen Sklaven bei der Freilassungszeremonie aufgesetzt wurde. Diese Rückseite trug die Aufschrift *Eid(ibus) Mart(iis)* als Symbol für die Befreiung des römischen Staates durch die Ermordung Caesars an den Iden des März 44. Die andere Seite zeigte das Porträt des Brutus, wie bei Caesar Symbol des Monarchen.

Kaiserzeit

Zu den grundlegenden Kennzeichen der Kaiserzeit gehört die Größe des Reiches und mithin des zu kontrollierenden Gebietes. In diesem riesigen Raum bilden Einheit und Vielfalt ein permanentes Spannungsfeld. Einer Einheit der Sprache, der Kultur, der Wirtschaft, der Münze sowie der Religion im Reichskult stehen die Vielfalt an Sprachen, Kulturen, Wirtschaftsräumen, Münzen und Religionen gegenüber. Dem Imperium gelingt es, den Frieden mehr oder weniger zu garantieren; es ist eine Klammer für die Vielzahl der Städte, auf denen es basiert. Wichtig für dieses Imperium ist, daß Rom in sich alle aufnehmen will, alle Götter, alle Völker, alle Menschen. Hier sei auf das Bürgerrecht (S. 148) verwiesen und auf das Paradoxon, daß der Fremde der geborene Römer ist. Und wie Rom alle aufnehmen will, so wollen alle aufgenommen werden: der Fremde will Römer werden. Diese Spannung zwischen Einheit und Vielfalt ist stets mit zu bedenken, wenn die Grundstrukturen des Römischen Reiches behandelt werden.

Chronologischer Überblick

In der Historiographie dominiert die biographische Form, allen wissenschaftlichen Einwänden zum Trotz. Ich möchte die Geschichte des Imperium Romanum nicht zu einer Galerie von Kaiserbildern verengen, aber sie auch nicht auslassen. Etwas entginge uns doch, wenn wir sie gar nicht kennen lernten: die zwiespältige und oft verklärte Gestalt des Augustus; der häufig (als Sohn) verzeichnete Tiberius; der pathologische Fall Caligula; der trottelhafte Gelehrte und von Frauen und Freigelassenen abhängige Claudius; die Spinne im Netz eines skandalgeschüttelten Hofes, der Bänkelsänger und Brandstifter Nero; der mit biederer Rechtschaffenheit regierende Vespasian; der (als Sohn) davon völlig sich abwendende Tyrann Domitian; der nicht weiter auffällig gewordene Nerva; der Soldat Trajan; der homosexuelle Hadrian; der ‚Kümmelspalter' Antoninus Pius; der Philosoph Marc Aurel und so fort.

Zu Beginn der Herrschaft des Octavian/Augustus stehen die Grausamkeiten der Bürgerkriege nach dem Tod Caesars. Beinahe sprichwörtlich für die Greuel der Zeit wurden die Ereignisse am Altar des vergöttlichten Caesar in Perusia. An diesem Altar ließ Octavian an den Iden des März 40 v. Chr. eine große Anzahl Senatoren und Ritter, darunter den Rat der

Stadt Perusia, „nach Art von Opfertieren ‚abschlachten' ", wie Sueton (um 70–140) es später ausdrückte (Augustus 15).

Als das Reich aus diesem Meer von Blut wieder auftauchte, war wenig unverändert geblieben. 30 v. Chr. der Selbstmord des Antonius, 29 v. Chr. der dreifache Triumph des Siegers Octavian über die Dalmater, für den Sieg über Cleopatra bei Actium und für die Niederwerfung Ägyptens, dies sind die Daten der beginnenden Normalisierung. Über die römische Oligarchie erhob sich nun endgültig eines ihrer Mitglieder und begründete seine Herrschaft, den Principat, nicht ohne dem gefügigen Teil des alten Adels, soweit er überhaupt überlebt hatte, Anteil am Regiment zu geben.

Damit einher ging der Aufstieg eines Standes, der so bedeutsam wurde, daß Augustus ihn, am Schluß seines ‚Tatenberichts' (*res gestae* 35), in die traditionelle Souveränitätsformel aufnahm, ohne ihren Wortlaut damit für die Dauer modifizieren zu können: *senatus et equester ordo populusque Romanus*. Seit dem 2. vorchristlichen Jahrhundert hatte sich neben dem Senatorenstand allmählich ein eigener Stand römischer Ritter herausgebildet, der zunächst im wirtschaftlichen, später auch im politischen Bereich immer größere Bedeutung erlangte, obgleich er von der Bekleidung der Magistraturen (S. 118) ausgeschlossen war. Ritter und Senatoren hatten dort gemeinsame Interessen, wo es um den Bestand der sozialen und wirtschaftlichen Ordnung ging. Augustus bediente sich erstmals der organisatorischen Fähigkeiten, der wirtschaftlichen und vor allem der finanziellen Qualifikationen der Angehörigen dieses ‚zweiten' Standes für staatliche Zwecke.

So wurden die Ritter die in Heer, Hof und Provinzen unentbehrlichen Helfer der neuen Ordnung. Zugleich erweiterte man den Bereich, aus dem Ritter, allmählich auch Senatoren, zu politischen Funktionen herangezogen wurden, entschieden über die Stadt Rom und ihren Umkreis hinaus. Der seit langem vorhandenen Bereitschaft der Italiker, Einfluß im Gemeinwesen zu gewinnen, gab man zunehmend statt. *Cuncta Italia, tota Italia*, ganz Italien (Menschen und Land), sind Worte, in denen Augustus in seinem Rechenschaftsbericht die umfassende Verbindung mit den gesellschaftlichen und politischen Kräften der italischen Städte ausdrückte.

Aufgaben, die tiefgreifende Veränderungen zur Folge hatten, warteten auf den neuen Herrscher: der Abbau der zuletzt bis auf 50 Legionen angestiegenen Zahl der Soldaten, ohne die seit Caesars Bürgerkrieg keine Entscheidung mehr fiel und deren gesteigertes Gewicht Augustus nach Actium mühsam reduzieren mußte. Der Wiederaufbau der Landwirtschaft und des Gewerbes, das Ingangkommen von Handel und Verkehr sollten fast mehr als ein halbes Jahrhundert dauern. Damit sind nur einige Probleme im Bereich der politischen, gesellschaftlichen und ökonomischen Entwicklung angedeutet.

Augustus starb im 76. Lebensjahr am 19. August 14 in Nola in Campanien; er, der seit seiner frühesten Jugend krank war und beständig in medizinischer Behandlung lebte, hatte 56 Jahre im Dienst des Staates gestanden und es zur längsten aller Regierungszeiten eines römischen Kaisers gebracht, was nicht unwesentlich zur Stärkung der Monarchie beigetragen hatte. Zu dem Bereich des Imperium Romanum gehörte der griechische Osten, wo es teilweise seit Jahrhunderten Erbmonarchien gab. Gerade die Idee des Kaisertums wurde von den monarchischen Idealen des hellenistischen Raumes beeinflußt. Auch für die Römer, bei denen die Familientradition stark verwurzelt und es selbstverständlich war, daß der Sohn nicht nur das materielle, sondern auch das geistige Erbe seines Vaters antrat, war es kein Problem, wenn der Nachfolger des Augustus aus seiner Familie stammte und dessen Herrscherstellung übernahm.

Als Augustus starb, besaß Tiberius (14–37) bereits die wichtigsten Vollmachten, die den römischen Princeps aus der Reihe seiner Standesgenossen heraushoben. Mit ihm zeigten sich rasch die Schattenseiten jeder Monarchie, als sich der Herrscher nach Capri zurückzog. Zur dominierenden Figur im Reich wurde der Ritter Seian; er erhielt den Oberbefehl über die Leibgarde des Kaisers, die Praetorianer.

Auf Tiberius folgte Gaius (37–41), in den modernen Darstellungen unter seinem Spitznamen Caligula, Kommißstiefelchen, aufgeführt. Der noch junge Mann, er war 25, als ihn der Senat als Imperator begrüßte, hielt sich noch nicht einmal äußerlich an die alten Formen der res publica. Er genoß seine Macht schrankenlos und dokumentierte, was ein Kaiser alles tun konnte: Die angebliche Grundlage des augusteischen Principats, die erhöhte *auctoritas* des Princeps, erhielt durch ihn eine Auslegung, die den Herrscher allmächtig machte. Caligula betrachtete sich als verkörpertes Gesetz und tat, was er wollte. Nach Tacitus (um 55–120) war eines der Geheimnisse der Herrschaft (*arcana imperii*) die Verhüllung der militärischen Grundlage des Principats gewesen (Annalen 2, 36). Caligula enthüllte alles.

Auf Caligula folgten Claudius (41–54) und Nero (54–68), deren Regierungszeit vor allem als Dokumentation dafür gelten kann, daß es gleichgültig war, wer herrschte und was er tat; das monarchische System war von einer erstaunlichen Stabilität. Auf Nero folgte das Vierkaiserjahr 69, das nach- und miteinander die Herrscher Galba (68–69), Otho (69), Vitellius (69) und Vespasian (69–79) sah. Ausgangspunkt dieses Bürgerkrieges von 68–70 war die Unzufriedenheit verschiedener Generale und ihrer Truppen mit der zentralen Regierung in Rom. Dabei waren die östlichen Heerführer im Gegensatz zu den westlichen so weitsichtig, sich untereinander auf einen Kandidaten für den Thron zu einigen, der zudem zwei Söhne hatte, die eine unbestrittene Nachfolge gewährleisteten. Dieser

Mann war Titus Flavius Vespasianus. Mit seinem Sieg über Vitellius beginnt die Zeit der Flavischen Kaiser.

Die Monarchie in Rom war entstanden, als es Caesar und Augustus mit Hilfe der Armee gelungen war, die Macht zu erringen. Nicht erst seit Vespasian, aber bei ihm ganz deutlich, schuf das Heer den Herrscher. Diesem Kaiser war es gelungen, durch eine verbesserte Organisation der verschiedensten Kassen die Finanzen wieder in Ordnung zu bringen. Um das Steueraufkommen des Römischen Reiches besser ausschöpfen zu können, verordnete Vespasian eine Bürgerzählung, welche die Grundlage für die finanzielle Neuordnung bilden sollte. Als er starb, konnten die Monarchie und das Reich als saniert gelten.

Die Dynastie setzten Titus (79–81) und Domitian (81–96) fort. In die Regierungszeit des Titus fällt jener berühmte Vesuvausbruch am 24. August 79, der für weite Teile Campaniens bittere Not brachte und der modernen Forschung mit den Ruinen Pompejis ein einzigartiges Beispiel einer römischen Kleinstadt bewahrte. Über Domitian besitzen wir kaum ein Zeugnis, das unparteiisch zu nennen wäre. Er versuchte, den Weg zur absoluten Monarchie schneller voranzutreiben, als dies die Umstände erlaubten. Seinen Willen, den Staat absolut zu gestalten, zeigt die Übernahme der Zensur auf Lebenszeit: Nach dem Ermessen des Kaisers konnten nun Senatoren bestätigt oder entlassen werden, und was dem Senat an Einfluß genommen wurde, gewann das kaiserliche Kabinett. Dies ließ seine Regierung später einem Tacitus als eine Zeit der Knechtschaft erscheinen.

Noch am Tag der Ermordung Domitians wurde Nerva (96–98) zum neuen Herrscher ausgerufen. Seine größte Tat war die Adoption des aus Spanien stammenden Römers Trajan. Da die auf diesen folgenden Herrscher bei ihrem Tod keine Söhne hinterließen (S. 153), behielt man das Verfahren der Nachfolgeregelung durch Adoption eine Zeitlang bei, weshalb die Kaiser bis Marc Aurel als Adoptivkaiser firmieren.

Trajan (98–117) kam aus einer Provinz und hatte in den Provinzen gedient; er hielt zwar selbstverständlich an Rom als der Hauptstadt fest, sah aber das Reich stärker von den schützenden Grenzen her. Seither trat der Donauraum mit seiner Bindung der Reichsgrenze an den Strom in den Blickpunkt der Entwicklung. Die Donau bestimmte fortan, wie bisher der Rhein, das Schicksal des Imperium. Ein Blick auf die Karte (Abb. 15) lehrt, daß dort die Achillesferse der Reichsverteidigung lag. Denn die natürliche Grenze einer jeden Staatsbildung in diesen Gegenden wird durch die Gebirge rings um Böhmen und Mähren und durch den großen Bogen der Karpaten weiter ostwärts gebildet. Die Flußgrenze dagegen war nirgends, namentlich im Winter bei Vereisung, bedenklicher als da, wo Pannonien durch den plötzlichen Nordsüdlauf des Stromes in einer militärisch kaum tragbaren Weise flankiert wurde und durch Klientelstaaten im Vorgelände nicht genügend gedeckt werden konnte.

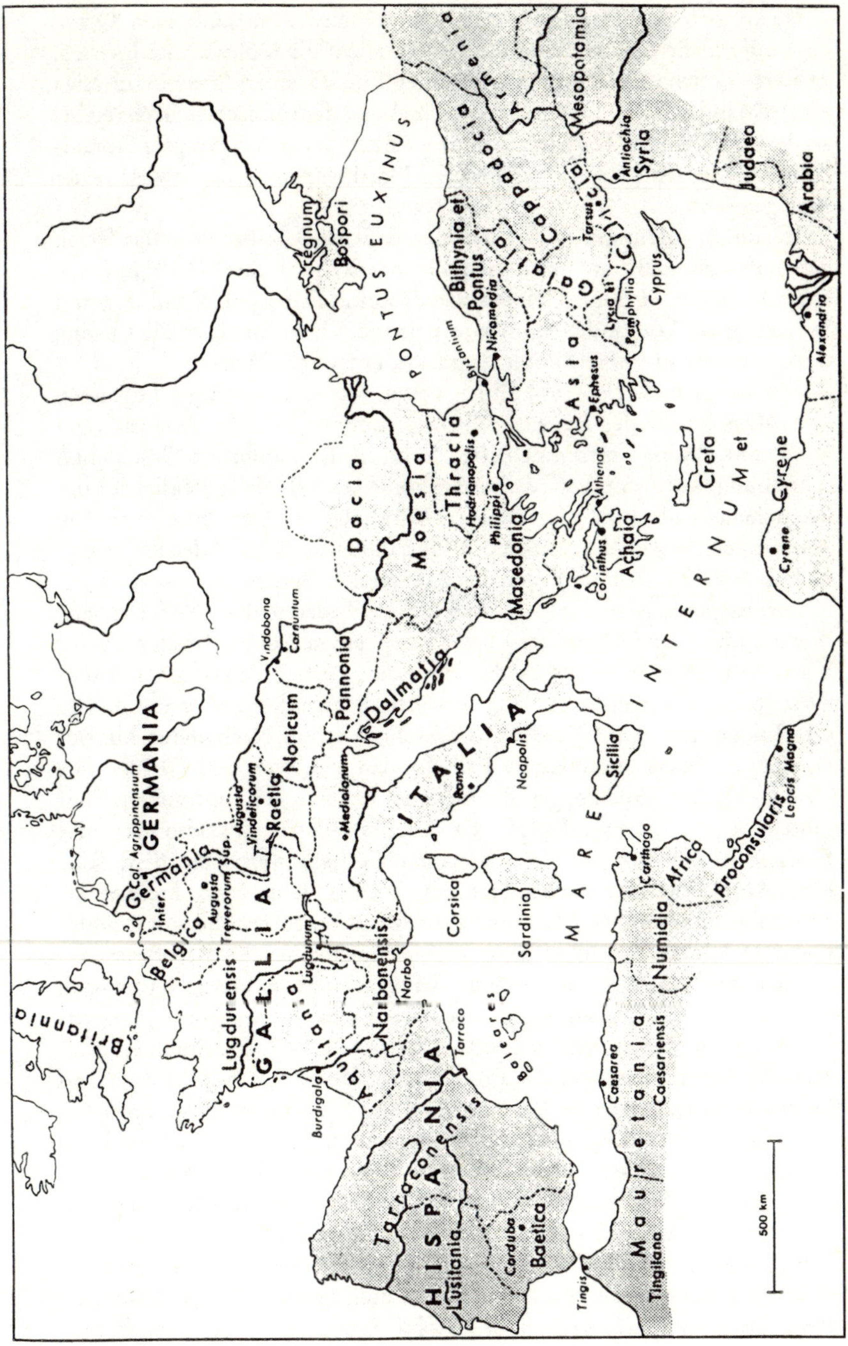

15. Römisches Reich im 2. Jahrhundert n. Chr.

Trajan griff das Problem durch eine Offensive im äußersten Osten gegen die Daker an, in deren Gebiet vor allem die Goldvorräte lockten. Die erfolgreiche Offensive wurde unter Einsatz einer Armee von etwa 80000 Mann geführt. Durch die Vorschiebung der römischen Grenzen bis an den schützenden Karpatenwall und östlich bis ins versumpfte Donaudelta war der bisher stark gefährdeten Nordostfront ein halbwegs fester Halt gegeben.

Trajans Eroberungspolitik hatte eine enorme Belastung für das Reich gebracht, aber nicht nur aus diesem Grunde standen unter Hadrian (117–138), der bereits einzelne Gebiete wieder abtrat, Defensive, Erhaltung und Sicherung des Vorhandenen im Vordergrund. Unter ihm kam die Losung des ewigen Friedens, wie unter Augustus, erneut zu Ehren.

Antoninus Pius (138–161) führte weiter, was sein Vorgänger begonnen hatte. Der Friede des Reiches schien gekommen, wie ihn Augustus gewollt und Hadrian erträumt hatte. Noch in der modernen Geschichtsschreibung wurde und wird die Antoninenzeit als die glücklichste des Menschengeschlechtes gepriesen. In Wirklichkeit prägte eine Serie von Aufständen die Zeit des Antoninus Pius, die zwar das Bild der Regierung nicht belasteten, aber Vorboten des Kommenden waren.

Der Regierungswechsel 161 brachte im Inneren und Äußeren eine Wende. Marc Aurel (161–180) ließ sofort seinen Adoptivbruder Lucius Verus (161–169) als Augustus gleichberechtigt neben sich treten und steigerte so die Mitregentschaft zur Gesamtherrschaft, womit er in der Geschichte der inneren Politik einen Einschnitt schuf. Nach außen hin trat nun der für Rom ungünstigste Fall ein, daß im Osten und Norden fast gleichzeitig die Feinde gegen die Grenzen des Reiches vordrangen. Fünf Jahre, von 161 bis 166, dauerte der Krieg im Osten, dreizehn Jahre der Feldzug an der Donau. Die Markomannenkriege waren mit dem Tode Marc Aurels im März 180 beendet. Bereits einige Jahre zuvor hatte er seinen Sohn Commodus (180–192) zum Mitregenten erhoben und damit von dem Adoptionsprinzip seiner vier Vorgänger Abschied genommen.

Die Beteiligung des Heeres an der Wahl eines neuen Kaisers verlief nach der Ermordung des Commodus in anderer Reihenfolge als im 1. Jahrhundert nach dem Sturz Neros. Diesmal begannen die Leibgarden des Kaisers, die Praetorianer, mit der Proklamation der Herrscher Pertinax und Didius Iulianus (beide 193), wenige Monate später folgten seit April 193 die orientalischen Legionen mit Pescennius Niger (193–194) und die Donaulegionen unter Septimius Severus (193–211), dem sich das Rheinheer anschloß. Schließlich riefen dann auch die britannischen Legionen ihren Statthalter Clodius Albinus (195–197) zum Kaiser aus.

Septimius Severus hielt bereits im Juni 193 seinen Einzug in Rom. Seine wichtigste Maßnahme bestand in einem außergewöhnlichen Schritt: Er beseitigte die alte Praetorianergarde, schickte die Leute mit der Aufforderung nach Hause, sich nie wieder in Rom sehen zu lassen, und schuf eine neue, doppelt so starke Garde, die er aus den Legionen rekrutierte, die ihm den Weg zur Festigung der Herrschaft ebnen sollten: den Legionen der Donauarmeen. Im Offizierskorps und in der Verwaltung trat entsprechend der Entwicklung des letzten halben Jahrhunderts die Oberschicht der Provinzen und Städte des Ostens allmählich in gleicher Stärke hervor wie die des Westens. Es waren vor allen Dingen die Donaulandschaften, die den Sieg über Italien davontrugen, symbolisiert im Wechsel der Prätorianergarde. Nach Italien wurde erstmals seit augusteischer Zeit eine Legion gelegt, womit das bislang vom Militär freie Gebiet faktisch eine Provinz geworden war. Bedenklich für die zukünftige Entwicklung war die enorme Steigerung der Besoldung des Militärs, dessen Vorherrschaft seit der Severerzeit besiegelt war.

Es ist hier nicht mehr der Platz, sämtliche Kaiser des 3. Jahrhunderts namentlich aufzuführen, es sind deren zu viele. Allein zwischen 180 bis 235 regierten zwölf Herrscher, die bis auf Septimius Severus alle eines gewaltsamen Todes starben. In diesem Zeitraum vollzogen sich im Römischen Reich erhebliche Wandlungen. Drei blutige Bürgerkriege, zahllose Palastrevolutionen und Meutereien forderten vor allem unter den Senatoren und Rittern Opfer. Die Elite des römischen Adels war stark dezimiert, die Überlebenden begannen, sich auf ihre Domänen fern der Hauptstadt zurückzuziehen.

Die Entmachtung und Abdankung der bisherigen herrschenden Schichten erlaubte einer neuen Gruppe, den militärischen Führern, ihren Platz einzunehmen. Sie erhoben und stürzten von nun an die Kaiser, die aus ihrer Mitte stammten und von ihrer Treue abhängig waren. Diese neuen Herrscher verteidigten den Bestand des Reiches an den Grenzen. Sie kamen aus den Provinzen und hatten das Bestreben, den Unterschied zwischen Rom und dem Reich weiter auszugleichen. Mit dem Nachlassen der Konzentration aller Kräfte des Reiches auf den Mittelpunkt war ein wesentlicher Sinn der bisherigen römischen Weltherrschaft in Frage gestellt. Eigentlich war nun die Aufteilung in unabhängige Reichsteile kein so großer Schritt mehr.

Die Begründung des neupersischen Reiches der Sassaniden im Jahre 224 war ein bedeutsames Ereignis des 3. Jahrhunderts; die Parther erhoben sich damit zu gleichberechtigten Rivalen Roms. Diese Veränderungen vollzogen sich zu einem Zeitpunkt, da das Kaisertum alles andere als gestärkt war. Noch ernster wurde die Lage im Osten, als 239 Sapor I., der König des Neuperserreiches, für dreißig Jahre die Regierung in die Hände bekam. Das Jahr zuvor hatte den Übertritt der Goten an der Donaumündung auf Reichsgebiet gebracht. Damit erwuchs für die Römer um das Schwarze Meer zum zweiten Male eine große Gefahrenzone. Für dieses Gebiet war Rom zu weit entfernt, um auf Dauer Reichsmittelpunkt bleiben zu können.

Die kurze Regierungszeit des Decius (249–251) ist im wesentlichen durch die religionspolitischen Maßnahmen bekannt und lenkt den Blick wieder einmal auf die Rolle der Religiosität im Gefüge der antiken Staaten. Das Bekenntnis zum alten römischen Glauben verdichtete sich immer mehr zur Fürbitte für den Herrscher und sein Haus, wurde zum Grundpfeiler für die Monarchie und für das Gedeihen des Reiches und somit zur Feststellung der Kaisertreue der Untertanen. Einige der Christen, deren Zahl beständig wuchs, verweigerten die von allen Bürgern geforderte Loyalitätsbekundung und gingen lieber in den Tod.

Die unmittelbaren Nachfolger des Decius, Trebonianus Gallus, Volusianus und Aemilianus, kann ich übergehen. Wichtiger ist Valerian (253–260), der seinen Sohn Gallienus (253–268) sogleich nach der Thronbesteigung zum Mitkaiser annahm. Die Lage des Reiches war konfuser denn je. Im Osten rückten die Perser näher, im Norden die Goten und ihre Nachbarn, und in Pannonien brachen die Markomannen ein. Außerdem machte sich ein lästiges Räuberunwesen zu Wasser und zu Lande im ganzen Reich breit. Angesichts der Vielzahl der Aufgaben nahm Valerian in der Mitte des Jahres 254 eine Teilung des Heeres und des militärischen Oberbefehls vor. Er, der Vater, ging in den Osten und nahm seit 256 in Antiochia seine Residenz, während dem Sohn die Verteidigung der europäischen Provinzen überlassen wurde. Zum ersten Mal ist damit der Primat der östlichen Reichshälfte proklamiert und dadurch das bisherige Verhältnis von Orient und Okzident im Römerreich umgekehrt worden. Nach außen bereitete sich der Übergang zur Vorherrschaft des Ostens vor und damit zu den Verhältnissen der byzantinischen Epoche.

Lokale Gewalten übernahmen inzwischen in den verschiedenen Teilen des Reiches die Herrschaft und versuchten zu retten, was noch zu retten war. Das bekannteste dieser Teilreiche ist zweifellos das Gallische Sonderreich im Westen des Imperiums, wo Germanen den Rhein überschritten hatten und in Gallien eingefallen waren. Daß hier das Römische Reich nicht bereits in der Mitte des 3. Jahrhunderts sein Ende fand, lag unter anderem an der Tatkraft eines Postumus (259–268); er ließ sich von den rheinischen Truppen zum Kaiser erheben und leitete von seiner Residenz Köln aus den Schutz der Rheingrenze.

In diesen Kriegszeiten ist das auf Frieden berechnete, militärisch unbrauchbare Limes-System endgültig zusammengebrochen. Gallienus hat nach dem Verlust vieler äußerer Grenzsicherungen den Übergang zur beweglichen, tiefgegliederten Abwehr durchgeführt und zum ersten Mal eine Frontverkürzung im Norden ins Auge gefaßt. In dieser Phase mußte Dakien aufgegeben werden.

Eine Niedergangsstimmung lagerte über allem. Das Weltende schien gekommen, und vor allen anderen die Christen jener Zeit verkündeten, die Staaten dieser Welt seien am Ende, das Himmelreich nahe. Auf diesem

Hintergrund kann man es ein ‚Wunder' nennen, daß Gallienus nach der Gefangennahme seines Vaters durch Sapor I. noch acht Jahre an der Regierung blieb; so konnte er wesentliche Reformen durchführen. Die Verwaltung des Reiches wurde nach dem Vorbild des seit alter Zeit am stärksten zentralistisch geordneten Ägypten neu gestaltet. Das bedeutete eine weitere Militarisierung der Verwaltung unter fast völliger Ausschaltung des Senatorenstandes aus der Leitung des Staates und den militärischem Führungspositionen.

Claudius II. (268–270) gelang es, bald wieder größere Teile des Reiches der Zentralgewalt anzugliedern. Den abschließenden Sieg über die Nordvölker und die Wiederherstellung der Reichseinheit erreichte Aurelian (270–275). Ägypten trat wieder zum Imperium, und schließlich fiel auch der letzte Herrscher des gallischen Teilreiches. Aurelians Name ist mit der Mauer um die Stadt Rom verbunden, deren eindrucksvolle Reste noch heute zu sehen sind. In der Ausgestaltung der Kaiserstellung wandelte Aurelian in orientalischen Bahnen. Als seinen besonderen Schutzgott hatte er den Sonnengott von Emesa gewählt, unter ihm flossen jetzt Kaiserkult und Sonnenkult ineinander. An Aurelian hat dann vor allen Dingen Constantin angeknüpft, als er die Verbindung des Sonnengottes mit dem Christengott herstellte.

Wenn eine historische Betrachtung nach festen Daten Zäsuren machen muß, so war der 17. November 284 eine solche. An diesem Tag wurde der Dalmatier Diocles, der damalige Kommandeur der kaiserlichen Leibgarde, auf den Schild erhoben. Er nannte sich Diocletian; mit ihm lasse ich mit vielen anderen den Abschnitt über die Spätantike beginnen.

Das halbe Jahrhundert seit der Severerzeit hat den römischen Staat umgestaltet und bei aller Kontinuität eine neue Verfaßtheit vorbereitet. Durch die Übersteigerung des Autoritätsprinzips auf zivilem Gebiet und der Befehlsgewalt auf militärischem Gebiet setzte sich die Entwicklung des autokratischen Kaisertums fort, deren Abschluß das hellenistisch-orientalische Gottkönigtum bildete. An die Stelle des alten Gefolgschaftseides, wie ihn Augustus propagiert hatte, trat jetzt die Devotion, das heißt die Treue bis zum Tod, erkennbar in einer verbreiteten Formel: Verpflichtet der göttlichen Majestät, dem kaiserlichen Herrn, welcher der Gnade der Götter seine Herrschaft verdankt.

Römische Gesellschaft

Man hat einmal die Bände des *Corpus Inscriptionum Latinarum* (CIL) die faszinierendsten Bücher über menschliches Verhalten genannt; dem ist, soweit es die Antike betrifft, zuzustimmen. Nichts bringt uns dem Denken und dem Fühlen des antiken Menschen so nahe wie die Grabinschriften. Die Beschäftigung mit ihnen ist ganz im Sinne dieser Menschen; denn nicht selten wird der Betrachter dort aufgefordert: *resta, viator, et lege*, bleib stehen, Wanderer, und lies! (CIL 3, 371)

Im folgenden Überblick über einige gesellschaftliche Gruppierungen geht es mir darum, die einer bestimmten Ordnung unterworfenen, einem bestimmten System eingefügten Formen menschlichen Zusammenlebens zu erläutern. Der Schwerpunkt der Sozialgeschichte liegt vor allem in der Beobachtung der Ungleichheit unter den Menschen. Augenfällig für den antiken wie den modernen Betrachter wird sie im Alltag beispielsweise durch die unterschiedlichen Grabinschriften und Grabbauten, die an den Straßen vor den Städten lagen. Dabei handelt es sich nicht um eine natürlich bedingte, sondern eben um die sozial bedingte, durch die Gesellschaftsordnung hervorgerufene Ungleichheit. Sie gehört zu den grundlegenden Phänomenen menschlichen Zusammenseins und hat wohl in noch keiner geschichtlichen Gesellschaft gefehlt.

Eine fruchtbare Diskussion über die Gesellschaft der Kaiserzeit brachten zwei von Géza Alföldy vorgetragene Ansätze: das Stände-Schichten-Modell und die These von der sogenannten Dichotomie der römischen Gesellschaft, die eine Zweiteilung in Oberschicht und Unterschicht behauptet. Die Auseinandersetzung mit diesen Thesen hat deutlich gemacht, daß das Imperium Romanum ein Konglomerat von verschiedenen sozial-ökonomischen Formationen war, die in unterschiedlichem Maße zusammenwirkten und sich gegenseitig beeinflußten, doch niemals völlig miteinander verschmolzen. Die Vielzahl heterogener politisch-administrativer Gebilde des Römischen Reiches zeigt sich allenthalben. Dies sollte davor warnen, das Grundmuster römischer Ordnungsvorstellungen für das Ganze zu nehmen. Zweifellos bestanden in dem Riesenreich, einem der größten je existierenden Agrarreiche, unübersehbar viele, unterschiedlich aufgebaute Gesellschaften als ethnokulturelle Einheiten, wie komplexe Stadtgemeinden griechischen und römischen Typs und einfache Stammesgesellschaften. Diese hatten oft einen nicht oder nur kaum miteinander vergleichbaren Entwicklungsstand. Ihre Sprachen, Rechtsordnungen, politischen Institutionen, Kulte und vor allen Dingen auch die Verhaltensnormen waren äußerst verschieden. Über diese Gesellschaften legten sich allerdings der römische Staat mit seiner Rechtsordnung und die römische Gesellschaft als Personenverband der *cives Romani*, der römischen Bürger, gleichsam als eine Art Suprastruktur. Die Ordnungen dieser römischen Gesellschaft drangen im Laufe der Jahrzehnte in das Gefüge nicht-römischer Gemeinwesen ein.

Friedrich Vittinghoff glaubt, in der sozialen Struktur des kaiserzeitlichen Imperium Romanum wesentliche *arcana imperii* aufdecken zu können, womit er die berühmte Formulierung des Tacitus aufgreift (S. 135).

Ich stimme ihm zu: Die Stabilität des Römischen Reiches basierte wesentlich auch auf der Stabilität seiner Gesellschaftsordnung. Ich möchte die im folgenden beschriebenen Gruppierungen und Gesellschaften als Kreise betrachten, die jeweils mehr oder weniger große Schnittmengen gemeinsam haben; letztere ergeben sich durch jene Personen, die sich regional oder sozial verändern, im positiven oder negativen Sinn.

Bäuerliche Gesellschaft

Das Leben der meisten Angehörigen der bäuerlichen Bevölkerung war hart: Von höhergestellten Kreisen wurden sie verachtet, ihre Wohnverhältnisse waren oft miserabel, ihre Arbeitsbedingungen häufig sehr ungünstig, ihre Kleidung und Nahrung in vielen Fällen mangelhaft, ihre Habe in der Regel ärmlich. Von vorübergehenden Lebensmittelknappheiten wurden sie vor allem betroffen, auch und gerade auf dem Land. Auch Fleiß und Tüchtigkeit garantierten keineswegs immer wirtschaftlichen und sozialen Erfolg.

Die Ernährung der ärmeren Landbevölkerung bestand fast ausschließlich aus pflanzlicher Kost; Fleisch war teuer und wurde nur selten gegessen. Neben dem Getreide besaßen noch Kräuter, Salate und wildwachsende Pflanzen eine nicht geringe Bedeutung für die Ernährung. Diese Pflanzen wurden nicht gekocht, sondern in rohem Zustand verzehrt, wodurch Brennholz, das in der Antike knapp und damit teuer war, gespart werden konnte. Die Hauptnahrungsmittel waren Weizen und Hirse. Schlechte Ernten führten auf dem Lande selbst dann, wenn sie regional begrenzt waren, schnell zu Hungerkatastrophen, weil in Zeiten der Getreideknappheit die gesamte Ernte in die Städte gebracht werden mußte. Daß Nahrungsmittelmangel gerade auf dem Lande nahezu ein permanenter Zustand war, impliziert der Bericht des Arztes Galen (um 129–200): „Die Stadtbevölkerung, die im Sommer genügend Lebensmittel für das ganze Jahr einlagert, nimmt allen Weizen von den Feldern, zusammen mit der Gerste, den Bohnen und den Linsen, und sie läßt der Landbevölkerung nur die übrigen Hülsenfrüchte zurück, obwohl sie selbst davon noch den größten Anteil mit in die Städte schafft. Die Landbevölkerung hat dann, wenn die Wintervorräte aufgebraucht sind, durch den Sommer hindurch nur eine ungesunde Nahrung. Die Menschen auf dem Lande essen dann Schößlinge und Wurzelsprossen der Bäume und Büsche sowie Knollen und Wurzeln von ungesunden Pflanzen" (Galen 6, 749–750: Über gesunde und ungesunde Ernährung, Corpus Medicorum Graecorum 5, 4, 2, S. 389).

Auch die Familienplanung wurde ganz elementar von ökonomischen Zwängen diktiert. Dabei blieb die Kindesaussetzung die gebräuchliche Methode, um die Zahl der Familienmitglieder zu begrenzen. Normale soziale Mobilität stellt sich hier zumeist dar als sozialer Abstieg der Landbevölkerung. Daß in diesen Bevölkerungsschichten Orakelglaube, Zauberei und Magie in hohem Maße lebendig waren, darf nicht verwundern.

Dennoch brachte für wenige die Flucht in die Städte eine Besserung ihrer Lage. Auch bestand die Möglichkeit, innerhalb der römischen Gesellschaft Aufstiegschancen wahrzunehmen. Beispiel soll uns ein Brief sein (Griechische Papyri [S. 263] 84), den ein gewisser Apion, aus dem ägyptischen Fayûm stammend, an seine Familie schrieb. Er wählte als Weg des Sozialaufstiegs denjenigen über den Heeresdienst. Sympathisch berührt uns, wie dankbar Apion die Erziehung würdigt, die er von seinem Vater genossen hat. Dazu gehörte sicherlich, lesen und schreiben zu können, was den Eintritt ins Militär erleichterte. Mit Hilfe dieser Erziehung hofft er, rasch vorwärts zu kommen: so die Götter wollen. Alle Karriereleitern, damals wie heute, haben Sprossen, die zu erreichen es oft mehr bedarf als Leistung oder Protektion.

Apion ist in Misenum bei Neapel – neben Ravenna der zweite große Kriegshafen in Italien – in die römische Flotte eingetreten. Er hat sich einen römischen Namen zugelegt, wahrscheinlich bei der Anmusterung in Alexandria ‚verpaßt' bekommen; er nennt sich Antonius Maximus. Später hat er sich eine Frau genommen, eine Lebensgefährtin. Eine rechtlich anerkannte Ehe zu führen, war den Flottensoldaten untersagt, gegen eine Lebensgemeinschaft aber hatte der Staat nichts einzuwenden. Seine Lebensgefährtin hat ihm zwei Töchter geboren, Elpis und Fortunata – Hoffnung und Glück. In deren Namen liegt ein Teil der Sehnsucht der Eltern: Glück und Hoffnung auf ein besseres Leben der eigenen und der folgenden Generation, ein zentrales Movens besonders dieser gesellschaftlichen Gruppe.

Städtische Familie

Die Behandlung der antiken Familienstruktur hat unter anderem davon auszugehen, daß damals die Sozialisation im Rahmen größerer Geschwister- und Kinderscharen vor sich ging, aber auch der Tod in allen Altersgruppen eine alltägliche Erscheinung war. Ein Beispiel für viele, das das Gesagte illustrieren kann: „Ich, Vitalinus der Vater, und Martina die Mutter [selbstverständlich: *ego pater Vitalinus et mater Martina*], bringen keine große Freude, sondern Schmerz durch die Kinder zum Ausdruck. Drei Kinder haben wir innerhalb 27 Tagen hier bestattet: den Sohn Sapaudus, der 7 Jahre, 26 Tage lebte, die Tochter Rustica, die 4 Jahre, 20 Tage lebte, und die Tochter Rusticula, die 3 Jahre, 33 Tage lebte" (CIL 12, 2033).

Bei der antiken Familie handelt es sich um den Typ der Kern-Familie, bestehend aus der Mutter-Vater-Kinder-Trias, in der die Kinder in der frühen Erwachsenenphase den Familienkreis verlassen, um einen eigenen Haushalt zu gründen. Zum Verständnis der Familienstruktur gehört die Kenntnis des Heiratsalters als ein bedeutender Faktor, der die Größe der Familie bestimmt. Für die Demographen ist vor allem das Heiratsalter der Frauen von Interesse, weil es wichtig für die sogenannte Fruchtbarkeitsrate ist. Auf jeden Fall war das Heiratsalter der Mädchen eher niedrig. Dies wird aufgrund eine Untersuchung der Grabinschriften erschlossen. Dabei wird festgestellt, wer der Verstorbenen den Grabstein errichtet: (noch) die Eltern oder (schon) der Ehegatte. Bei den Mädchen fällt bei einem Sterbealter zwischen 15 und 20 Jahren die Zahl der Grabinschriften, die ihnen ihre Eltern errichteten, drastisch ab. Zu dieser Zeit sind es bereits die Ehemänner, die beim Tod der Frau als Dedikanten erscheinen. Für die Männer wurde auf ähnliche Weise ein Durchschnittsheiratsalter von fünfundzwanzig Jahren bestimmt.

Aus diesen Angaben ergeben sich klare Folgerungen. In unserer heutigen Gesellschaft, in der die Männer bisweilen bereits als Teens heiraten, braucht ein Mann nur vierzig Jahre alt zu werden, um seinen erwachsenen Sohn und auch dessen Kinder zu erleben. Wo aber Männer und demzufolge natürlich auch ihre Söhne typischerweise eine Dekade später heiraten, müssen sie mindestens sechzig Jahre alt werden, um die Heirat ihres Sohnes und seine Kinder zu erleben. Da aber offensichtlich die Todesrate in vorindustriellen Gesellschaften ab fünfzig Jahren drastisch ansteigt, zumindest bei Männern, hat das späte Heiratsalter logischerweise eine Auswirkung auf die Zahl der erwachsenen Söhne, die überhaupt noch unter der Autorität ihrer Väter stehen könnten, und vor allen Dingen auf die Möglichkeit, drei Generationen in einem Haushalt zu erfassen.

Um die Rolle der Frauen innerhalb der städtischen Gesellschaft zu illustrieren, wähle ich die bildlichen Darstellungen von Kaufleuten aus. Inschriften auf Ziegeln oder Bleirohren, aber auch Äußerungen von Schriftstellern über Frauen, die beispielsweise Handelsschiffe besaßen, beweisen, daß sie eigenständig Geschäfte führen konnten. Nur äußerst selten erscheinen solche Frauen allerdings in den Werken der bildenden Kunst an der Arbeit oder bei ihrer Beschäftigung; auch üben sie auf den Monumenten von männlichen Kaufleuten keine aktive Rolle aus.

Sie werden mit Taschen oder Spinnroggen in der Hand porträtiert, nehmen mit ihren Ehemännern an Gastmählern teil oder lassen sich das Haar frisieren. Mit anderen Worten: Frauen dieser Gesellschaftsschicht sind Beweis und Ausweis für den Reichtum ihrer Ehemänner. Solche Frauen tun nichts anderes, als sich um ihr Aussehen zu kümmern; dies ist zumindest die Botschaft, welche die Männer solcher Ehefrauen vermitteln wollen. Es ist auch teilweise die Botschaft der Texte. Ein Grabgedicht aus Rom faßt diese Vorstellung der Männer von ihren Frauen in Verse (CIL 6, 15346):

‚Fremder, bleib stehn und lies; was ich sage, ist nicht viel:
Hier ist ein Grab, kein schönes, doch einer schönen Frau.
Mit Namen nannten sie die Eltern Claudia.
Ihren Mann hat sie mit ganzem Herzen geliebt.
Zwei Söhne brachte sie zur Welt; den einen hat sie auf der Erde zurückgelassen
den anderen hat sie in der Erde bestattet.
Von art'ger Rede stets, voll Grazie war ihr Gang.
Das Haus hat sie behütet, die Wolle gesponnen. Schluß! Nun geh!'

Servi und liberti

Die Sklaverei ist eine in allen antiken Kulturen bestehende Einrichtung, durch die über Menschen in totaler, den menschlichen Willen ausschließender Weise verfügt wird. Philosophisch-theoretisch ist diese Tatsache durch die Überzeugung von der Ungleichheit der Menschen untermauert worden (S. 83). Der Umgang mit den Sklaven war eine Selbstverständlichkeit für die antike Gesellschaft, sobald man sich dieses Hilfsmittel im Haushalt, bei der Feldarbeit oder wo auch immer leisten konnte.

Der Sklave war in Rom seinem rechtlichen Status nach *res*, eine Sache, nicht *persona*, Person. Aber der Sklave war eben doch auch ein Mensch. Aufgrund dieses natürlichen Status, der nicht zu übersehen war, wurde dem Sklaven ein eheähnliches Verhältnis mit einer Sklavin zugestanden, und er hatte die Möglichkeit, ein eigenes kleines Vermögen zu erwerben, ein *peculium*.

Ziel jedes Sklaven, zumindest jedes städtischen Sklaven, war, trotz seiner Stellung in der Gesellschaft, seiner mitunter harten Arbeit, seiner Erniedrigung, so angenehm wie möglich zu leben; das fernere und höhere Ziel war die Freilassung, die wohl in aller Regel um das 30. Lebensjahr herum erfolgen konnte. Diese Art der Sklaverei muß wirtschaftlich rentabel gewesen sein; denn der Sklave, der auf Freilassung sichere Aussicht hatte, war an der eigenen Produktionsleistung stark interessiert. Er mußte häufig durch eigene Arbeit das *peculium* schaffen, mit dem er sich freikaufen konnte. Nicht selten wird er auch andere, vor allem seine Lebensgefährtin, freigekauft haben, um mit ihr eine legitime Ehe führen zu können.

Wichtig scheinen mir die Folgen für die Sozialstruktur; wenn die Freilassung beinahe eine Selbstverständlichkeit war, dann konnte die städtische Sklaverei in der Kaiserzeit als eine Art Übergangszustand empfunden werden. Die Sklaverei blieb Ausbeutung, aber sie kam damit den Interessen des Sklavenhalters *und* denjenigen des Sklaven entgegen. Und die Sozialstruktur war noch weiter betroffen. Es entfaltete sich in diesem Bereich eine starke soziale Aufwärtsmobilität. Es gab sicherlich in der sogenannten *plebs* kaum Familien, die nicht Freigelassene unter ihren Vorfahren zählten.

Die Söhne von Freigelassenen hatten bereits alle Rechte und Möglichkeiten eines römischen Staatsbürgers. Diese Nachkommen ehemaliger Sklaven wurden rasch in die Gesellschaft integriert. Gerade die positiven Folgen dieser Fluktuation müssen hervorgehoben werden. Bei allem sozialen Abstieg, den wir nicht fassen, aber voraussetzen müssen, gab es ein nicht zu kleines Potential an Aufsteigern, die mit der entsprechenden Loyalität, dem entsprechenden Engagement und dem entsprechenden Bewußtsein die gesellschaftliche Ordnung trugen.

Zu der ökonomischen Bedeutung der Freilassung und der Bindung der *liberti* an ihre Herren, nunmehr ihre Patrone, *patroni*, gehört eine kurze Bemerkung über die *operae*, Dienstleistungen, auf die ehemalige Eigentümer nach der Freilassung Anspruch hatten. Die Größe der Gegenleistung bewegte sich zwischen kleineren *operae* (von 1–10 Tagen), mäßigen (100) und bedeutenden (1 000); solche *operae*, besonders die von 100 oder 1 000 Tagen, konnten über Jahre oder Jahrzehnte verteilt werden. Sie waren eine Gegenleistung für die Wohltat der Freilassung; der Eigentümer eines Sklaven war ja normalerweise zur Freilassung nicht verpflichtet. Die Erlangung der Freiheit und des Bürgerrechts wurde daher angesichts der Realität der Sklaverei und des Wertes der Freiheit als ein Geschenk präsentiert.

Ansprüche an die Freigelassenen stellten nicht nur ihre Patrone, sondern auch die Gesellschaft, beispielsweise eine Stadt. Eine Spitzengruppe der *liberti* galt als vermögend und war es sicherlich auch; dieses Vermögen sollte nun auch in den Dienst der Gemeinschaft gestellt werden, wie es von den Wohlhabenden allgemein vorausgesetzt wurde. Von ihnen erwartete man, daß sie zu einem bestimmten Zeitpunkt ihres Werdegangs nach einheitlichem Maßstab Kultgegenstände stifteten. Es handelt sich um die *seviri Augustales*, die zumeist Freigelassene waren und durch ihr Vermögen die Elite unter den *liberti*, zum Teil auch unter den Nachkommen von *liberti* bildeten.

Peregrine

Civis Romanus sum. Dies ist von der Republik bis in die Spätantike das stolze Bekenntnis eines römischen Bürgers, gleichgültig ob er dies in der ersten oder in der zehnten Generation war.

Unterteilt man die verschiedenen Personen im Römischen Reich nach ihrem personalen Rechtsstatus, so sind sie zunächst in einer grundsätzlichen Unterscheidung in Freie und Unfreie gegliedert. In der Untergliederung der Gruppe der Freien wird weiter zwischen frei geborenen und unfrei geborenen geschieden. Eine weitere Unterdefinition teilt schließlich alle Freien in römische Bürger und Fremde (Peregrine). Die zuletzt genannte Kategorie hatte in der Kaiserzeit bis ins 3. Jahrhundert hinein reale Bedeutung, bis mit der constitutio Antoniniana von 212 die personenstandsrechtlichen Unterschiede der freien Reichsbevölkerung weitgehend verschwanden.

Gegenüber einer Gesamtzahl von vielleicht 5 Millionen Römern zu Beginn der Kaiserzeit betrug die Zahl der Peregrinen etwa 40 Millionen. Diese Bewohner des Reiches lebten in nahezu allen Gebieten nach der Eroberung durch die Römer weiter wie vordem. Die Griechen, Orientalen, Phöniker und andere Völker, deren politisches Dasein seit jeher durch die Stadt bestimmt gewesen war, lebten nach ihren alten Stadtrechten. Auch die Völker, die nach Stammesrechten gelebt hatten, wie die iberischen Stämme Spaniens, die Stämme Galliens und andere, brauchten ihre privaten wie öffentlichen Lebensformen nicht aufzugeben.

Ein wichtiger Komplex im Zusammenhang mit den Peregrinen berührt ein zentrales, wenn nicht das zentrale Merkmal der römischen Gesellschaftsordnung, ja der gesamten römischen Politik. Lassen wir uns die sagenhaften Anfänge von Livius erzählen (1, 8, 5): Als Romulus die Stadt Rom gegründet hatte, suchte er sie dadurch zu bevölkern, daß er ein Asyl, eine Freistatt, eröffnete, in der jeder Ankömmling, Freier wie Sklave, aufgenommen werden sollte. Die Römer haben solche Sagen ernst genommen, und in ihrer inhaltlichen Aussage muß man dies auch tun. Anders als Griechen, Germanen oder Juden haben sich die Römer nicht primär als Abstammungsgemeinschaft begriffen, sondern als politischen Verband, und in den konnte grundsätzlich jeder Geeignete Aufnahme finden. Noch in der Kaiserzeit galt diese literarische Tradition als historisches Argument, um die angeblich von Romulus eingeschlagene Politik fortzusetzen. Claudius benutzte sie im Jahre 48, als er vor dem Senat für die Zulassung von Galliern in diese Körperschaft argumentierte (CIL 13, 1668).

Wie konnte ein Peregrine römischer Bürger werden? Es gab den Weg der Protektion, wie wir ihn auf vielen Ebenen kennenlernen. Die Briefe des jüngeren Plinius (um 61–113) bieten ein anschauliches Exemplum, wie ein Bürger für einen Peregrinen eintrat (10, 5–7). Ferner gab es die Möglichkeit des Selbstverkaufs des Peregrinen in die Sklaverei eines Römers, beziehungsweise den Verkauf seiner Kinder – mit der Möglichkeit der späteren Freilassung (S. 147). Dies war gelegentlich ein einfacherer Weg, als der über den Militärdienst (S. 150).

Militärs

Die Überlegenheit des Militärs, auch des einfachen Soldaten, über den Zivilisten charakterisiert Juvenal (um 60–127), indem er sie karikiert (Satire 16). Einer der Vorteile des Soldatenberufs war die regelmäßige Besoldung. Die nachfolgende Jahresabrechnung eines Legionärs aus dem ausgehen-

	I stip	II stip	III stip	Summe
	247,5 dr	247,5 dr	247,5 dr	742,5 dr
Heu	10	10	10	30
Essen	80	80	80	240
Schuhe, Beinbinden	12	12	12	36
Saturnalia des Lagers	20	4	–	24
Waffen, Kleidung	60	–	145,5	205,5
Ausgaben	182	106	247,5	535,5
gespart	65,5	141,5	–	207
auf dem ‚Sparbuch'	136	201,5	343	136
Gesamtguthaben	201,5	343	343	343

16. Soldatengehalt

den 1. Jahrhundert stammt von einem C. Iulius Proculus, der am Anfang einer insgesamt zwanzigjährigen Dienstzeit steht (Abb. 16).

Ich habe hier die Abrechnung eines Papyrus aus dem Jahre 81 in eine Tabelle umgesetzt, bei der es mir vor allem auf den unteren Teil ankommt. Den Jahressold erhielt der Soldat in drei Raten ausbezahlt, in eben solchen Raten sind die Ausgaben für Nahrung – vielleicht auch für ein Zugtier – Kleidung und Ausrüstungsgegenstände abgerechnet. Der erste Betrag ‚auf dem Sparbuch' stammt aus dem vorigen Jahr, im Jahr 81 hat er insgesamt 207 Drachmen, also fast 30% seines Einkommens gespart.

Es waren unter anderem die regelmäßigen und vom Staat zwangsweise festgelegten Sparbeträge, die bereits aus dem einfachen Legionssoldaten nach 20-jähriger Dienstzeit einen wohlhabenden Mann machten. Hinzu kamen etwaige außergewöhnliche Donative, eventuell Beuteanteile – gegebenenfalls Anteile aus Bestechungen und Erpressungen – und noch zusätzlich eine Entlassungssumme, die, sei es in Landbesitz oder in bar, etwa 13 Jahresgehältern entsprach (hier müssen wir allerdings sehr großzügig spekulieren).

Der byzantinische Gelehrte Michael Psellos (1018–1078) erklärte, das Militär bedeute für das Reich dasselbe wie die Sehnen für den Körper. Einerseits beschütze es den römischen Wohlstand gegen den Zugriff äußerer und innerer Gegner, andererseits reguliere es den Zugang zum Wohlstand, indem Rekruten aus den ärmeren Reichsteilen über den Heeresdienst aufsteigen konnten. Den sozialen Aufstieg über das Heer, in diesem Falle war es die Flotte in Misenum, haben wir bei dem Bauernsohn aus dem Fayûm,

Apion, kennengelernt (S. 144). Zugleich diene die Armee dem Ausgleich der kulturellen und ethnischen Differenzen im Reich und fördere die Romanisierung.

Ausgangspunkt für solche Überlegungen war die Verleihung des römischen Bürgerrechts an peregrine Soldaten der Hilfstruppen bei deren Entlassung nach 25 Dienstjahren. Vor allem in den Westgebieten haben solche Veteranen den Prozeß der friedlichen römischen Beherrschung entscheidend gefördert und unmittelbar zur römischen Urbanisierung beigetragen. Die Anziehungskraft der Legionslager und Auxiliarkastelle mit einer Massierung von Konsumenten und ihren Wünschen hat zu neuen, römisch geprägten Siedlungen in ihrer Nachbarschaft geführt, die bald stadtähnlich ausgebaut und teilweise in den Rang von römischen Munizipien erhoben worden sind. Anderswo in den Garnisonsprovinzen hatten Veteranen mit ihren Privilegien und ihrem Prestige, römische Sprache, Lebensformen und Denkgewohnheiten in Dörfern und Stadtgemeinden noch weiter ausgebreitet und waren vielfach Wegbereiter einer späteren Verstädterung. Manche Veteranen haben sich sogar in die städtischen Führungsschichten integrieren können. Das *conubium*, das Recht, als römischer Bürger mit einer peregrinen Frau eine legitime Ehe zu führen, hat es vielen erleichtert, in ihren neugewählten Wirkungskreis hineinzuwachsen. Die wenigsten Schwierigkeiten hatten sicherlich jene ehemals peregrinen Hilfstruppen-Soldaten, die aus der Standortprovinz oder ihrer weiteren Umgebung stammten, hier auch ihre Frau fanden, nun als Neurömer sich niederließen und in ihrer Person den sich lohnenden Einsatz für Rom demonstrieren konnten.

Ordo decurionum

Von den drei großen *ordines* weist der *ordo decurionum* die am wenigsten homogene Zusammensetzung auf. Dieser Dekurionenstand bildete keine übergreifende Institution für den Zusammenschluß der Angehörigen einer sozialen Gruppe im ganzen Reich, sondern er bestand als selbständige Körperschaft in jeder einzelnen Stadt, indem er, in bewußter Trennung von der jeweiligen städtischen Plebs, die Ratsmitglieder und städtischen Magistrate zusammenfaßte. Die Zugehörigkeit zu einem derartigen jeweils lokalen Stand war grundsätzlich ebensowenig erblich wie der ritterliche Rang. Aufgenommen wurden die für lokale Verhältnisse reichen Bürger, die man nach Erfüllung des 25. oder 30. Lebensjahres für die Ausübung städtischer Ämter oder für die Ratsmitgliedschaft heranzog. Da aber die Söhne der Dekurionen deren Vermögen erbten, kam es bereits in der frühen Kaiserzeit häufig vor, daß Angehörige einer Familie mehrere Generationen hindurch zum *ordo* einer Stadt gehörten; der Dekurionat wurde praktisch erblich.

Ich möchte an dieser Stelle ein Mittel der monarchischen Herrschaft ansprechen, das wir nicht nur innerhalb des Senatorenstandes fassen können: den Wettkampf der jeweiligen Führungsschichten auf allen Ebenen. Ein solcher Wettbewerb, auch um die Mitgliedschaft im *ordo decurionum*, war beispielsweise dadurch gegeben, daß die Zahl dieses Gremiums, wenngleich den lokalen Bedürfnissen und Möglichkeiten angepaßt, immer begrenzt blieb. Hinzu kamen die Ansetzung eines am Grundeigentum beziehungsweise am Einkommen orientierten Qualifikationsvermögens für die effektive Standeszugehörigkeit sowie auch für die Dekurionen gewisse Laufbahnregelungen. Trotz aller dabei zu beobachtenden lokalen Unterschiede fassen wir eine weitgehende Einheitlichkeit der Normen und Prinzipien, an die im Römischen Reich die Ausübung von lokaler Herrschaft gebunden war. Diese Einheitlichkeit der Normen und Prinzipien gewährleistete den Zusammenhalt der Herrschenden. Dies war wichtig in einem Imperium, dessen Bewohner in Sprache, zivilisatorischer Entwicklung sowie anfänglich auch im Besitz oder Nichtbesitz des römischen Bürgerrechts beträchtliche Unterschiede aufwiesen. Dieser Zusammenhalt der Herrschenden ermöglichte es ferner, die senatorische oder ritterliche Reichsführungsschicht bei Bedarf fast reibungslos aus den Reihen der regionalen Führungsschichten zu ergänzen. Vorstufe für einen solchen Aufstieg war in der Regel, daß ein Angehöriger der regionalen Führungsschicht, also der städtischen Oberschichten, vom Kaiser den persönlichen Rang eines römischen Ritters verliehen bekommen hatte.

Ordo equester

Augustus und seine Nachfolger hatten den Rittern eine Reihe von Verwaltungsaufgaben übertragen (S. 134) und somit im Laufe der Zeit dem Senatorenstand eine Schicht von reichen und vornehmen Personen an die Seite gestellt, die ein gewisses Gegengewicht gegen diesen bilden konnte. Die Zugehörigkeit zum Ritterstand war – zumindest formell – nicht erblich. Die Aufnahme erfolgte durch eine Rangerhöhung von Einzelpersonen und nicht einer Familie. Somit war der Ritterstand kein Geburts-, sondern ein Personaladel. Wie beim *ordo decurionum* und beim Senatorenstand war die Zugehörigkeit zum *ordo equester* an ein Qualifikationsvermögen geknüpft, das auch viele Provinzialen aufbringen konnten. Daher waren die Einwohner der Provinzen im Ritterstand bereits unter Augustus stärker repräsentiert als im Senatorenstand.

Häufig begann die Laufbahn der zum Staatsdienst zugelassenen Ritter mit Offiziersstellen, mit der *militia equestris*. Diese dauerte insgesamt etwa 10 Jahre. Die Zahl der zur Verfügung stehenden Posten verringerte sich von Stufe zu Stufe, so daß eine Art Wettbewerb entstand, beispielsweise ein Wettbewerb in Loyalität oder im Anknüpfen von Kontakten.

Die besonders qualifizierten und ambitionierten Ritter wurden nachher als *procuratores Augusti* in die hohen Stellen in der Wirtschafts- und Finanzverwaltung des Reiches übernommen. Sicherlich spielte bei solchen Karrieren Protektion eine wichtige Rolle, aber auch für sie galten Spielregeln. Insgesamt garantierte das Zusammenspiel von Protektion, aristokratischer Hierarchie und persönlichen Verdiensten die Leistungsfähigkeit der Verwaltung des Imperium Romanum. Die Protektion des einzelnen beruhte nicht nur auf reiner Zufälligkeit und bewirkte nicht ausschließlich Zufälligkeiten. Auch Protektion spielte sich innerhalb des Rahmens einer gefestigten sozio-politischen Ordnung ab und diente letztlich dazu, wie dies gerade in den Briefen des jüngeren Plinius immer wieder deutlich wird, die Kontinuität und Stabilität eben dieser Ordnung zu sichern.

Es hat seit Augustus im Ritterstand eine Spitzengruppe gegeben, die aufgrund ihrer Aufgaben aus der Masse der Ritter weit herausragte und nicht nur als funktionale Gruppe, sondern auch als Prestigegruppe immer mehr ein Abbild – aber eben bezeichnenderweise ein Abbild – des Senatorenstandes darstellte. Was im 3. Jahrhundert folgte, nämlich der enorme Machtzuwachs der Ritter in der Führungsschicht, insbesondere seit den Reformen des Gallienus und des Diocletian, war nur eine organische Fortsetzung jener Entwicklung. Dennoch führte dieser Prozeß zu keiner dauerhaften politischen Entmachtung des Senatorenstandes. In der Zivilverwaltung des Reiches hatten die Senatoren weiterhin Spitzenfunktionen inne, und ihr hohes Ansehen war ungebrochen. Somit bestand die Führungsschicht des Reiches auch weiterhin aus Senatoren und Rittern, auch wenn sich das Gewicht im Bereich der staatlichen Funktionen stark zugunsten der Ritter verschoben hatte. Der Endpunkt dieser Entwicklung war weder die Degradierung des Senatorenstandes zu einem zweiten Stand, noch der Zerfall der Führungsschicht, sondern ihre Reorganisation im Rahmen eines Personenverbandes, als nämlich Constantin die ritterliche Machtelite institutionell in den Senatorenstand einbezog. Dies war eine Reform, die in ihrer Tragweite mit der Einbeziehung der Elite der Ritterschaft in die politisch-militärische Führungsschicht des Reiches durch Augustus verglichen werden kann.

Durch diese Maßnahme blieb das während der tausendjährigen Geschichte Roms sanktionierte Prestige des Senatorenstandes als eines ersten Standes erhalten, zugleich wurden aber in diesen Stand alle Angehörigen der politisch-militärischen Führungselite integriert. Damit war eine der wichtigsten Grundlagen für den Fortbestand des Römischen Reiches in der Spätantike geschaffen.

Ordo senatorius

Der soziale Status des einzelnen Reichsbewohners war letztlich durch das plutokratisch-timokratische Prinzip bedingt, das schon in der Staats- und Gesellschaftsordnung der römischen Republik eine wesentliche Rolle gespielt hatte. Diese Gesellschaftsordnung blieb auch für die Kaiserzeit bestimmend. Der augusteische Dichter Ovid (43 v. Chr.-18), selbst Angehöriger des Ritterstandes und damit einer sozial herausgehobenen Schicht, hat dieses Grundprinzip der römischen Gesellschaftsordnung mit nicht zu überbietender Knappheit in ein Verspaar gefaßt (Liebeselegien 3, 8, 55–56): „Verschlossen ist der Senat den Armen, allein das Vermögen verleiht die öffentlichen Ämter: Auf diese Weise kommt es zu dem gestrengen Richter, auf diese Weise zu dem gewichtig blickenden Ritter."

Mit der hohen Bedeutung des Vermögens ging eine solide Wirtschaftsgesinnung der reichen Oberschicht Hand in Hand. Plinius der Ältere (23/24–79) singt in seiner ‚Naturgeschichte' (*naturalis historia* 7, 139) ein Loblied auf L. Caecilius Metellus, den Consul von 251 und 247 v. Chr. In dieser *laudatio* werden die zehn wichtigsten Dinge aufgezählt, nach denen ein Vornehmer streben sollte. Dazu gehörte auch *pecuniam magnam bono modo invenire*, viel Geld auf angemessene Weise zu erwerben.

Die Tendenz zur Vererbbarkeit einer einmal gewonnenen sozialen Stellung ist in allen hierarchisch strukturierten Gesellschaftsordnungen sehr stark; das war in Rom nicht anders. Von einem Senatorensohn wurde erwartet, daß er sich ebenfalls um einen Sitz im Senat bemühte; so sehe ich es jedenfalls. Dennoch mußte der Senat ständig ergänzt werden. Der wichtigste Grund war das Aussterben der senatorischen Familien. Die Kaiser Trajan, Hadrian und Lucius Verus hatten keine Söhne. Antoninus Pius verlor zwei Söhne in jungen Jahren. Fronto, der Berater Marc Aurels, begrub fünf seiner sechs Töchter, die sehr jung verstarben. Und schließlich Marc Aurel: Von seinen sieben Söhnen überlebte nur einer, Commodus; mit ihm war dann auch die sogenannte Zeit der Adoptivkaiser beendet. Die Verfolgungen des Standes unter Tiberius, Caligula, Claudius, Nero, im Vierkaiserjahr und unter Domitian haben die Reihen der Senatoren ebenfalls gelichtet; dies war unter Septimius Severus und im 3. Jahrhundert nicht anders. Diese Gegebenheiten machten die Aufnahme von Angehörigen der provinzialen Oberschicht in den Senat verständlich, wie sie eben beschrieben wurde (S. 151).

Um Fragen wie die nach dem Aussterben der senatorischen Familien, der Ergänzung des *ordo senatorius* oder nach senatorischen Laufbahnen zu beantworten, bedient sich die Forschung der sogenannten ‚prosopographischen Methode'. Es ist eine sozialgeschichtliche Methode, die für das Studium einer bestimmten sozialen Schicht von jenen Angaben ausgeht, die uns über einzelne Angehörige dieser Schicht erhalten geblieben sind. Sie bemüht sich zunächst um die Erstellung eines Datengerüsts, beispielsweise um die Zusammenstellung sämtlicher Angaben für einzelne Angehörige des Senatorenstandes in einem bestimmten Zeitabschnitt: Namen, Herkunft, Ämterlaufbahn, politische Haltung, persönliche und wirtschaftliche Verhältnisse, Beziehungen der einzelnen Personen zueinander. Ein zweiter Schritt bezieht sich auf die Zusammenhänge, vor allem auf die Gemeinsamkeiten in den Daten für verschiedene Personen: Welche Personen stammten aus demselben Teil des römischen Reiches? Welche durchliefen eine ähnliche Ämterlaufbahn? Welche hatten in derselben Gegend Grundbesitz? Welche gerieten in Konflikt mit der Regierung? In der nächsten Stufe der Arbeit geht es dann darum, die diesen Zusammenhängen zugrundeliegende Sozialstruktur zu erkennen. Welche Stellung nahm der Senatorenstand in der betreffenden Epoche im wirtschaftlichen, sozialen und politischen Leben ein? Weshalb war diese Stellung eine andere als früher? Welche Ansätze waren in der damaligen Lage für die spätere Entwicklung vorhanden? Durch eine ebenso vorsichtige wie konsequente Anwendung dieser Methode werden Zusammenhänge der Sozial- und Machtstrukturen erfaßbar.

Die mit dieser Methode festgestellte enorme Fluktuation der Führungselite führte dazu, daß die neuen Männer, die *homines novi*, innerhalb des Senatorenstandes während der Prinzipatszeit eine wichtige Rolle spielten. Die Nobilitierung blieb während der gesamten Kaiserzeit und ebenso in der Spätantike die höchste Belohnung für die Treue, das heißt den loyalen Dienst, eines Nichtaristokraten. Dies bedeutete aber, daß er die Ideale dieses für ihn neuen Standes übernahm, die immer auch Ideale waren, die ihn vom Kaiser distanzieren mußten. Es bedeutete ferner, daß die Nobilitierung ihn, beziehungsweise seine Nachfahren, dem direkten Dienstverhältnis zum Kaiser bereits wieder entzog. Da hauptsächlich Aristokraten für die wichtigsten Ämter in Frage kamen, konkurrierten während der gesamten Kaiserzeit die Anforderungen von Kaiser und Reich an die Loyalität solcher Führungskräfte mit deren Prestigebedürfnis. Dies sollte sich auch in der Spätantike nicht ändern.

Spätantike

Der Begriff *Spätantike* entstand im Widerspruch gegen ein Geschichtsbild, das lediglich die ‚klassische' Antike (S. 12) als eine produktive Epoche zu erkennen vermochte. Es wurde erst durch den Historismus überwunden, und so maßen diejenigen, die von der Spätantike sprachen, diesem Gegenstand gegenüber der Antike selbständigen Rang und eigene Bedeutung zu. Der Begriff selbst kam aus der Kunstgeschichte, die am Ende des vorigen Jahrhunderts die Spätantike als Kunstperiode von eigener Art und von eigenem Wert erkannte. Trotz seiner großen Bedeutung in der deutschen Altertumswissenschaft ist der Begriff kaum in andere Sprachen eingedrungen. In dem französischen *bas-empire* und dem italienischen *basso impero* schwingt jener pejorative Nebenton mit, der lange die Wertung der nachklassischen Antike bestimmte. Die mit solchen Termini verbundenen Sehweisen sind stark auf den Westen des Römischen Reiches konzentriert. Daher verdient der Begriff *frühbyzantinische Periode* Beachtung, der den Blick auf den Übergang namentlich der östlichen Reichshälfte in den mittelalterlichen byzantinischen Staat lenkt. Schließlich sind beispielsweise im Hofzeremoniell oder bei der Durchsetzung des Christentums als Staatsreligion Grundlagen für Jahrhunderte europäischer Entwicklung geschaffen worden.

Diocletian

Die Wahl Diocletians am 17. November 284 zum Kaiser verlief so, wie es längst üblich war. Die hohen Offiziere einigten sich über die Person des Herrschers und stellten ihn nach Abschluß ihrer Verhandlungen der Heeresversammlung vor, welche die Wahl durch Akklamation bestätigte. Aufgrund der schwierigen militärischen Lage des Reiches entschloß sich Diocletian, seinen Freund Maximianus in den Westen zu schicken, während er selbst im Osten blieb.

286 proklamierte Diocletian Maximianus, der sich im Westen militärisch bewährt hatte, zum Augustus, also zum Mitkaiser, wobei sich Diocletian als der ältere Augustus die Oberherrschaft vorbehielt. Die Beinamen, die sich beide Kaiser zulegten, brachten dies sinnfällig zum Ausdruck: Iovius und Herculius. Iovius, von Jupiter abgeleitet, kam dem älteren Augustus zu, Herculius dem jüngeren, da ja Herakles/Hercules der Sage nach ein Sohn des Zeus/Jupiter war.

Den grundlegenden Schritt zur Neuordnung des Reiches taten beide Kaiser 293, als sie die Tetrarchie, die Viererherrschaft, begründeten: Constantius und Galerius wurden zu Caesaren erhoben und erhielten den Rang von Mitherrschern und präsumptiven Nachfolgern; ihre Ernennung sollte dem Auftreten von Usurpatoren vorbeugen. Beide Caesaren wurden von ihren Augusti adoptiert, und so entstand eine fiktive Herrscherfamilie, in der die Nachfolge geregelt war, da man den Rücktritt der Augusti vorab festlegte. In Zukunft, so jedenfalls der Plan, sollte die Tetrarchie die Regel sein und die Auswahl der Besten als Thronfolger gewährleisten. Jeder der vier erhielt einen Herrschaftsbereich zugewiesen, doch blieben die Caesaren prinzipiell den beiden Kaisern unterstellt. Die neue Einteilung des Imperium bedeutete noch keine Reichsteilung, denn jeder Augustus konnte über seinen Bereich hinausgreifen, und Diocletian blieb der oberste Machthaber. Die Verteilung der vier Bereiche sah wie folgt aus (Abb. 17): Diocletian behielt den Orient, sein Caesar Galerius erhielt die Donauprovinzen von Noricum bis zur Donaumündung. Maximianus erhielt Italien, Afrika und Spanien, dessen Caesar Constantius Gallien und Britannien, das er sich erst noch erobern mußte. Entsprechend der irdischen Gruppierung erfuhr auch die ‚himmlische' ihre Ausgestaltung: Sol und Mars wurden die Schutzgottheiten von Constantius und Galerius.

Die Tetrarchie und mit ihr das gesamte Imperium, dies zeigten bereits die Zuordnungen einzelner Götter, sollten durch einen Staatskult gestärkt werden. Schon unter Decius (S. 140) hatte sich gezeigt, daß das Christentum nicht in ein solches System paßte, da die Christen zwar Staat und Kaiser als politischen Rahmen akzeptierten, aber nicht bereit waren, sich am Staats- sprich Kaiserkult zu beteiligen. Seit 303 begann daher die erste wirkliche, im Osten weitgehend systematisch betriebene, Christenverfolgung, die 311 durch ein Edikt des Galerius ihr Ende fand.

305 gab Diocletian, wie dies bereits lange vorgesehen war, vor einer Heeresversammlung seine Abdankung bekannt. Er legte den Purpur ab und bekleidete mit ihm seinen bisherigen Caesar Galerius, der damit die Stellung des Augustus erhielt. Am gleichen Tag trat auch Maximianus zurück und ernannte Constantius zum Augustus. Beiden neuen Kaisern traten neue Caesares an die Seite: Severus im Westen und Maximinus Daia im Osten. Das diocletianische System, das sich hier noch bewährt hatte, brach bereits im nächsten Jahr zusammen. Constantius starb 306 in Britannien, worauf das dort versammelte Heer den Sohn des Constantius, Constantin, zum Augustus ausrief. Bald erhob sich in Rom Maxentius zum Kaiser, versuchte der längst zurückgetretene Maximianus wieder an die Macht zu kommen und setzte eine Kaiserkonferenz in Carnuntum Licinius zum Augustus ein.

Das System Diocletians scheiterte an der Tatsache, daß nicht alle Augusti bereit waren, sich so problemlos von ihrer Macht zu trennen wie dessen Erfinder selbst. Es scheiterte ferner daran, daß einige Augusti Söhne besaßen, welche eher dem alten System der Dynastie anhingen, als daß sie Überlegungen darüber anstellen wollten, wer der Beste im Reich sei; bereits das sogenannte Adoptivkaisertum des 2. Jahrhunderts war nur eine Notlösung gegenüber dem dynastischen Prinzip gewesen (S. 138). In mehreren Bürgerkriegen setzten sich 312 Constantin im Westen und Licinius im Osten und dann 324 Constantin gegen Licinius als Alleinherrscher durch.

Unmittelbar nach diesem Erfolg ging Constantin an die Ausgestaltung seines Reiches, die mit dem Bau einer neuen Hauptstadt an der Stelle des alten Byzanz begann. Die Stadt kann als Denkmal des Sieges begriffen werden, denn einer der Erfolge gegen Licinius war ihre Eroberung durch Constantin. Ferner bot sich Byzanz in geographischer und militärischer Hinsicht für eine neue Hauptstadt an. 326 wurde der Grundstein für die Neugründung gelegt, 330 erfolgte die Einweihung der Stadt Constantins, Constantinopel, die allerdings ihren alten Namen Byzanz nie ganz verlor. Die Stadt wurde mit prächtigen Bauten ausgestattet und erhielt Privilegien jeder Art. Nach römischem Vorbild schuf Constantin einen Senat; Mitgliedern des alten Senats legte man nahe, in die neue Hauptstadt umzusiedeln. Diese Gründung des ‚zweiten' Rom, das nach der Trennung der beiden Reichshälften Hauptstadt des Byzantinischen Reiches wurde, war ein weiteres untrügliches Zeichen für den Zerfall des Imperium Romanum in ein West- und Ostreich. Die lange Lebensdauer dieser Hauptstadt und ihres Reichsteils bis zur Eroberung durch die Türken im Jahre 1453 spricht zweifellos für die Wahl Constantins. Nach dem Fall Constantinopels ging die Tradition der Stadt an das ‚dritte' Rom über: Moskau unter dem Zaren Iwan III.

Währenddessen wurden für die Folgezeit bedeutende Neuorganisationen vorangetrieben. Die seit der Kaiserzeit zu beobachtende Zersplitterung der Provinzen setzte sich rapide fort. Hatte es bis zur diocletianischen Zeit etwa 50 Provinzen gegeben, so verdoppelte eine noch von Diocletian durchgeführte Verwaltungsreform deren Zahl zu Beginn des 4. Jahrhunderts. In den neuen Provinzen war das militärische Kommando von dem zivilen getrennt. Anders als in der Kaiserzeit war der jeweilige Statthalter nun ausschließlich für die Rechtsprechung und Finanzverwaltung zuständig. Dadurch sollte die Verwaltung effektiver gestaltet werden. Durch die weitgehende Abkoppelung der militärischen Aufgaben und ihre Verlagerung auf Sonderbeamte konnte der langwierige Prozeß der Umwandlung des Heerwesens zum Abschluß gebracht werden. An dessen Ende stand die Teilung des Heeres in Frontsoldaten, bewegliche Eliteeinheiten und Hoftruppen.

Die Trennung von zivilen und militärischen Aufgaben brachte auch für den Praetorianerpräfekten den Verlust seiner bisherigen militärischen

Kompetenzen als Chef der kaiserlichen Leibgarde und die Beschränkung auf die Zivilverwaltung, insbesondere auf den Bereich der regelmäßigen Steuer, der *annona*, und der Rechtsprechung. Entsprechend der Aufteilung der Tetrarchie erhielt jeder der vier Reichsteile einen solchen Präfekten als Spitze der Zivilverwaltung (Abb. 17). Die Einführung eines neuen Heermeisteramtes rundete die Reorganisation des Heerwesens ab.

Diocletian und seine Nachfolger bemühten sich ferner um ein neues Steuersystem. Um hierfür eine Basis zu schaffen, führte man eine Serie von Zensuserhebungen im gesamten Reich durch, welche die Zahl der Steuerzahler ermitteln sollten. Das neue System zeichnete sich durch seine Einfachheit aus und ermöglichte dem Staat zum ersten Mal so etwas wie einen Haushalt im modernen Sinn, eine jährliche Aufstellung der Steuereinnahmen.

Hofzeremoniell

Nach der übereinstimmenden Aussage einiger spätantiker Autoren änderte Diocletian das Hofzeremoniell. Er habe als erster, so berichten sie, die *salutatio*, die Begrüßung, wie sie den Herrschern und anderen Würdenträgern des Reiches gebührte, durch die *adoratio* ersetzt. Unter dieser *adoratio* ist die Form der huldigenden Begrüßung zu verstehen, bei der die zum offiziellen Empfang Zugelassenen vor dem Kaiser den Kniefall machten. Dieser hielt ihnen einen Zipfel des kaiserlichen Purpurgewandes hin, den jene ergriffen und an ihre Lippen drückten.

Der Wandel von Begrüßungs- und Huldigungsformen gegenüber Respektspersonen ist stets ein komplizierter Vorgang. Die Einführung der *adoratio* drückte zugleich das Ende einer alten und den Beginn einer neuen Entwicklung aus. Sie war der Schlußpunkt eines jahrhundertelangen Bemühens, der monarchischen Gewalt und deren Legitimität zu einer angemessenen und eindeutigen Form zu verhelfen. Allmählich verschwanden die Unsicherheiten, Komplikationen und Mißverständnisse, die immer wieder zu Krisen im gegenseitigen Verhältnis von Alleinherrscher und Führungsschicht geführt hatten. Diese lagen in erster Linie darin begründet, daß beide Seiten von Bedingungen auszugehen hatten, die von den Werten einer ausgesprochen aristokratisch-agonal bestimmten Gesellschaft entscheidend geprägt worden waren. Die Kaiser monopolisierten am Ende dabei für sich alle jene Werte, die in diesem System als herausragend angesehen wurden.

Mit den Regelungen Diocletians lösten sich die Kaiser endgültig aus der Gesellschaft und formalisierten damit das Kaisertum selbst. Diocletian und seine Nachfolger ritualisierten alle Aspekte und Traditionen, die den römischen Herrscher schon längst über alle Sterblichen erhoben hatten. Sie inszenierten ein Hofzeremoniell, das darauf abzielte, die Distanz zwischen Kaiser und Untertan als prinzipiell unüberbrückbar darzustellen. Dem Kaiser gegenüber, der hoch über allen thronte, waren sogar die Mitglieder der Führungsschicht nivelliert. Die Distanz, die den Herrscher von allen trennte, ließ sich auch räumlich und gestisch darstellen: Während er selbst bei den Audienzen saß, hatten alle anderen zu stehen.

Zu welchen Steigerungen dieses Zeremoniell in byzantinischer Zeit fähig war, will ich anhand von Beschreibungen aus dem 10. Jahrhundert andeuten. Der Thronraum war nun vollends zur Bühne geworden, alles mit opernhafter Regie aufgebaut. Teppiche und Prunkgewänder, Lorbeer und Blumen zierten die Wände, mit Efeu, Rosmarin und anderen Blüten wurde der Boden bestreut. Vor dem Thron des Kaisers stand ein eherner, aber vergoldeter, mit Edelsteinen und Purpur verzierter Baum, in dessen Zweigen künstliche Vögel verschiedenster Art saßen, die den Gesang lebender Tiere imitieren konnten (S. 107). Als Wächter des Thrones dienten Löwen, aus Metall oder Holz gefertigt und ebenfalls mit Gold überzogen.

Während man sich dem Kaiser näherte und zum ersten Mal auf den Boden warf, begannen zugleich Orgeln zu spielen. Dann fingen die künstlichen Vögel in den künstlichen Bäumen an zu zwitschern, und die Löwen schlugen mit den Schweifen auf den Boden, und mit offenem Rachen und beweglicher Zunge hoben sie ein Gebrüll an. Die zweite Proskynese ließ diesen Lärm ebenso plötzlich und unvermutet wieder verstummen, wie er begonnen hatte. Der Kaiser saß währenddessen erhöht, gut sichtbar und schweigend auf seinem Thron. Unmittelbar vor diesem Thron erfolgte die dritte Proskynese. „Als ich nun zum dritten Male niedergefallen war und den Kopf emporrichtete, da erblickte ich den Kaiser, den ich vorher auf einer mäßigen Höhe hatte sitzen sehen, fast bis an die Decke emporgehoben und mit anderen Kleidern angetan als vorher." So beschreibt der Gesandte Ottos I. Liudprand im 10. Jahrhundert den Thronmechanismus (Liudprand, Antapodosis 6, 6).

Pracht und Aufwand sind effektive Instrumente der Politik, nicht nur äußerliche Mittel, in vordergründiger Weise Eindruck zu machen. Zu betonen ist dabei, daß die Zeremonie dem antiken Menschen nie Gegensatz zum Wirklichen, sondern Ausdruck der Wirklichkeit auf einer neuen und höheren Ebene war: Der Herrscher war das Zentrum, der ruhende Pol. Er erhob sich nie, saß immer höher als der Empfangene stand und nickte kaum mit dem Kopf zur Begrüßung. Diese Starrheit war Starrheit auch im Glauben an die Richtigkeit einer Idee.

Dennoch war dieses Zeremoniell zu feinen Unterschieden fähig. Bei Audienzen konnten die abgestuften Annäherungsweisen den Rang der dabei Beteiligten genau widerspiegeln. Die Reihenfolge, in der die Personen zur Audienz zugelassen wurden, teilte sie in eine Rangordnung ein. Zur *adoratio* durften nur Mitglieder der überregionalen Führungsschicht erscheinen, genauer gesagt: Die Zulassung zur Audienz stellte ein Merkmal dar, das die Zugehörigkeit zu dieser Schicht konstituierte. Hinzu kam, daß die *adoratio* den feierlichen Höhepunkt mancher erfolgreich abgeschlossenen Laufbahn und Dienstzeit bildete. Den Mitgliedern zahlreicher Beamtenkollegien wurde, nachdem sie die höchste Stufe ihres Dienstes erreicht hatten, der Abschied in der Form erteilt, daß sie an einer solchen Massenaudienz teilnehmen durften. Das *adorare* des heiligen Purpur war wie kein anderer Vorgang geeignet, die Bindung zum Monarchen als Fixpunkt des Systems sichtbar herauszustellen.

Wenn also jetzt als Unterscheidungsmerkmal innerhalb der Führungsschicht auch formal der rangmäßig abgestufte, unterschiedliche Grad der Nähe zum Herrscher zählte, so ist doch die grundsätzlich verschiedene Form der Selbstdarstellung von Herrscher und Beherrschten zu betonen. Es ist dabei bezeichnend, wie sich auch der Erwartungshorizont der Beherrschten im Laufe der Jahrhunderte verschob. Daß ein C. Iulius Caesar vor dem Senat in der Halle des Tempels der Venus Genetrix sitzen blieb, hatte ihm den unversöhnlichen Haß dieses erlauchten Gremiums eingetragen. Der Kaiser Julian (361–363) indes erregte dadurch Anstoß, daß er einem Consul bei dessen Amtsantritt entgegenging. Der Abstand zwischen dem Sitzen und dem Stehen war der Ideologie nach unüberbrückbar. Veränderungen, Bewegungen waren nur auf der Ebene der Stehenden denkbar, während der Sitzende den statischen Fixpunkt verkörperte, den ruhenden Pol, um den sich alle anderen im gegenseitigen Wettbewerb um möglichste Nähe zum Zentrum gruppierten.

Wie der Begriff *adoratio* selbst, so waren der gesamte Ritus und die diesen bezeichnenden Termini sakral gefärbt. Schon seit Beginn der Kaiserzeit rückte manches die Herrscher in die Nähe der Gottheiten. Dazu gehörte die Konsekration verstorbener sogenannter guter Kaiser ebenso wie der offizielle Kaiserkult. Längst galt vieles von dem, was mit dem Herrscher in Berührung kam, als heilig: *sacrum palatium*, *sacrae litterae*, *sacrae cognitiones* und so vordergründig profane Dinge wie *sacra moneta*.

Doch erst seit Diocletian vollzog sich in der Tiefe des Palastes, wie im Innersten eines Heiligtums, zu dem nur die Priesterschaft Zutritt hat, in einer anbefohlenen Atmosphäre andächtigen Schweigens ein sakral-liturgisches Zeremoniell: die Anbetung. Aus diesem Allerheiligsten, *adytum*, ich zitiere ein Gesetz des 4. Jahrhunderts (Codex Theodosianus 1, 15, 8), drangen die Verfügungen des Kaisers über seine Beamten als *oracula* in die Außenwelt; ihre Mißachtung galt als Sakrileg. Die Zulassung zur *adoratio* wurde zum Ausdruck der Qualifikation, der hierarchisch gegliederten Priesterschaft-Führungsschicht anzugehören – einer Weihe durchaus nicht unähnlich. Auf die religiöse Sphäre verweist auch das seit altorientalischer Zeit vertraute zeremonielle Schweigen in Gegenwart des Kaisers. Wer auf solche Weise mit dem ‚Gott' in Kontakt gekommen war, stand unter seinem besonderen Schutz und konnte in den Genuß handfester materieller Vorteile gelangen. Die wichtigste Wirkung der kultischen Absonderung und der damit einhergehenden sakralen Überhöhung des Herrschers lag darin, der Reichsführungsschicht wie auch den engsten Familienmitgliedern jeden Gedanken an Gleichstellung zu rauben. Alle Formen des Zeremoniells waren deshalb auf Unterwerfung abgestellt.

Die sakrale Formensprache galt aber nicht dem Kaiser als Individuum, sondern der Person nur insoweit, als sie kaiserliche Qualität besaß. Und diese Form vermochte schließlich über den Inhalt zu triumphieren. Was in der Kaiserzeit undenkbar war, konnte nun eintreten: Das römische Kaisertum wurde von vierjährigen Kindern repräsentiert. Es spielte eben formal keine Rolle, von wem der Purpur, den man bei der Audienz küßte, getragen wurde. Die Ehrung des Symbols kaiserlicher Macht trat in den Vordergrund. Der individuelle Mensch trat hinter der Idee zurück, büßte alle menschlichen Züge und Regungen ein. Die Folge in der Repräsentation war die statuenhafte Unbewegtheit des Kaisers, wie sie uns Ammianus Marcellinus (um 330–400) bei dem Rombesuch Constantius' II. 357 beschrieben hat (16, 10, 10): Der Kaiser wandte das Gesicht weder nach rechts noch links. Er spuckte nicht aus und rieb oder wischte sich nicht die Nase, und nie sah man ihn auch nur eine Hand bewegen.

Im Mittelpunkt der Verehrung stand das formalisierte Kaisertum, die mit Hilfe von Zeremonien und Insignien eindeutig als solche erkennbare absolute Monarchie. Das Bild von Herrscher und Reich, das in einem monarchischen Schaubild gesehen und an das geglaubt wurde, konnte nicht weiter erhöht werden. Im Zentrum stand die alles beherrschende Gestalt des Kaisers, der als Mensch in die göttliche Sphäre erhoben erschien – bildlich und real. Dafür waren jede Zeremonie, Bewegung und Gebärde ebenso wie Farbe und Ton, Kleid und Insignie, durchgestaltete Anordnung und rangbezeichnende Pracht zwingender Ausdruck. Je unpersönlicher der Kaiser dabei agierte, besser gesagt: nicht agierte, desto mehr war er befreit von allem Menschlichen, war er Träger eines heiligen, ewigen Amtes, versinnbildlichte er sich selbst und seinen Staat. Form und Inhalt waren hier, wie in allem höfischen Leben, eins.

Constantin

Die leidenschaftlich geführte Diskussion der Regierungszeit Constantins, des ersten ‚christlichen' Kaisers, betrifft eben insbesondere das Christentum. Es war im Osten des Römischen Reiches weitaus stärker verbreitet als im Westen, wo Aristokratie und vor allem das Heer noch lange heidnisch blieben. Constantin war sicherlich kein Opportunist, als er begann, sich als Christ zu verstehen, und den Schutz des Reiches dem christlichen Gott anvertraute. Es ist sinnlos, jemandem nachzurechnen, ob er etwas aus

Frömmigkeit oder Berechnung getan hat; beides zusammen ergibt ein vollständiges Bild. Der persönliche Anteil an dieser Entscheidung des Herrschers wird für uns nie greifbar sein; aber es lassen sich immerhin Aspekte zeigen, die seine Entscheidung verstehbar machen.

Als Nachfolger seines Vaters übernahm Constantin innerhalb des tetrarchischen Systems, wie es einmal konzipiert war, den Sonnengott als Schutzgott. Dieser Sol war längst in zahlreichen Göttern präsent. Ein solarer Pantheismus prägte weite Bereiche der Religiosität der Kaiserzeit, jene Vorstellung, daß die Sonne das All sei und Sol die meisten Götter in sich aufnehme. Die Sonne figurierte nicht nur als Himmelskörper, als Element der materiellen Welt, sondern man erkannte sie zugleich als die unmittelbare Erscheinung des schlechthin höchsten Wesens, der einen Allgottheit. Ein Panegyricus, eine Lobrede, auf Constantin, aus dem Jahre 310, bringt uns diesen Sonnengott und die antike Vorstellung des Umgangs mit ihm nahe. An Constantin richtet der Redner folgende Worte (Panegyrici Latini 7, 21, 5–6): „Du hast ihn wirklich gesehen und dich in seinen Zügen wiedererkannt, den Gott, dem nach alten Sehersprüchen das Weltregiment gebührt. Und diese Weissagungen sind, wie ich meine, jetzt erst [in dir] erfüllt worden; denn du bist, wie jener Gott, jung und frohgemut und heilsspendend und schön, oh Kaiser!" Der Text zeigt, wie der damalige Mensch Verbindung mit einem Gott aufnahm: Constantin hat den Gott gesehen, in diesem Fall den Apollo von Autun. Die antike Welt ging wie selbstverständlich davon aus, daß sich der Gott mit dem Menschen in Verbindung setzte. Als Constantin daher vor der Schlacht an der Milvischen Brücke 312, die ihm die Kontrolle des Westens bringen sollte, aufgrund eines göttlichen Auftrags ein bestimmtes Symbol an den Schilden seiner Soldaten anbringen ließ, erfolgte dieser Auftrag dem Stil der Zeit gemäß in einer Vision, im Traum. Constantin siegte, der Gott hatte sich bewährt. Das Symbol wurde im Laufe der Zeit von den Christen als Zeichen ihres Gottes gedeutet, eine Sichtweise, der sich schließlich auch Constantin nicht verschloß.

Constantin war Christ, aber es war ein Christentum eigener Art. Der Kirchenhistoriker Eusebius (um 260–339) vermittelt uns auf der so schwarz wie möglich gemalten Folie der unchristlichen Vorgänger das Bild eines christlichen Kaisers in hellen Farben. Dabei retouchiert er in zweifacher Hinsicht: Sicherlich überzeichnet er die christliche Seite des Herrschers; dies ist immer wieder betont worden. Nicht übersehen darf man allerdings, daß er offensichtlich auch in Constantins Verständnis vom Christentum dort eingreift, wo dieses gängigen christlichen Anschauungen kaum noch zu vermitteln war. Constantin soll den Wunsch gehabt haben, in seiner neuen Hauptstadt Constantinopel inmitten der zwölf Apostel bestattet zu werden. Dreizehn Sarkophage waren geplant, sein eigener, größer als die übrigen, in der Mitte, jeweils sechs zu beiden

Seiten (Eusebius, Leben Constantins 60). Wer war denn die dreizehnte Person inmitten der zwölf Apostel? Wer anderes als Christus, als Gott selbst? Constantin wollte sich erst spät, gegen Ende seines Lebens taufen lassen; dies entsprach noch den Gepflogenheiten der Zeit. Aber er wollte sich im Jordan taufen lassen (ebd. 62), wo schließlich auch der getauft worden war, der er sein wollte: Christus. „Du bist wie jener Gott", hatte ihm der Panegyriker gesagt und Apollo gemeint. Constantin wird an diesem Verständnis festgehalten haben, ob der Gott nun Apoll oder Christus hieß. Eusebius hat, um auf den Ausgangspunkt zurückzukommen, dies abgemildert, aber zweifellos wurde die Nähe der Kaiser zu den Göttern nicht wesentlich geringer, als es sich um einen christlichen Gott handelte. Im 7. Jahrhundert, nach mehreren Jahrhunderten christlicher Tradition, trug man an den byzantinischen Kaiser Constantin IV. Prognatus (668–685) die Idee heran, er solle seine beiden Brüder zu Mitkaisern erheben, damit man auf Erden ein Abbild der himmlischen Dreieinigkeit vor Augen habe (Theophanes, Chronographie 352, 15).

Es verwundert nicht, daß Constantins Leben und Wirken von den christlichen Autoren legendenhaft ausgeschmückt wurde. Dazu hatte bereits Eusebius mit seiner panegyrischen Schrift über das Leben Constantins wesentlich beigetragen. Die Bedeutung des ersten ‚christlichen' Kaisers dokumentiert sich auch darin, daß die Kirche ihrerseits ihren späteren weltlich-politischen Machtanspruch durch die sogenannte ‚Constantinische Schenkung' (*donatio Constantini*) zu begründen versuchte. Nach der Überlieferung vollzog Constantin diesen Akt gegenüber dem Bischof von Rom, Sylvester, aus Dankbarkeit für die Heilung vom Aussatz. In der Urkunde werden der Vorrang der Stadt Rom über alle Kirchen, die Verleihung kaiserlicher Abzeichen an den Bischof von Rom, den späteren Papst, die Schenkung des Lateranpalastes sowie die Abtretung Roms, Italiens und der abendländischen Provinzen an die Kirche bestätigt, während sich der Kaiser selbst nach Byzanz zurückzog und mit der Herrschaft über den Osten begnügte. Die Urkunde, die im 8. Jahrhundert entstand, galt lange als echt. Im 15. Jahrhundert entlarvte sie unter anderen Lorenzo Valla als Fälschung.

Religiosität

Spätestens seitdem Cicero festgestellt hatte, daß die Römer sich von anderen Völkern vor allem durch ihre Religiosität unterschieden, galten gemeinsame Kulthandlungen ‚aller' Bewohner des Römischen Reiches als eine wesentliche Voraussetzung für die Existenz und das Wohlergehen des Staates. Diese Grundhaltung ging einher mit einer größtmöglichen Toleranz des Staates gegenüber den privaten religiösen und kultischen Vorstellungen und Praktiken seiner Bürger. Letzteres hatte zu einer verwirrenden Menge von Kulten und Lebensphilosophien geführt, die dem Menschen Hilfe bei der Bewältigung seines Lebens, aber auch Befreiung aus dem Zwang irdischer Verhältnisse versprachen. Zahllose Götter standen zur Verfügung; je nach Zeit, Geld und Interesse konnte man sich etwa in einer oder mehreren Mysteriengemeinschaften engagieren. Es war eine der Grundüberzeugungen, daß es nicht nur einen Weg zur Wahrheit gebe, wie es Symmachus (um 345–405) gegen Ende des 4. Jahrhunderts in einem ‚Vortrag' als verzweifelte Replik auf christliche Angriffe formulierte (*relatio* 3, 10).

Die eingangs geschilderte Grundforderung des Staates zum kultischen gemeinsamen Handeln aller Reichsbewohner bezog sich auf den Kaiserkult und ließ, wie bemerkt, dem daneben existierenden privaten Engagement jeden Freiraum. Traten politische Schwierigkeiten auf, wie beispielsweise in der Mitte des 3. Jahrhunderts, so konnte ein Herrscher die wesentliche Grundlage staatlicher Existenz stärken oder neu herstellen, indem er alle Untertanen aufforderte, ihre Treue zum Staatskult zu bekunden. Erst wenn dies verweigert wurde, drohten dem einzelnen oder den Institutionen, die dies ablehnten, Sanktionen. Die Christen verweigerten gelegentlich solche öffentlichen Bekundungen; sie bekannten sich zwar zum Staat und zum Kaiser als von Gott eingesetzter Autorität, verwarfen aber kultische Handlungen für den Kaiser als Idolatrie, als Götzendienst; jedenfalls votierten so die führenden Christen, die wir Kirchenväter nennen. Es gebe nur einen Gott, so formulierten sie es immer und immer wieder, folglich entfalle für einen Christen die Freiheit der Wahl auch anderer Götter.

Da Constantin in der Tradition der römischen Herrscher stand, deren Position noch stärker überhöht worden war, seit Diocletian das Hofzeremoniell neu strukturiert hatte (S. 158), vertrat er die Ansicht, daß eine gemeinsame religiöse Grundhaltung aller Untertanen notwendig sei, um die staatliche Existenz nicht zu gefährden: „Der Staat gerät in große Gefahr, wenn er die Religion mißachtet" (Constantin an den Proconsul von Africa; Eusebius, Kirchengeschichte 10, 7, 1). Alle Untertanen mußten wenigstens auch dem Gott huldigen, welchen der Kaiser ihnen als den staatstragenden präsentierte. Nun hatte aber Constantin einen Gott gewählt, der anders als Jupiter oder der Sonnengott keine anderen Götter mehr neben sich duldete. Die Konsequenzen aus dem Zusammentreffen beider Grundanschauungen sind bekannt: Der Weg in die christliche Staatskirche begann unaufhaltsam und mit der dem Christentum inhärenten Intoleranz und Aggressivität gegenüber anderen Göttern, Kulten und ihren Anhängern.

Eine Station auf diesem Weg war die Regierungszeit Constantius' II. (337–361), der sich unter den Nachfolgern Constantins im Jahre 351 als Alleinherrscher durchsetzte. An der Entscheidungsschlacht nahm er nicht selbst teil, sondern betete in einer Martyrerkirche vor den Toren Mursas für den Sieg. Der zu Gott als Schlachtenhelfer betende Kaiser ist von nun an für viele Jahrhunderte ein regelmäßig wiederkehrendes Bild der europäischen Geschichte. Constantius II. ist der erste römische Kaiser, der von seiner Geburt an christlich erzogen worden war. Unter anderem daher wird es verständlich, daß er mit allen Mitteln versuchte, die zentrale innerkirchliche Problematik seiner Zeit zu lösen, die Auseinandersetzung mit dem Arianismus. Dabei ging es um Folgendes:

Die Kirche der Frühzeit hatte sich zu Gott, dem Vater, dem Schöpfer der Welt, zum Sohn Gottes, dem Logos, der zugleich als Mensch Jesus die Erlösung vollzog, und zum Geist, dem Mahner und Führer der Gemeinde, bekannt; sie gab diesen Glauben ohne viel Bedenken und Grübeln weiter. Je mehr Gebildete aber vor allem im Osten den neuen Glauben übernahmen, umso mehr drang griechisches Gedankengut ein, insbesondere die hellenistische Philosophie mit ihrer langen historischen Tradition und ihrem reichen Spektrum an Kategorien und Schemata. Was die Väter zunächst ohne große Reflexion geglaubt und bekannt hatten, begann man zu zerlegen und zu prüfen, um es sicherer zu erfassen.

Vor allem die Gedanken Platos (427–347 v. Chr.), die im Laufe des 2. Jahrhunderts wiederauflebten, beeinflußten die christlichen Theologen, da für sie keine andere wissenschaftliche Denkweise vorstellbar war als die der griechischen Philosophie. Diese Verehrung Platos wuchs im 3. Jahrhundert noch. Plotin (205–270), der Neugestalter des Platonismus, ist hier zu nennen und Origenes (182–254), der erste, der in die Glaubensinhalte der Kirche philosophische, vor allem platonische Gedanken einarbeitete und sie mit Grundzügen der Ideenlehre verwob. Daher hat Origenes auf die östlichen Teile der Kirche einen großen theologischen Einfluß ausgeübt, und seine Gedanken und Begriffe wurden Ausgangs- und Angelpunkt aller Lehrmeinungen und Lehrkämpfe der Alten Kirche.

Es handelte sich bei den seit dem 2. Jahrhundert ausgetragenen heftigen Kontroversen um nichts weniger als darum, das Wesen Gottes, das Verhältnis des Gottessohnes zum Gottvater und die Möglichkeit der Erlösung zu fassen, in der Tat entscheidende Fragen, sobald der Mensch denkend an den christlichen Glauben herantrat. Diese Fragen betrafen die Erlösung der gesamten Menschheit wie die jedes einzelnen, und dies machte die theologische Auseinandersetzung für jeden Gläubigen so wichtig und läßt die Leidenschaft verstehen, mit der jeder einzelne für den einzig *wahren* Weg zur Erlösung eintrat und kämpfte. Dieser Kampf, der heute so leicht als ein Streit um Worte und Begriffe abgetan wird, betraf den Mittelpunkt des Christentums.

Für Origenes war Gott das unbedingte, ewige, zeitlose, körperfreie und daher unerkennbare Wesen, die letzte Ursache allen Seins und Werdens. Aus ihm ist der Sohn hervorgegangen, nicht geschaffen, sondern geboren, göttlichen Wesens, aber dem Vater untergeordnet, eine Art zweiter Gott, der Mittler zwischen Gott und Welt. Der Geist wiederum entstammt dem Sohn, die dritte Stufe in der Entfaltung der Gottheit. Alle drei bilden die eine, körperlose Gottheit. Zu zwei in diesem Zusammenhang entscheidenden Fragen gab Origenes den Anstoß und bestimmte zugleich dem theologischen Denken die Richtung: Wie verhält sich im Sohn Gottes das Göttliche zum Menschen, wie sind sie miteinander verbunden, ist der Sohn, nach menschlichem Gleichnis, eine eigene Person? Und: Wie wirkt dieser Gottmensch, wie wird aus seinem Wesen die Erlösung möglich?

Nüchtern und einfach unterschied Arius im Anschluß an Origenes zu Beginn des 4. Jahrhunderts den Sohn vom Vater: „Einen Anfang hat der Sohn, Gott aber ist ohne Anfang. Der Logos [Sohn] ist in jeder Beziehung dem Wesen des Vaters fremd und unähnlich. Es gab eine Zeit, in der er nicht vorhanden war, und er war nicht vorhanden, bevor er wurde" (Berliner Klassikertexte 6 P 10677). Das Konzil von Nikaia, das 325 den arianischen Streit behandelte, trug wenig zur Klärung bei. Auf Wunsch – oder Befehl – Constantins, der den Teilnehmern eine fast von niemandem gewollte Formel aufzwang, kam das Schlagwort ‚wesensgleich dem Vater' (*ὁμοούσιος τῷ πατρί*) in Gebrauch, das damals wenig besagte, weil es diese Wesensgleichheit nicht näher bestimmte; vielleicht war ‚wesensgleich' ein Begriff, mit dem Constantin sein Verhältnis zu Christus bestimmt sehen wollte. Die Theologen der Folgezeit haben dann mehr als ein Jahrhundert lang um ein Verständnis der Problematik gerungen. Immer klarer stellten sich mit der Zeit wenigstens die Begriffe heraus: Natur und Person. Einig war man sich, daß im Sohne Gottes die göttliche und die menschliche Natur miteinander verbunden seien. Die Meinungen gingen aber darüber auseinander, ob hierbei beide Naturen in ihrer Besonderheit selbständig geblieben oder völlig verschmolzen seien, ob ihre Vereinigung sich in zwei Personen, dem Gott Logos und dem Menschen Jesus, vollzogen habe, oder in einer einzigen Person. Mit dem Konzil von Chalkedon 451 fiel dann ein Spruch, der bis auf den heutigen Tag gewirkt hat. Die Bischöfe erkannten in unzweideutigen Ausdrücken die Selbständigkeit der zwei Naturen in Christus an: „Vollkommen in Gottheit und derselbe vollkommen in Menschheit, wahrer Gott und wahrer Mensch ..., wesensgleich dem Vater, der Gottheit nach und wesensgleich auch uns, seiner Menschheit nach; in zwei Naturen unvermischt, unverwandelt, ungeteilt und ungetrennt. Niemals wird der Unterschied der Naturen (*φυσεῖς*) durch die Einigung aufgehoben, es wird vielmehr die Eigenart beider Naturen gewahrt und läuft in eine Person und einen Bestand zusammen" (Acta Conciliorum Oecumenicorum 2, 1, 2 S. 129). Damit hatte die damalige Mehrheit ihr letztes Wort gesprochen. Sie hatte die Kluft überbrücken wollen, erweiterte aber den Riß, der nun die Bekenner des Glaubens von Chalkedon, die Dyophysiten, also Gläubige der zwei Naturen, von den Bekennern der einen gottmenschlichen Natur, den Monophysiten, trennte.

Es ging bei diesen Auseinandersetzungen um Fragen des Glaubens, welche die Erlösung des einzelnen wie der Menschheit betrafen. Es ging aber ebenso um Bischofsstühle, Pfründen, Anhängerschaften, Politik im weitesten Sinn, zumal die Ausbreitung des Christentums immer mehr eine staatliche Angelegenheit zu werden begann. Etappen auf dem Weg zur endgültigen Durchsetzung des Christentums als Staatsreligion, dann des ‚orthodoxen' Christentums gegenüber ‚häretischen' Tendenzen, bilden die Regierungszeiten des Gratian (367–383) und des Theodosius I. (379–395). Gratian, als Vierjähriger auf den Thron gekommen, geriet rasch unter den Einfluß des Bischofs Ambrosius von Mailand und unterstützte dessen Kampf gegen Arianer und Heiden. Als erster Kaiser legte Gratian den Titel des Oberpriesters (*pontifex maximus*) ab. Geradezu zu einem Religionskrieg kam es zwischen dem oströmischen Kaiser Theodosius und dem im Westen de facto regierenden heidnischen Heermeister Arbogast, der den Herrscher des Ostens dadurch herausgefordert hatte, daß er sich angemaßt hatte, den Westkaiser Eugenius (392–394) zu küren. Seit der Zeit des Kinderkaisers Gratian waren die wirklichen Machthaber des Westens die führenden Generale.

Die Entscheidung zwischen dem Heermeister Arbogast und Theodosius fiel am 5. und 6. September des Jahres 394 am Fluß Frigidus. Es war ein Kampf unter unterschiedlichen religiösen Vorzeichen. Arbogast hatte angedroht, die große Basilika der Stadt Mailand in einen Stall zu verwandeln und die Kleriker in die Armee zu stecken, falls er siegen werde. An der für die Schlacht vorgesehenen Stelle ließ er ein Standbild Jupiters errichten. Theodosius knüpfte sein Schicksal an Christus und betete vor der Schlacht für den Sieg. Diese im Vorfeld der eigentlichen militärischen Auseinandersetzung aufgebaute religiöse Kontroverse war auch während der Schlacht von Bedeutung. Am zweiten, entscheidenden Tag erhob sich, als Arbogast sein Heer zum Angriff vorgehen ließ, der in der Gegend plötzlich auftretende Fallwind, die sogenannte Bora, und wehte seinen Truppen den Staub ins Gesicht. Da dies gleichzeitig die Durchschlagskraft der Wurfgeschosse minderte, wandten sich die Soldaten panikartig zur Flucht. Die Soldaten auf beiden Seiten glaubten an göttliches Eingreifen, und sie erblickten in dem Naturereignis ein Zeichen zugunsten des Theodosius. Von der späteren christlichen Geschichtsschreibung erhielt Theodosius aufgrund seiner Verdienste für die Durchsetzung des Christentums im Staat den Beinamen ‚der Große'.

Die beiden Reiche

Für die Entwicklung des formal noch immer *einen* Römischen Reiches war das Jahr 364 von großer Bedeutung. Nach dem Tode des Kaisers Jovian (363–364) war es die Aufgabe der hohen Reichsbeamten, einen neuen Kaiser zu finden. Die Wahl fiel schließlich auf Valentinian I. (364–375). Bei seiner Präsentation vor den Truppen forderte das Heer die sofortige Wahl eines zweiten Augustus, da man an den Vorgängern erlebt hatte, wie schnell ein Kaiser sterben konnte. Valentinian ernannte daraufhin seinen Bruder Valens (364–378) zum Mitkaiser. Von Constantinopel zogen die beiden Herrscher nach Sirmium, wo die Teilung des Imperium Romanum stattfand. Es war eine Teilung des Heeres und des Hofstaates, die planmäßig und vollständig durchgeführt wurde. Diese Aufteilung entsprach im wesentlichen dem Zustand, wie er bereits öfters faktisch gegeben gewesen war. Von diesem Jahr an kann man von einem Weströmischen und einem Oströmischen Reich sprechen, wenngleich es unter Theodosius I. nochmals zu einer kurzfristigen Einheit kam.

Westreich

Die Söhne und Enkel Theodosius' I. regierten für mehr als ein halbes Jahrhundert: bis 450 im Osten, bis 455 im Westen. Sie regierten zwar formal, aber sie herrschten nicht. Es waren häufig Kinderkaiser, für die andere die Regentschaft ausübten. Im Westen war dies vor allem eine lange Reihe von Generalen, die mit Stilicho begann. Seitdem die Vandalen zu Beginn des 5. Jahrhunderts in Raetien einfielen, trafen Hiobsbotschaften von den Reichsgrenzen nahezu jährlich ein. 401 drang Alarich in Italien ein und zwang den Kaiser Honorius (393–423), die Residenz in das durch die Po-Sümpfe geschützte Ravenna zu verlegen, wo sie für die Folgezeit blieb. Um Alarich unter Kontrolle zu halten, wurde er zum Heermeister ernannt. Dies hatte allerdings nur kurzfristig Erfolg. 410 erschien Alarich mit seinen Westgoten vor Rom. Die Stadt wurde erobert und geplündert, ein Ereignis, das den Zeitgenossen unerhört erschien und das die Christen, vor allem Augustinus und sein Schüler Orosius, als eine Art Zeitenwende ansahen.

Die Plünderung Roms durch die Vandalen unter Geiserich 455 erregte bereits nicht mehr das gleiche Aufsehen. Der Übergang des Weströmischen Reiches in seine Nachfolgestaaten vollzog sich ohne Aufsehen. Nach dem Tod des Heermeisters Ricimer (456–472), der fast zwei Jahrzehnte lang die Geschicke des Reiches maßgeblich beeinflußt, als Arianer und Sohn germanischer Eltern aber keine Aussicht gehabt hatte, selbst als Kaiser anerkannt zu werden, ging es schnell zu Ende. Romulus (475–476) hieß der letzte weströmische Kaiser, den man zur Unterscheidung von jenem sagenhaften Gründer der Stadt Augustulus nannte und den der Offizier der kaiserlichen Leibgarde, Odoacer, absetzte.

Die Auflösung des Weströmischen Reiches, es ist meist vom ‚Untergang Roms' die Rede, gehört zu jenen historischen Phänomenen, über die immer wieder nachgedacht wurde, ohne daß sich eine bisher allgemein anerkannte Erklärung des ‚Endes' gefunden hätte. Nicht nur Historiker, sondern auch Philosophen, Sozialökonomen, Naturforscher, Publizisten, Politiker und Dichter beteiligten sich an der Kontroverse. Sie begann in der Spätantike selbst, bei Augustinus, und ging über Otto von Freising, Machiavelli, Gibbon, Goethe, Marx und Nietzsche bis in unsere Zeit. Die seit dem 19. Jahrhundert vorgelegten unterschiedlichen Erklärungsansätze lassen sich in sechs Typen zusammenfassen, die den Hauptgrund für den ‚Fall Roms' jeweils im Christentum, in den sozialökonomischen Gegensätzen, im Versagen der natürlichen Lebensbedingungen, in Fehlern des Staates, in einem kulturmorphologischen Lebenszyklus oder im Angriff der Germanen finden. In seiner Studie ‚Der Fall Roms. Die Auflösung des Römischen Reiches im Urteil der Nachwelt' hat Alexander Demandt die bisherigen Erklärungsversuche für den Untergang Westroms zusammengestellt. In einem Register listet er 210 bisher genannte Faktoren für den Niedergang des Weströmischen Reiches auf; die Liste geht – in alphabetischer Reihenfolge – von Aberglaube über Bleivergiftung, Christentum, Demoralisierung, Entwaldung, Frauenemanzipation, Germanenangriffe, Homosexualität, Inflation, Korruption, Luxus, Militarismus, Nichternst, Orientalisierung, Pazifismus, Quecksilberschäden, Rassenentartung, Sexualität, Terrorismus, Umweltzerstörung, Vermassung, Wehrdienstverweigerung bis Zölibat. Manches an diesen Erklärungsmodellen ist skurril, anderes humorvoll, vieles in Einzelheiten bedenkenswert. Um mich nicht vor einer Entscheidung zu drücken: Vor die Alternative gestellt, ob das Weströmische Reich ermordet wurde oder Selbstmord beging, entscheide ich mich für die Mordtheorie, das heißt: Es waren äußere Anlässe, die das Ende eines strukturschwachen Westreiches herbeiführten.

Ostreich

Beim Tode Theodosius' I. im Jahr 395 unterschied sich die Lage im Osten in einem wichtigen Punkt von derjenigen im Westen: Im Kampf gegen Eugenius und Arbogast (S. 167) hatte Theodosius das Gros der Feldarmee mit in den Westen genommen und die Regierung des Ostreiches dem Praetorianerpräfekten Rufinus übertragen. Dieser wurde zwar rasch ermordet, die Regentschaft übernahmen aber auch in der Folgezeit zivile Reichsbeamte wie in diesem Fall der Hofeunuch Eutropius. Diese Hofbeamten vermochten die Organisation des Militärwesens so zu gestalten, daß die führende Generalität sich gegenseitig im Gleichgewicht hielt und es keinem gelang, übermäßige Macht zu erringen. Man mag es als symptomatisch ansehen, daß der Heermeister Aspar, der vierzig Jahre im Amt gewesen war, 471 auf Anordnung des Hofeunuchen Urbicius erschlagen wurde. Dieser *praepositus sacri cubiculi* bestimmte von etwa 457 bis in die neunziger Jahre des 5. Jahrhunderts, während der Herrschaft von sieben Kaisern, die Geschicke des Reiches wesentlich mit.

In religiöser Hinsicht begann seit der Mitte des 5. Jahrhunderts im Oströmischen Reich die Zeit der großen Massenbewegungen. In Jerusalem, Antiochia und zum Teil auch in der Hauptstadt zogen Zehntausende von Mönchen auf, um für ihren, den jeweils rechten, Glauben zu demonstrieren. Eine Bewegung, der man auf keinem Fall den religiösen Ernst absprechen sollte. Eine Zeiterscheinung war auch jener berühmte Säulenheilige Daniel, der auf einer Säule in der Nähe Constantinopels von 460 bis 493 lebte; er erfuhr von den Kaisern Leo I. (457–474) und Zeno (474–475, 476–491) ebenso Verehrung wie von den Großen der Hauptstadt und der Mehrheit der Bevölkerung.

In außenpolitischer Hinsicht gelang es den oströmischen Herrschern oder Regenten teils durch Subsidienzahlungen, teils durch Ansiedlungen, die Bedrohung durch Germanen, Hunnen und Goten in Grenzen zu halten. Als gotische Truppen 481 gegen Constantinopel marschierten, vermochte Ostrom durch gewaltige Truppenaufgebote und finanzielle Anstrengungen die Eroberung der Hauptstadt zu verhindern. Die Lage gegenüber den Persern wurde teilweise durch hohe Subsidienzahlungen der Römer stabilisiert, teilweise verschafften ihnen innenpolitische Schwierigkeiten der Perser Ruhe. Erst Anastasius (491–518) führte mehrere Kriege gegen die Perser; aufgrund der hohen Kosten und der geringen Erfolge für beide Seiten mündeten sie in einen Frieden, der den status quo festschrieb.

Die Regierungszeit Justinians (527–565), die durchaus als Epoche bezeichnet werden kann, ist aus mannigfaltigen Gründen für unterschiedliche Fachrichtungen von Interesse. Die Juristen verbinden mit diesem Zeitalter die Entstehung des *Corpus Iuris*, das bis in die neueste Zeit hinein als Fundament unseres Rechts und Rechtsdenkens gelten kann. Die Kunsthistoriker schauen auf die Hagia Sophia, bei deren Vollendung der Kaiser ausgerufen haben soll: „Ich habe dich übertroffen, Salomo!" (Malalas 479). Die Historiker beeindruckt, daß die Idee des einen, weltumspannenden römischen Imperium in dieser Epoche nicht nur theoretisch begründet, sondern, wenngleich nur für kurze Zeit, praktisch verwirklicht wurde. Die Theologen wiederum sehen Justinians Eintreten für die *una sancta ecclesia*, eine die gesamte Ökumene umfassende, in ihren Lehrinhalten übereinstimmende Reichskirche. Und die Zeitgenossen des

Kaisers, der seine Politik dahingegend formulierte, daß er hoffe, mit Gottes Schutz den durch Unachtsamkeit verlorengegangenen Besitzstand der alten Römer wiederherzustellen (Novelle 30, 11), fühlten sich in der Mehrzahl sicher in der gottbehüteten Stadt Constantinopel.

Von Justinian sprechen, heißt auch von Theodora sprechen. Ein Ehepaar, das nach allem, was wir den Quellen entnehmen können, in tiefer Zuneigung zueinander das Reich regierte. Justinian hatte die Schauspielerin Theodora, die Tochter eines Bärenführers, kennengelernt, ehe er auf den Thron kam. 522 überredete er seinen Onkel, den damaligen Kaiser Justin (518–527) dazu, ihn von dem Gesetz zu befreien, das eine Heirat zwischen Senatoren und Schauspielerinnen ausschloß. Theodora wurde aufgrund dieser Herkunft von der Aristokratie bitter gehaßt und von den Schriftstellern mit Hohn und Spott überhäuft. Wer einmal die ‚Geheimgeschichte‘ des Prokop (um 500–565) gelesen hat, wird die Schilderung des Bühnenauftritts von Theodora im Hippodrom nicht vergessen (9, 20–22). Theodora und Justinian werden wohl immer ein Paar bilden, das vor allem hinsichtlich seiner politischen Aktivitäten von Geheimnissen umgeben bleibt. Justinian war streng orthodox, Theodora ebenso streng monophysitisch ausgerichtet. Die Mönche, die er aus Constantinopel vertreiben ließ, fanden bei ihr Unterschlupf. Doch ob dies alles gegeneinander geschah und nicht doch Teil eines gemeinsamen Programms war, wird ungeklärt bleiben.

Gipfel und Abschluß der monophysitischen Streitigkeiten und des gesamten christologischen Problems war der Dreikapitel-Streit zur Zeit Justinians. Unter den ‚Drei Kapiteln‘, den drei Häuptern (*capitula*), versteht man drei Theologen, die zwischen den Konzilien von Ephesos (431) und Chalkedon (451; S. 166) ohne größeren Nachhall wirkten, aber allmählich zum Zankapfel zwischen den verschiedenen kirchenpolitischen Parteiungen wurden; die dogmatischen Aussagen der drei spielten in dem Streit kaum eine Rolle. Wichtig war lediglich, daß die eben genannten Konzilien diese drei Häupter nicht verurteilt hatten. Ihre 544 erfolgte Verurteilung durch Justinian mußte daher als Angriff auf die Autorität des Konzils von Chalkedon verstanden werden. Damit wollte der Kaiser den Monophysiten entgegenkommen, welche die Beschlüsse dieses Konzils strikt ablehnten. Als die Anerkennung seiner Verurteilung auf Schwierigkeiten stieß, zitierte Justinian den römischen Bischof Vigilius (537–555) nach Constantinopel, der sich 548 Justinian anschloß und die ‚Drei Kapitel‘ preisgab. Bald darauf wechselte er erneut seine Meinung und überredete den Kaiser, ein allgemeines Konzil müsse in derart wichtigen Fragen entscheiden. Dieses Konzil, an dem teilzunehmen Vigilius sich dann aber weigerte, verurteilte dem Wunsch des Kaisers gemäß die ‚Drei Kapitel‘ und löschte den Namen des Bischofs von Rom aus den Diptychen der Kirche. Anschließend verlangte der Kaiser von allen Bischöfen, die nicht am Konzil teilgenommen hatten, eine Bestätigung der Beschlüsse. Auch Vigilius leistete diese Unterschrift schließlich und vollzog damit seine letzte dogmatische Kehrtwendung.

An die Verurteilung der ‚Drei Kapitel' und damit auch an das Konzil von 553 hatte Justinian die Hoffnung geknüpft, eine Annäherung der Monophysiten an die Orthodoxie herbeiführen zu können; doch jene ließ dies alles ungerührt, und sie verurteilten damit die Integrationspläne des Kaisers zum Scheitern. Der Spalt zwischen den Richtungen wurde weiter statt enger, und die Hauptländer des monophysitischen Glaubens entfernten sich vom Reich immer mehr. Dogmatische Streitigkeiten waren häufig mit nationalen Sonderinteressen verbunden. So war auch der Monophysitismus zum Teil Ausdruck von lokaler Unzufriedenheit, besonders in Syrien und Ägypten. Hier gab es Ressentiments gegen Constantinopel, den politischen und religiösen Parvenu, und Unzufriedenheit mit dem finanziellen Druck durch das staatliche Steuersystem. Die Orthodoxie wurde als Werkzeug einer fremden Macht betrachtet. Nach dem syrischen Wort ‚melk' für König nannte man die Orthodoxen verächtlich Melkiten, Kaisertreue. Gegen den Patriarchen von Constantinopel suchte man später sogar in den Moslems Verbündete. In dergestaltigem Widerstand gegen die Zentrale hatten dogmatische Sondermeinungen eine entscheidende Wurzel, und die fanatische Anhängerschaft der jeweiligen Gebiete an den Monophysitismus war etwas, was weder theologische Diskussionen und Konzilien noch Gewaltpolitik beseitigen konnten.

Mit der unter Constantin erfolgten Hinwendung der Reichsgewalt zum Christentum hatten sich für die Kirche die Bedingungen ihrer Existenz geändert. Die Kaiser stellten ihre politisch begründeten Ansprüche an sie; andererseits waren innerkirchliche Streitfälle seit Constantin nicht länger eine Angelegenheit der Kirche allein. Das Recht des Kaisers, in die Kirche hineinzuregieren, war seit Constantin keine Frage mehr; fraglich war nur, wie weit seine Befugnisse reichten. Justinian führte in dieser Hinsicht das von seinen Vorgängern Begonnene zu einem Höhepunkt. Faszinierend an Justinian ist der skrupellose Stil, in dem er seine Ideen realisierte, wenn ihm nicht gerade politische Rücksichten Grenzen auferlegten. So wie er mit Glauben und Dogma umsprang, ohne die kirchliche Lehrmeinung zu achten, war kein Kaiser vor ihm verfahren.

Justinian ließ alles und jedes in der Kirche von seiner eigenen Entscheidung abhängen, auch wenn er den Bischöfen noch so ehrfürchtig begegnete. Derselbe Kaiser, der dem Bischof von Rom als geistigem Vater huldigte, fühlte sich befugt, ihn mit Gewalt vom Altar zu reißen, wenn dieser sich seinem Willen widersetzte. Justinian betrachtete sich als das Haupt der Kirche, bestimmte, was sie zu bekennen hatte, und unterwarf sie gänzlich seinen Dekreten. Die schwache und ziellose Haltung der römischen Bischöfe während seiner Regierungszeit war einer der historischen

Auslöser der heftigen Kontroverse um die sogenannte ‚päpstliche Unfehlbarkeit' während des ersten Vatikanischen Konzils 1870/71.

Justinians Reich, das er zusätzlich zu den oströmischen Kerngebieten um Dalmatien, Italien, Sizilien, Sardinien, Korsika, Afrika, die Balearen und Teile Südspaniens erweitert hatte (Abb. 18), reduzierte sich im Laufe der nächsten Jahrzehnte wieder auf das Ausgangsgebiet. Die Langobarden rückten aus dem pannonischen Raum in Italien ein und hatten bis 568 Mailand erobert. In Afrika kam es zu einem Aufstand der Mauren, in Spanien griffen die Westgoten römische Gebiete an und eroberten 572 Corduba. Unter Mauricius (582–602) gingen weitere Teile Italiens verloren. Mit seinem Tod brach nach Jahrhunderten, in denen ein Herrscher unangefochten dem anderen gefolgt war, erstmals wieder ein Bürgerkrieg aus, der teilweise eine erschreckende Brutalität zu Tage brachte. Den Zeitgenossen erschien die Herrschaft des Phocas (602–610) wie das Ende der Welt. Auch unter Heraclius (610–614), unter dem die Awaren die Vororte von Constantinopel plünderten, die Perser teilweise Kleinasien und Ägypten überrannten und in Jerusalem das ‚Heilige Kreuz' entführten, hielt trotz einer Erholung gegen Ende der Regierungszeit die Untergangsstimmung an.

Wir besitzen ein seltsames Zeugnis aus jener ersten Hälfte des 7. Jahrhunderts (Doctrina Iacobi 3, 9). Jakob, ein Jude aus Palästina, kam 634 in Karthago an, wurde dort aufgegriffen und gemäß einem Gesetz des Heraclius zwangsweise getauft. Als er im Gefängnis die Heiligen Schriften studierte, kam er zu der Überzeugung, daß Jesus der von den Juden erwartete Messias gewesen sein müsse; hiervon versuchte er andere Juden in Karthago zu überzeugen. Justus, der ebenfalls aus Palästina gekommen war, beschimpft ihn als Renegaten, als Abtrünnigen, aber Jakob fragt: „Was denkst du von diesem römischen Reich? Steht es noch so wie am Anfang da, oder hat es sich verringert?" Justus antwortet zögernd: „Selbst wenn es sich etwas verringert hat, so hoffen wir doch, daß es sich wieder erhebt, denn der Messias muß kommen, solange das vierte Tier, und das ist das römische Reich, besteht." Aber Jakob kann ihn überzeugen: „Wir sehen doch, daß die Völker an Christus glauben und daß das vierte Tier fällt und in Stücke gerissen wird und daß der Satan kommen wird." Und dann liefert Justus selbst den entscheidenden Beweis: „Der Satan ist bereits gekommen. Mein Bruder Abraham hat mir aus Caesarea geschrieben, daß ein falscher Prophet unter den Sarazenen erschienen ist." Mit dem Auftreten des hier aus christlicher Sicht apostrophierten Mohammed und der daran anschließenden Ausbreitung des Islam beschließe ich diese Einführung in die Alte Geschichte.

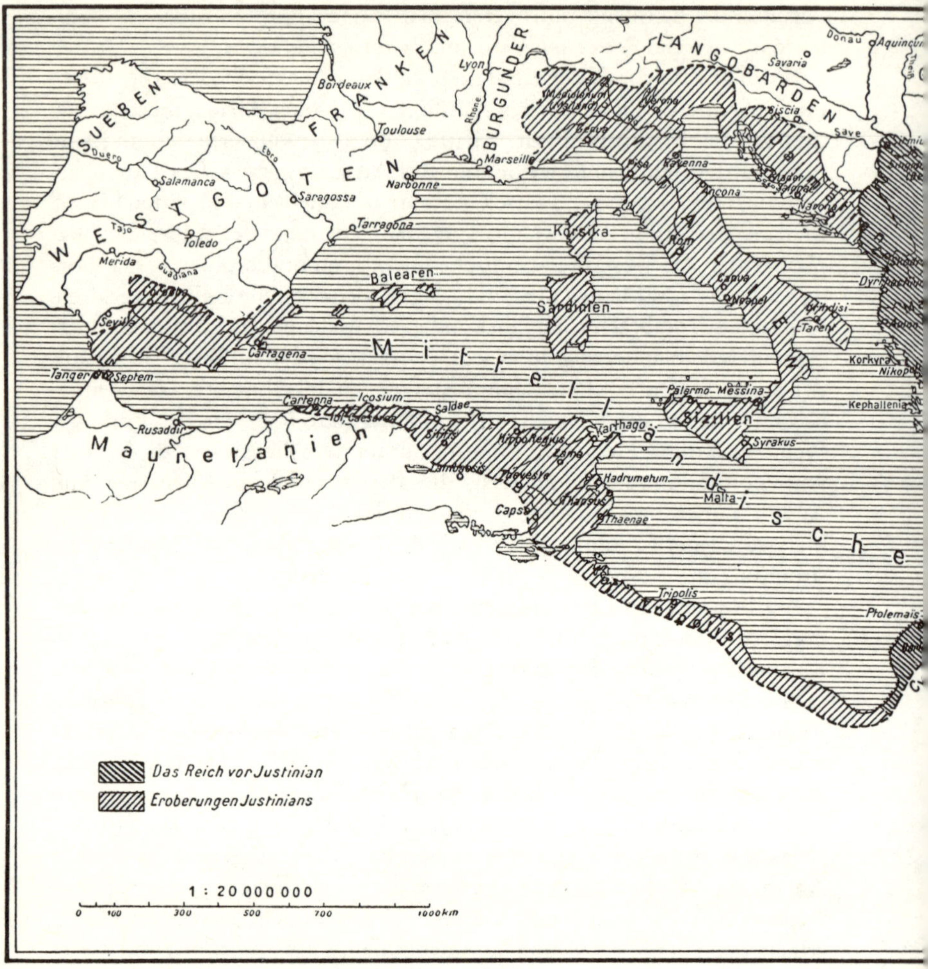

18. Reich Justinians

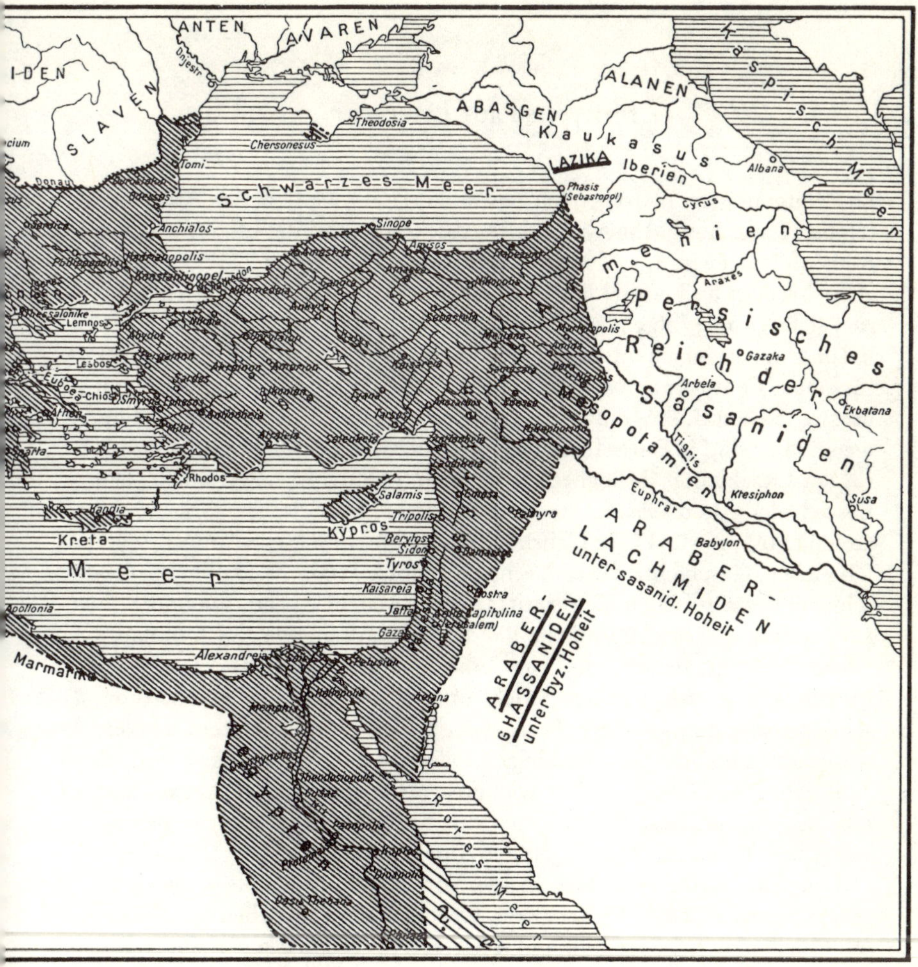
ANTEN
AVAREN
SLAVEN
Dnjestr
ALANEN
ABASGEN
Kaukasus
LAZIKA
Iberien
Albana
Kaspisches Meer
Theodosia
Chersonesus
Tomi
Donau
Schwarzes Meer
Phasis (Sebastopol)
Cyrus
Anchialos
Sinope
Amisos
Hadrianopolis
Konstantinopel
Nikomedeia
Armenien
Araxes
Thessalonike
Lemnos
Abydos
Pergamon
Lesbos
Euboea
Chios
Smyrna
Ephesos
Athen
Sparta
Rhodos
Kandia
Kreta
Meer
Persisches Reich der Sasaniden
Gazaka
Arbela
Ekbatana
Mesopotamien
Tigris
Euphrat
Ktesiphon
Susa
Babylon
Salamis
Kypros
Tripolis
Berytos
Sidon
Tyros
Damaskos
Palmyra
Kaisareia
Jaffa
Aelia Capitolina (Jerusalem)
Bostra
Gaza
Apollonia
Alexandreia
Pelusion
Marmarika
Memphis
Aegypten
Rotes Meer
ARABER-LACHMIDEN unter sasanid. Hoheit
ARABER-GHASSANIDEN unter byz. Hoheit

Hinweise auf Literatur

Die Einteilung der im folgenden genannten Titel entspricht den Abschnitten der Darstellung. Innerhalb eines Abschnitts wird die Literatur in der Reihenfolge genannt, in der die betreffenden Themen im Text angesprochen werden; Reihentitel habe ich bei den einzelnen Angaben nicht berücksichtigt. Die folgenden bibliographischen Hinweise sind mit kurzen Erläuterungen versehen; dies geht zwar zu Lasten der Anzahl, dürfte aber für eine erste Information hilfreich sein. Außerdem gibt es eine Fülle von umfangreichen Bibliographien, auf die ich in diesem Zusammenhang hinweise. Hier sind in erster Linie die Bände der Reihe ‚Oldenbourg Grundriß der Geschichte' (München) zu nennen, von der bislang fünf für den Bereich der Alten Geschichte erschienen sind: W. Schuller, Griechische Geschichte, ^{3}1991; H.-J. Gehrke, Geschichte des Hellenismus, 1990; J. Bleicken, Geschichte der römischen Republik, ^{4}1992; W. Dahlheim, Geschichte der römischen Kaiserzeit, ^{2}1989; J. Martin, Spätantike und Völkerwanderung, ^{2}1990. Sämtliche Bände sind in drei etwa gleich umfangreiche Teile gegliedert, die eine zusammenfassende Darstellung der Epoche, einen ausführlichen Bericht über Stand und Probleme der Forschung sowie eine thematisch gegliederte Bibliographie bieten; ich verweise ausdrücklich auf den eingangs des jeweiligen bibliographischen Teils gebotenen Überblick der wichtigsten Quellen mit der Angabe von Übersetzungen. Diese Bände bieten eine wertvolle Ergänzung zu den historischen Teilen im ‚Handbuch der Altertumswissenschaft' (München): H. Bengtson, Griechische Geschichte. Von den Anfängen bis in die römische Kaiserzeit, ^{7}1986; H. Bengtson, Grundriß der römischen Geschichte mit Quellenkunde, Republik und Kaiserzeit bis 284 n. Chr., ^{6}1986; A. Demandt, Die Spätantike. Römische Geschichte von Diocletian bis Justinian 284–565 n. Chr., 1989.

Seit 1924 wird darüber hinaus die gesamte Literatur, die auf dem Gebiet der Altertumswissenschaft erscheint, in der Jahresbibliographie ‚L'Année Philologique' verzeichnet. Das Werk bietet zu den Monographien auch Jahr für Jahr die jeweils erscheinenden Rezensionen und für Aufsätze kurze Inhaltsangaben in einer westeuropäischen Sprache. Ansonsten kann ich hier auf die ‚Hinweise zur wissenschaftlichen Literatur' bei G. Jäger, Einführung in die Klassische Philologie, München ^{3}1990, 185–189, und B. Gullath, Wie finde ich altertumswissenschaftliche Literatur: Klassische Philologie, Mittel- und Neulatein, Byzantinistik, Alte Geschichte und Klassische Archäologie, Berlin 1992, verweisen.

Einleitung

Die eingangs zitierte Feststellung von Ed. Meyer findet sich in: Kleine Schriften I, Halle ²1924, 65.

Das Zitat von M. Bloch dient als Titel einer informativen Einführung in die Geschichtsschreibung: ‚Der Historiker als Menschenfresser. Über den Beruf des Geschichtsschreibers', Berlin 1990; in ihm bieten sieben Historiker ihre je eigene, gelegentlich eigenwillige Sicht der Geschichte.

Zu den methodischen Einsichten, welche die Beschäftigung mit der Alten Geschichte mit sich bringt: D. Timpe, Alte Geschichte und die Fragestellung der Soziologie: HZ 213, 1971, 1–12; R. Werner, Über Begriff und Sinn der Geschichte des Altertums: GWU 22, 1971, 322–339; G. Alföldy, Die Alte Geschichte und die Erforschung des Historischen: ders., Die römische Gesellschaft. Ausgewählte Beiträge, Stuttgart 1986, 12–39.

L. v. Ranke, Vorrede zur Weltgeschichte, I, München ⁵1922, 4. Zur Bedeutung der Schriftlichkeit: K. Christ, Geschichte und Existenz: ders., Geschichte und Existenz, Berlin 1991, 11–24.

Zu dem Problem von Kontinuität und Wandel vgl. man den entsprechenden Abschnitt bei H. Boockmann, Einführung in die Geschichte des Mittelalters, München ⁵1992, 13–18.

Überblicksdarstellungen zur *Wissenschaftsgeschichte* der Alten Geschichte liegen von K. Christ vor: Von Gibbon zu Rostovtzeff. Leben und Werk führender Althistoriker der Neuzeit, Darmstadt ³1989; Römische Geschichte und deutsche Geschichtswissenschaft, München 1982; Neue Profile der Alten Geschichte, Darmstadt 1990, sowie – problemorientiert – von I. Stahlmann, Imperator Caesar Augustus. Studien zur Geschichte des Principatsverständnisses in der deutschen Altertumswissenschaft bis 1945, Darmstadt 1988.

Das Schlegelzitat: F. v. Schlegel, Werke, hrsg. v. E. Böcking, Bd. 2, Leipzig 1846, 244.

Eine gleichsam lexikalische Einführung in die Alte Geschichte: Einleitung in die klassischen Altertumswissenschaften. Ein Informationsbuch von einem Autorenkollektiv, Berlin/O 1986. Eine knappe Einführung in die wichtigsten Quellengruppen bietet der von M. Crawford herausgegebene Band ‚Sources for Ancient History', London 1985, mit Beiträgen zur Geschichtsschreibung, Epigraphik, Archäologie und Numismatik. Speziell die Geschichtsschreibung behandelt H. Kloft in dem von E. Boshof – K. Düwell – H. Kloft verfaßten Band ‚Grundlagen des Studiums der Geschichte. Eine Einführung', Köln – Wien ²1979, sowie sehr umfangreich C. Wachsmuth, Einleitung in das Studium der Alten Geschichte, Leipzig 1895 (ND 1970).

Hebräische Monarchien

Einen regelmäßigen Überblick der speziellen Forschungslage bietet die ausgezeichnete ,Zeitschriften- und Bücherschau', die in der ,Zeitschrift für die alttestamentliche Wissenschaft' dreimal jährlich erscheint.

Die außerbiblischen *Quellen* zur Geschichte der Hebräer sind neuerdings leicht zugänglich in dem von O. Kaiser herausgegebenen Sammelwerk ,Texte aus der Umwelt des Alten Testaments', Gütersloh 1983. Weiteres Material stellen das von K. Galling zusammengestellte ,Textbuch zur Geschichte Israels', Tübingen ³1979, und der englischsprachige Sammelband von J. B. Pritchard, Ancient Near Eastern Texts Relating to the Old Testament', Princeton 1969, bereit. Zur Behandlung der biblischen Texte als Geschichtsquellen: A. Momigliano, Biblical Studies and Classical Studies: Annali della scuola normale superiore, Ser. 3, 11, 1981, 25–32.

Als Einführung in *Geographie* und *Klima* des syrisch-palästinensischen Raumes (vgl. S. 182) sind zu empfehlen: H. Donner, Einführung in die biblische Landes- und Altertumskunde, Darmstadt ²1988; Y. Aharoni, Das Land der Bibel. Eine historische Geographie, Neukirchen 1984. Vor allem weise ich auf O. Keel – M. Küchler, Orte und Landschaften der Bibel (bisher 2 Bde. erschienen), Zürich 1982/1984, hin. Der zweite Band des als Handbuch und Studien-Reiseführer zum Heiligen Land konzipierten Werkes beschreibt die archäologischen Fundplätze des Südens, also Judas, mit detaillierten historischen Einführungen zu einzelnen Gebieten, Orten und Objekten, von denen fast 650 in Abbildungen vorliegen; der erste enthält eine detaillierte Synopse der Geschichte Syrien-Palästinas.

Die folgenden Arbeiten stellen die *Geschichte der Hebräer* ausführlich in die Gesamtentwicklung des Vorderen Orients: J. H. Hayes – J. Maxwell Miller (Hrsg.), Israelite and Judaean History, Philadelphia 1977; S. Herrmann, Geschichte Israels in alttestamentlicher Zeit, München ²1980; M. Clauss, Geschichte Israels. Von der Frühzeit bis zur Zerstörung Jerusalems (587 v. Chr.), München 1986 (mit ausführlicher Bibliographie); H. Donner, Geschichte des Volkes Israel und seiner Nachbarn in Grundzügen. 1. Von den Anfängen bis zur Staatenbildungszeit; 2. Von der Königszeit bis zu Alexander dem Großen. Mit einem Ausblick auf die Geschichte des Judentums bis Bar Kochba, Göttingen 1984–1986. Immer noch lesenswert wegen ihres konsequent durchgehaltenen Ansatzes ist M. Noth, Geschichte Israels, Göttingen ¹⁰1986. Zur Rekonstruktion der historischen Abläufe sind die Ergebnisse der Ausgrabungen von eminenter Bedeutung; sie liegen jetzt in dem umfangreichen Band von H. Weippert, Palästina in vorhellenistischer Zeit, München 1988, vor.

Die für die gesamte Geschichte des östlichen Mittelmeerraumes wichtige Entwicklung der *Seevölker* hat G. A. Lehmann mehrfach behandelt:

Die „Seevölker"-Herrschaften an der Levanteküste: Jahresberichte des Instituts für Vorgeschichte der Universität Frankfurt 1976, 78–111; Die mykenisch-frühgriechische Welt und der östliche Mittelmeeraum in der Zeit der ‚Seevölker'-Invasionen um 1200 v. Chr.: Rheinisch-Westfälische Akademie der Wissenschaften G 276, Köln 1985.

Die Beschäftigung mit dem *Nomadentum* als einer Wirtschafts- und Lebensweise, die wesentliche Teile der antiken Welt bestimmte, ist nicht allein für das Verständnis der Hebräer von Bedeutung: R. Leonhard, Die Transhumanz im Mittelmeergebiet. Eine wirtschaftsgeographische Studie über den Seminomadismus: Festschrift L. Brentano, München 1916, 327–349; M. Weippert, Die Landnahme der israelitischen Stämme in der neueren wissenschaftlichen Diskussion. Ein kritischer Bericht, Göttingen 1967. Zum *Nomadendiskurs* kann man A. Gutsfeld, Römische Herrschaft und einheimischer Widerstand in Nordafrika. Militärische Auseinandersetzungen Roms mit den Nomaden, Stuttgart 1989, 15–24, heranziehen und zum Diskursbegriff bei M. Foucault, L'Archéologie du savoir, Paris 1969, 152–154, vgl. H. Kallweit, Archäologie des historischen Wissens. Zur Geschichtsschreibung M. Foucaults: Historische Methode, hrsg. v. C. Meier – J. Rüsen, Theorie der Geschichte. Beiträge zur Historik 5, München 1988, 280–289.

Die *Gesellschafts- und Wirtschaftsordnung* ist hier auf der Basis des Modells der segmentären Gesellschaft behandelt. E. Durkheim, De la division du travail social, Paris 1893, hat den Begriff geprägt. F. Crüsemann, Der Widerstand gegen das Königtum. Die antiköniglichen Texte des Alten Testaments und der Kampf um den frühen israelitischen Staat, Neukirchen 1978, hat ihn für seine Beschreibung der hebräischen Gesellschaft zugrunde gelegt. Er lehnte sich dabei an die Arbeit von C. Sigrist, Regulierte Anarchie. Untersuchungen zum Fehlen und zur Entstehung von politischer Herrschaft in segmentären Gesellschaften Afrikas, Freiburg 1967, an. Vgl. ferner M. Clauss, Die Entstehung der Monarchie in Juda und Israel: Chiron 10, 1980, 1–33, und M. Clauss, Gesellschaft und Staat in Juda und Israel, München 1985; hier ist auch der oben nur kurz angedeutete Widerstand (S. 131) gegen die Monarchie und der Rückgriff der Propheten des 8. und 7. Jahrhunderts auf die Entwicklung vor der Königszeit behandelt. Die Notwendigkeit, bei der Darstellung althistorischer Themen Modelle oder theoretische Konzepte zugrunde zu legen, betont M. I. Finley, Quellen und Modelle in der Alten Geschichte, Frankfurt/M. 1987.

Zur *Familienstruktur* der Hebräer: R. Patai, Sitte und Sippe in Bibel und Orient, Frankfurt 1962; H.-F. Richter, Geschlechtlichkeit, Ehe und Familie im Alten Testament und seiner Umwelt, Frankfurt 1978; E.S. Gerstenberger – W. Schrage, Frau und Mann, Stuttgart 1980.

Die *Geschichte der Monarchien* findet sich ausführlich in den oben genannten Gesamtdarstellungen behandelt; bei den folgenden Angaben ist zu beachten, daß sich leider noch keine einheitliche Schreibweise etwa der hebräischen, ägyptischen, assyrischen oder babylonischen Namen eingebürgert hat. Für *Israel* verweise ich zusätzlich auf: J. Debus, Die Sünde Jerobeams. Studien zur Darstellung Jerobeams und der Geschichte des Nordreichs in der deuteronomistischen Geschichtsschreibung, Göttingen 1967. In dieser quellenkritischen Studie wird die Arbeitsweise der alttestamentlichen Geschichtsschreiber analysiert, ebenso bei S. Timm, Die Dynastie Omri. Quellen und Untersuchungen zur Geschichte Israels im 9. Jahrhundert vor Christus, Göttingen 1982, der darüber hinaus die altorientalischen Quellen im Vergleich mit dem Alten Testament behandelt. Letzteres gilt vor allem für folgende Arbeiten: M. Elat, The Campaigns of Shalmaneser III against Aram and Israel: IEJ 25, 1975, 25–35; M. Weippert, Menahem von Israel und seine Zeitgenossen in einer Steleninschrift des assyrischen Königs Tiglathpileser III. aus dem Iran: ZPalV 89, 1973, 26–53; R. Borger – H. Tadmor, Zwei Beiträge zur alttestamentlichen Wissenschaft aufgrund der Inschriften Tiglatpilesers III: ZATW 94, 1982, 244–251.

Auch für *Juda* beschränke ich mich auf Arbeiten, die vor allem den Bezug zur altorientalischen Entwicklung herstellen wie H. Spieckermann, Juda unter Assur in der Sargonidenzeit, Göttingen 1982. Bei der Verteidigung Judas spielte vor allem die Stadt Lachis eine Rolle. Sie taucht in assyrischen Reliefs auf: D. Ussishkin, The ‚Lachish Reliefs' and the City of Lachish: IEJ 30, 1980, 174–195. Beispielhaft für das Ineinandergreifen von archäologischen und literarischen Quellen sind ferner die Analysen von Amphoren und deren Stempel: P. Welten, Die Königs-Stempel. Ein Beitrag zur Militärpolitik Judas unter Hiskia und Josia, Wiesbaden 1969; D. Ussishkin, The Destruction of Lachish by Sennecherib and the Dating of the Royal Judean Storage Jars: Tel Aviv 4, 1977, 28–60; H. Mommsen – I. Perlman – Y. Yellin, The Provenience of the *lmlk* Jars: IEJ 34, 1984, 89–113.

Ein für das Verständnis der sozialen und wirtschaftlichen Verhältnisse der gesamten Antike wichtiges Quellenmaterial liegt in den Schriften der *Propheten* vor. Sie sollen damit zwar nicht als Sozialreformer mißverstanden werden, aber sie griffen soziale Mißstände auf, die typisch für alle antiken Gesellschaften sind, wenngleich wir sie selten so klar fassen wie bei den Hebräern. Einen Vergleich mit griechischen Verhältnissen (S. 63) zieht H. G. Kippenberg, Die Typik antiker Entwicklung: Seminar: Die Entstehung der antiken Klassengesellschaft, Frankfurt 1977, 9–61. Wichtige Informationen erhalten wir beispielsweise über das Pfandwesen; vgl. H. G. Kippenberg, Religion und Klassenbildung im antiken Judäa. Eine religionssoziologische Studie zum Verhältnis von Tradition und gesellschaftlicher Entwicklung, Göttingen 1978. Zu den prophetischen Anliegen allgemein: A. Kuschke, Arm und reich im Alten Testament mit besonderer Berücksichtigung der nachexilischen Zeit: ZATW 57, 1939, 31–57; H. Donner, Die soziale Botschaft der Propheten im Lichte der Gesellschaftsordnung in Israel: OA 2, 1963, 229–245; W. Dietrich, Jesaja und die Politik, München 1976; R. R. Wilson, Prophecy and Society in Ancient Israel, Philadelphia 1980; H. W. Wolff, Die Stunde des Amos. Prophetie und Protest, München [5]1981; K. Koch, Die Profeten, 2 Bde., Stuttgart [2]1987/88.

Archaisches Griechenland

Bei der Behandlung der frühen Epochen der griechischen Geschichte sind zwei Gefahren in der Forschung zu beobachten: hyperkritischer Agnostizismus und leichtgläubiges Jonglieren mit unzulänglicher oder sogar widersprüchlicher Tradition. Ersteres war vor allem um die Jahrhundertwende verbreitet, als man dazu neigte, die Überlieferung in Bausch und Bogen zu verwerfen, und zugleich eine subjektive Rekonstruktion als Ersatz anbot. Als Beispiel dafür kann die ‚Griechische Geschichte' von K. J. Beloch dienen (8 Bde., Berlin [2]1912–1927; ND 1967). Auf der anderen Seite besteht die Tendenz, jeden auch noch so dubiosen Überlieferungsfetzen zu verwenden oder einzelne Steinchen harmonisierend zu einem Bild zusammenzufügen. Typisch für diese überlieferungsgläubige Mosaik-Methode ist ‚A History of Greece' von N. G. L. Hammond (Oxford [2]1967). Eine Fundgrube für Material und ältere Literatur, wenn auch stellenweise überholt, ist G. Busolt – H. Swoboda, Zur griechischen Staatskunde, 2 Bde., München [3]1920–1926; an dieses Werk sollte man allerdings erst herangehen, wenn man eine andere Überblicksdarstellung gelesen hat. Neben den oben genannten Einführungen (S. 176) nenne ich aus der dtv-Geschichte der Antike die Darstellung von O. Murray, Das frühe Griechenland (München 1982), den besten der drei Bände zur griechischen Geschichte, sowie W. Dahlheim, Die griechisch-römische Antike, 1: Griechenland, Paderborn 1992. Als allgemeiner Überblick sind auch die auf Gesellschaft und Wirtschaft konzentrierten Werke von M. Austin – P. Vidal-Naquet, Gesellschaft und Wirtschaft im alten Griechenland, München 1984, und F. Gschnitzer, Griechische Sozialgeschichte von der mykenischen bis zum Ausgang der klassischen Zeit, Wiesbaden 1981, zu empfehlen.

Die *Fremdheit* der Griechen betont J.-P. Vernant, Die Ursprünge des griechischen Denkens, Frankfurt 1983.

In der Antike hat es die Trennung von *Geschichte und Geographie* nicht gegeben. Bereits bei Herodot (S. 72) sind Länder- und Völkerkunde mit der Historie zu einer Einheit verwoben. Historie ist das Erkunden von Landschaft und Menschen und ihrer Geschichte in der Landschaft; dazu E. Olshausen, Einführung in die historische Geographie der Alten Welt, Darmstadt 1991.

Als *Atlanten* sind für den Historiker geeignet: Großer Historischer Weltatlas, hrsg. vom Bayerischen Schulbuchverlag. Erster Teil: Vorgeschichte und Altertum, München [6]1978, und, aufgrund seines guten Registers: N. G. L. Hammond, Atlas of the Greek and Roman World in Antiquity, Park Ridge 1981. Zum Verständnis der Geographie und Topographie empfiehlt sich E. Kirsten – W. Kraiker, Griechenlandkunde, 2 Bde., Heidelberg [5]1967. Mit dem Hinweis auf die Darstellung von E. Kirsten, Süditalienkunde. Ein Führer zu klassischen Stätten, Heidelberg 1975, soll ein in dieser Einführung vernachlässigter Raum der griechischen Geschichte wenigstens erwähnt werden. Zu den Bedingungen der Landschaft für die menschliche Existenz gehört auch das *Klima*, dessen Erforschung für die Antike, die Paläoklimatologie, noch eine junge Wissenschaft ist. Besser als für den Mittelmeeraum ist die Ausgangslage für den nord- und mitteleuropäischen Raum, da hier hinreichend Überreste der Pflanzen- und Tierwelt vorhanden sind, so daß Material für die besonderen Untersuchungsmethoden – Pollenanalyse, Untersuchungen zum Anpassungsverhalten kleiner Säugetiere und so fort – zur Verfügung steht. Für eine intensive Beschäftigung empfiehlt sich die Arbeit von H. H. Lamb, Klima und Kulturgeschichte. Der Einfluß des Wetters auf den Gang der Geschichte, Hamburg 1989.

Das Zitat von Benn findet sich: G. Benn, Dorische Welt, in: Gesammelte Werke 3, Wiesbaden 1968, 826.

Die literarischen *Quellen*, unter Berücksichtigung der Erkenntnisse der Philologie ausgewertet, werden durch die Ergebnisse der Ausgrabungen ergänzt. Die folgende Äußerung von C. G. Starr, Why Can We Write Early Greek History: EMC 7, 1988, 285–288, betont die Bedeutung der Archäologie: „The Kerameikos cemetery goes a great deal further in illuminating the early centuries of Greek progress than does the stitching together of legends" (287). Eine problembewußte knappe Darstellung der literarischen Quellen bietet ebenfalls C. G. Starr, The Credibility of Early Spartan History: Historia 14, 1965, 257–272.

Zu *Homer* und der mündlichen Überlieferung, die zu einem wichtigen Gegenstand interdisziplinärer Forschung geworden ist: R. Thomas, Oral Tradition and Written Record in Classical Athens, Cambridge – New York 1989, wo der Gegenstand weit über die homerische Zeit hinaus behandelt ist. Die Angaben über die Abschriften auf Papyri finden sich bei R. A. Pack, The Greek and Latin Literary Texts from Greco-Roman Egypt, Ann Arbor [2]1965. Die Möglichkeiten, mittels der Epen sozialgeschichtliche Fragen zu beantworten, haben H. Strasburger, Der soziologische Aspekt der Homerischen Epen: Gymnasium 60, 1953, 97–114, und C. Ulf, Die homerische Gesellschaft. Materialien zur analytischen Beschreibung und historischen Lokalisierung, München 1990, behandelt. Ein in sich geschlossenes, aber nicht ganz unproblematisches Bild der frühen griechischen Gesellschaft zeichnet M. I. Finley, Die Welt des Odysseus, München 1979. Eine anders geartete Einführung in Homer stellt das anregende Buch von U. Hölscher, Die Odyssee. Epos zwischen Märchen und Roman, München 1988, dar. Die Bände der ‚Archaeologia Homerica', hrsg. v. F. Matz – H.-G. Buchholz, Göttingen 1967 ff., fassen die archäologischen Denkmäler der mykenisch-homerischen Zeit zu zahlreichen Komplexen wie: Kriegs- und Seewesen, Landwirtschaft, Handel, Handwerk, Frau, Götter- und Totenkult oder Kleidung, zusammen, der Band ‚Zweihundert Jahre Homer-Forschung, Rückblick und Ausblick', hrsg. v. J. Latacz, Stuttgart – Leipzig 1991, die neuesten Forschungsergebnisse. Interessante methodische Ansätze enthalten die Arbeiten von: P. Walcot, Greek Peasants, Ancient and Modern. A Comparison of Social and Moral Values, Manchester 1970; R. Redfield, Peasant Society and Culture, Chicago 1956; E. Friedl, Vasilika, a Village in Modern Greece, New York 1962; J. K. Campbell, Honour, Family and Patronage, A Study of Institutions and Moral Values in a Greek Mountain Community, Oxford 1964. Näheres zur Arbeitsweise der Sänger, die hier am Beispiel der Kampfwagen illustriert wurde, bietet J. Latacz, Kampfparänese, Kampfdarstellung und Kampfwirklichkeit in der Ilias, bei Kallinos und Tyrtaios, München 1977, mit wichtigen Aussagen zur Hoplitenphalanx.

Eine ausgezeichnete Charakterisierung der archaischen Epoche bietet: A. Heuss, Die archaische Zeit Griechenlands als geschichtliche Epoche: A&A 2, 1946, 26–62=Zur griechischen Staatskunde, hrsg. v. F. Gschnitzer, Darmstadt 1969, 36–96.

Zu den *Ethnos-Typ-Staaten* vgl. F. Gschnitzer, Stammes- und Ortsgemeinden im alten Griechenland: Zur griechischen Staatskunde 271–297.

V. Ehrenberg, Wann entstand die Polis: Zur griechischen Staatskunde 3–25. Einen gelungenen Überblick der Entwicklung der *Polis* legte C. G. Starr, Individual and Community. The Rise of the Polis 800–500 B. C., New York 1986, vor. Zu Fragen der Größe der Städte sollte man die Studien von E. Ruschenbusch, Untersuchungen zu Staat und Politik in Griechenland vom 7.-4. Jh. v. Chr., Bamberg 1978; ders., Die Zahl der griechischen Staaten und Arealgröße und Bürgerzahl der ‚Normalpolis': ZPE 59, 1985, 253–263, heranziehen. Die Geschichte der Polis – schwerpunktmäßig Athen und Sparta – behandelt K. W. Welwei, Die griechische Polis. Verfassung und Gesellschaft in archaischer und klassischer Zeit, Stuttgart 1983. Eine Darstellung der Stadt von den Anfängen bis zum Ausgang der Antike bietet F. Kolb, Die Stadt im Altertum, München 1984.

Zwei Themenbereiche werden in der Darstellung möglicherweise vermißt: die Könige und die Phratrien. R. Drews, Basileus. The Evidence for Kingship in Geometric Greece, London 1983, hat die Verwendung des Titels und die Existenz des Basileus in archaischer Zeit untersucht und nachgewiesen, daß das Königtum für die Entwicklung der griechischen Städte keine Rolle spielte. Zu Phylen und Phratrien, deren Bedeutung für die archaische Zeit lange überschätzt wurde, die sich aber erst innerhalb der

Polis entwickelten, vgl. F. Bourriot, Recherches sur la nature du genos. Etude d'histoire sociale athénienne – périodes archaique et classique, 2 Bde., Paris 1976; D. Roussel, Tribu et cité. Etudes sur les groupes sociaux dans les cités grecques aux époques archaique et classique, Paris 1976; K.W. Welwei, Ursprünge genossenschaftlicher Organisationsformen in der archaischen Polis: Saeculum 39, 1988, 12–23. Die Zahlen der *Grabfunde* sind der Arbeit von J. Morris, Burial and Ancient Society. The Rise of the Greek City-State, New York 1987, entnommen; seine Interpretationen des Befundes teile ich nicht.

Die Erforschung der *Auswanderungen* ist vor allem hinsichtlich der Zielgebiete aufgrund der intensivierten Ausgrabungstätigkeit im Fluß; einen guten Überblick vermittelt J. Boardman, Kolonien und Handel der Griechen. Vom späten 9. bis zum 6. Jahrhundert v. Chr., München 1981.

Zu *Drakon* und *Solon*: E. Ruschenbusch, ΦΟΝΟΣ. Zum Recht Drakons und seiner Bedeutung für das Werden des athenischen Staates: Historia 9, 1960, 129–154; ders., Das Vergehen und dessen Ahndung im griechischen Recht: Gymnasium 95, 1988, 369–374; ders., Überbevölkerung in archaischer Zeit, Historia 40, 1991, 375–378, sowie die oben erwähnten Studien von H. G. Kippenberg (S. 180), der die Verhältnisse im Athen Solons mit denjenigen der Hebräer am Ausgang der Monarchie und zu Beginn der nachexilischen Zeit vergleicht.

Die Formulierung ‚ältere Tyrannis' erweckt den Eindruck, es handele sich um ein weit verbreitetes Phänomen mit klar definierbaren Charakteristiken. Bedenkt man, daß von insgesamt 700 Städten nur etwa 30 Tyrannen gehabt haben und diese sich auf rund 150 Jahre verteilen, kann die Tyrannis nicht als gemeingriechische Erscheinung angesprochen werden. Zum Gesamtkomplex vgl. den von K. H. Kinzl herausgegebenen Sammelband ‚Die ältere Tyrannis bis zu den Perserkriegen. Beiträge zur griechischen Tyrannis', Darmstadt 1979; speziell zu den *Peisistratiden*: H. Berve, Die Tyrannis bei den Griechen, 2 Bde., München 1967, 41–77; E. Kluwe, Bemerkungen zu den Diskussionen über die drei ‚Parteien' in Attika zur Zeit der Machtergreifung des Peisistratos: Klio 54, 1972, 101–124.

Die Erfindung des *Münzgeldes* vergleicht K. Christ, Die Griechen und das Geld, Saeculum 15, 1964, 214–229, mit Phänomenen wie der Bewahrung des Feuers, der Domestizierung der Tiere oder der Erfindung der Schrift.

Klassisches Griechenland

Zusammenfassende Darstellungen der Geschichte *Spartas* bieten J.T. Hooker, Sparta. Geschichte und Kultur, Stuttgart 1982, und M. Clauss, Sparta. Eine Einführung in seine Geschichte und Zivilisation, München

1983. Der von K. Christ herausgegebene Sammelband ‚Sparta', Darmstadt 1986, enthält neben den Aufsätzen eine ausgezeichnete rezeptionsgeschichtliche Einleitung (S. 1–72). Eine Diskussion nahezu sämtlicher relevanten Fragen der inneren Entwicklung Spartas liefert die Studie von P. Cartledge, Agesilaos and the Crisis of Sparta, Baltimore 1987. Die Geschichte der Stadt in römischer Zeit behandelt A. Spawforth in dem von ihm und P. Cartledge herausgegebenen Band ‚Hellenistic and Roman Sparta. A Tale of Two Cities', New York 1989. Zum ‚Mythos' Sparta in der Antike: E. N. Tigerstedt, The Legend of Sparta in Classical Antiquity, 2 Bde., Stockholm 1965, Uppsala 1974.

Eine kurze Einführung in die Probleme *mentalitätsgeschichtlicher* Arbeitsweise findet sich im Fischer-Lexikon ‚Geschichte', hrsg. v. R. v. Dülmen, Frankfurt/M 1990, 72–80.

Die Regierungszeit des *Kleomenes* ist zum Verständnis Spartas, aber auch der griechischen Verhältnisse am Vorabend der Perserkriege wichtig. Grundlegend, wenngleich nicht leicht zugänglich, ist S. C. Klein, Cleomenes. A Study in Early Spartan Imperialism, Kansas 1973. Eine Würdigung der Persönlichkeit bietet P. Cloché, Sur le rôle des rois de Sparte: LEC 17, 1949, 113–138, 343–381.

Die *Religiosität* äußerte sich vor allem in zahlreichen vorgeschriebenen Opferhandlungen: H. Popp, Die Einwirkung von Vorzeichen, Opfern und Festen auf die Kriegführung der Griechen im 5. und 4. Jahrhundert v. Chr., Erlangen 1957; das damit zusammenhängende Phänomen der Furcht behandelt P. Epps, Fear in Spartan Character: CPh 28, 1933, 12–29. Eine solche Religiosität war stets bei allen Beteiligten auch Medium des politischen Handelns; zu dem Gesamtphänomen W. Burkert, Griechische Religion der archaischen und klassischen Epoche, Stuttgart 1977, und zu dem letztgenannten Aspekt ebd. 383–388.

Zu *Herodot* und der griechischen Geschichtsschreibung allgemein: K. Meister, Die griechische Geschichtsschreibung. Von den Anfängen bis zum Ende des Hellenismus, Stuttgart 1990. Den Einfluß des Orients auf Herodot und die Griechen seiner Zeit stellt W. Burkert, Die orientalisierende Epoche in der griechischen Religion und Literatur, Heidelberg 1984, heraus.

Bei der Behandlung der *Perserkriege*, wie bei allen Kriegen, ist zu berücksichtigen, welche Seite die Kämpfe beschreibt. Die Perser ‚verloren' ihre Kriege gegen die Griechen auch deshalb, weil die Griechen die Geschichten über diese Kriege schrieben und es ihre Texte waren, die allein auf uns gekommen sind. In den ‚Persern' des Aischylos, 472, nur acht Jahre nach Salamis, aufgeführt, war die griechische Sicht verbreitet, in der Darstellung des Herodot ist sie als großes Ereignis der europäischen Geschichte bereits fest verankert und ging gerade durch die Schilderungen dieses Autors in die Darstellungen bis heute ein. Zur Sicht der Dinge aus persischer Warte: J.M. Balcer, The Persian Wars against Greece: A Reassessment, Historia 38, 1989, 127–143. Auch A.R. Burn, Persia and the Greeks, London ²1984, und D.M. Lewis, Sparta and Persia, Leiden 1977, zeichnen sich dadurch aus, daß sie das Mit- und Gegeneinander von Griechen und Persern aus der Sicht der letzteren behandeln. Bei manchen Darstellungen der Perserkriege spielen Gegenwartsbezüge eine erhebliche Rolle, zumal immer dann, wenn in der Moderne ein Ost-West-Gegensatz zu beobachten war; solche Bezüge analysiert G. Walser, Zur Beurteilung der Perserkriege in der neueren Forschung: Schweizer Beiträge zur allgemeinen Geschichte 17, 1959, 219–240. Die Einschätzung des Leonidas durch Beloch (S. 181) 2, 2, 105.

Die knappe Darstellung zur *Pentekontaëtie* sei Anlaß zu dem Hinweis, daß von einem Blick in die gängigen Schulbücher her oder selbst in die meisten Darstellungen zur griechischen Geschichte – und meine Einführung bietet keine Ausnahme – man den Eindruck gewinnt, daß Hellas im wesentlichen aus zwei großen Bereichen bestand: aus Athen und Sparta. Zweifellos haben diese beiden führenden Städte die Politik und die Geschichte des griechischen Mutterlandes weitgehend bestimmt. Aber sie waren nicht Griechenland. Aus diesem Grunde sei wenigstens an dieser Stelle auf das ‚andere' Griechenland und das Buch von H.-J. Gehrke, Jenseits von Sparta und Athen. Das Dritte Griechenland und seine Staatenwelt, München 1986, verwiesen. Die Struktur und Geschichte des attischen Seebundes behandelt W. Schuller, Die Herrschaft der Athener im Ersten Attischen Seebund, Berlin 1974, der ebenfalls die Wirkung auf die Herausbildung der Demokratie analysiert: W. Schuller, Wirkungen des Ersten Attischen Seebundes auf die Herausbildung der athenischen Demokratie: J.M. Balcer (Hrsg.), Studien zum Attischen Seebund, Konstanz 1984, 87–101. Die Diskussion um den von mir nicht behandelten sogenannten ‚Kallias-Frieden', die Frage also, ob es 449 einen förmlichen Frieden Athens mit den Persern gegeben habe, bietet Lehrstücke historisch-kritischer Analyse in den Arbeiten von K. Meister, Die Ungeschichtlichkeit des Kalliasfriedens und deren historische Folgen, Wiesbaden 1982, sowie E. Badian, The Peace of Callias: JHS 107, 1987, 1–39, und ist zugleich ein möglicherweise abschreckendes Beispiel für die Beschäftigung mit nicht Vorhandenem.

Zum Verlauf des *Peloponnesischen Krieges* liegt eine Reihe von Gesamtdarstellungen vor. Vor allen Dingen D. Kagan hat sich in drei ausführlichen Studien mit den wichtigsten chronologischen Abschnitten beschäftigt: The Archidamian War, London 1974; The Peace of Nicias and the Sicilian Expedition, London 1981; The Fall of the Athenian Empire, London ²1988. Zahlreiche Einzelstudien von H.D. Westlake zu den Quellen sind in einem Sammelband zusammengefaßt: Essays on the Greek Historians and Greek History, Manchester 1969.

Das *4. Jahrhundert* bis zu Alexander zeichnet sich durch eine außergewöhnlich gute Quellenlage aus, resultierend aus den Werken Xenophons, der Redner, der politischen Publizistik und den Inschriften. Überblicke über den Zeitraum bieten P. Funke, Homonoia und Arche. Athen und die griechische Staatenwelt vom Ende des peloponnesischen Krieges bis zum Königsfrieden (403–387/6 v. Chr.), Wiesbaden 1980, und R. Urban, Der Königsfrieden von 387/86 v. Chr. Vorgeschichte, Zustandekommen, Ergebnis und politische Umsetzung, Stuttgart 1991. Ein von der chronologischen Abfolge losgelöstes Szenario vor allem Athens in dieser Phase entwirft W. Wankel, Demosthenes. Rede für Ktesiphon über den Kranz, 2 Bde., Heidelberg 1976. Zum Söldnerwesen: H. W. Parke, Greek Mercenary Soldiers from the Earliest Times to the Battle of Ipsus, Oxford 1933 (ND 1970). Technische Einzelheiten der Entscheidungsschlacht bei Leuktra diskutiert C. J. Tuplin, The Leuctra Campaign: Some Outstanding Problems: Klio 69, 1987, 72–107. Das Zitat von Ed. Meyer ist seiner ‚Geschichte des Altertums', Bd. 5, Berlin 1902, 514, entnommen.

Die *attische Demokratie* gehört zu den bestbekannten und meist behandelten Phänomenen der griechischen Geschichte; dies darf aber nicht zu einem déjà-vu-Herangehen an die im Vergleich zu heutigen Erscheinungen völlig anders gearteten antiken Verhältnisse verleiten. Der Komplex wird zusammenfassend von J. Bleicken, Die Athenische Demokratie, Paderborn ²1988, behandelt (in der UTB-Ausgabe ist der Forschungsbericht fortgelassen). Zu allen Fragen der athenischen Verfassungsgeschichte sind die umfangreichen Kommentare von P. J. Rhodes, A Commentary on the Aristotelian Athenaion Politeia, Oxford 1981, und M. Chambers, Aristoteles, Staat der Athener, Darmstadt 1990, heranzuziehen. Zur Diskussion, ob Athen eine Demokratie war, vergleiche man die Arbeiten von R. Sealey, The Athenian Republic, Democracy or the Rule of Law?, London 1987, und M. H. Hansen, Was Athens a Democracy? Popular Rule, Liberty and Equality in Ancient and Modern Political Thought, Kopenhagen 1989, nicht weil ich das in den beiden Werken geübte definitorische Schattenboxen für sinnvoll hielte, sondern wegen der jeweiligen Analysen der realen Verhältnisse. Mit Recht betont F. Gschnitzer, Von der Fremdartigkeit griechischer Demokratie: Informationen für den Geschichts- und Gemeinschaftskundelehrer 31/86, 46–54, daß die athenische Demokratie eine exzeptionelle Regierungsform war. Einen ebenso knappen wie glänzenden Überblick über die Entwicklung der athenischen Demokratie aus den Adelsrivalitäten heraus legt J. Martin, Von Kleisthenes zu Ephialtes: Chiron 4, 1974, 1–42, vor. Die Materialfülle des Aristophanes (um 445–386), dieses berühmtesten griechischen Lustspieldichters, ist so umfassend, daß eine Art Soziologie der athenischen Gesellschaft aufgrund seiner Stücke geschrieben werden konnte: V. Ehrenberg, Aristophanes und das Volk von Athen. Eine Soziologie der altattischen Komödie, Zürich 1968. Zu der Einstellung des Aristoteles gegenüber den Frauen F. Kudlien, Wie erkannte der antike Ehemann einen Bankert?, RhM 132, 1989, 204–214.

Hellenismus

Neben den oben genannten Einführungen (S. 176) bietet die kurzgefaßte Darstellung von F. W. Walbank, Die hellenistische Welt, München 1989, einen guten Einstieg, der aufgrund seiner Nähe zu den Quellen überaus anschaulich ist. Nützlich ist ferner: Kleines Wörterbuch des Hellenismus, hrsg. v. H. H. Schmitt – E. Vogt, Wiesbaden 1988. Der Kern des Werkes besteht aus etwa 75 stark komprimierten Artikeln zur Geschichte sowie zu Staat, Recht und Verwaltung der hellenistischen Welt. Den Stichwörtern ist der Sammelartikel ‚Hellenismus' vorangestellt, dessen Lektüre sich vor der Benutzung des Nachschlagewerkes empfiehlt.

Grundlegend für die Behandlung der *Bundesstaaten* ist die umfangreiche Studie von Busolt – Swoboda (S. 181); anregend sind ferner die Überlegungen von G. A. Lehmann, Erwägungen zur Struktur des Achaiischen Bundesstaates: ZPE 51, 1983, 237–261.

Die Erforschung der Geschichte *Makedoniens* hat vor allem durch die Ergebnisse der Archäologie einen spürbaren Auftrieb erhalten. Grundlegend sind die Arbeiten von N. G. L. Hammond – G. T. Griffith – F. W. Walbank, A History of Macedonia, 3 Bde., Oxford 1972/1988. Einen guten knappen Überblick bietet M. Errington, Geschichte Makedoniens, München 1986. Zu den attischen Rednern vgl. die Arbeit von Wankel (S. 187). Philipp als Schöpfer der makedonischen Phalanx hat G. T. Griffith, Peltasts, and the Origins of the Macedonian Phalanx: Ancient Macedonian Studies in Honour of C. F. Edson, Thessaloniki 1981, 161–167, herausgestellt.

Die Feststellung von J. G. Droysen zu *Alexander* findet sich in der ‚Geschichte Alexanders des Großen', Berlin 1833 (ND Stuttgart 1941), 1. Die Literatur zu dem bekanntesten Makedonenkönig ist ebenso umfangreich wie kontrovers, ein Symptom für die rational nicht erklärbare Parteinahme der antiken wie der modernen Autoren für oder gegen ihn; in der Antike erfolgte die subjektive Wertung des Makedonen noch ungehemmter als in der Neuzeit. Dies resultiert neben den zeitbedingten Interessen der Forscher allerdings auch aus der Quellenlage; die erhaltenen zusammenhängenden Quellen stammen aus der Zeit vom 1. vorchristlichen bis zum 2. nachchristlichen Jahrhundert; aus ihnen müssen die zeitgenössischen Autoren herausgefiltert werden. Jeweils klar konturierte Darstellungen, etwa gleichzeitig, aber auf einem unterschiedlichen geistesgeschichtlichen Hintergrund entstanden, legten W. W. Tarn, Alexander the Great, 2 Bde.,

Cambridge 1948 (deutsch: Alexander der Große, Darmstadt 1968) und F. Schachermeyr, Alexander der Große. Ingenium und Macht, Graz-Salzburg-Wien 1949, vor. Tarn, aus dem Geist viktorianischer Tradition geprägt, portraitierte Alexander als Eroberer, dessen höchstes Anliegen die Vereinigung der Menschheit war. Schachermeyr, unter dem Eindruck der Hitlerzeit stehend, skizzierte den Makedonen als dämonischen Machtmenschen, für dessen Aktionen die Ökumene die Bühne bildete. Zum Vergleich bieten sich die beiden jüngeren und kürzeren Darstellungen von S. Lauffer, Alexander der Große, München ^{2}1981, und W. Will, Alexander der Große, Stuttgart 1986, an. Während Lauffer den Makedonen verehrt, gesteht Will zu, eine parteiische Darstellung zu liefern, die Alexander kritisch sieht.

Das *Nachleben* Alexanders hat A. Demandt, Politische Aspekte im Alexanderbild der Neuzeit: AKG 54, 1972, 325–363, in einer mustergültigen Analyse untersucht.

Die Auseinandersetzungen der *Diadochen*, ein halbes Jahrhundert Kriegsgeschehen mit ständig wechselnden Koalitionen, sind in den Werken von E. Will, Histoire politique du monde hellénistique (323–30 av. J.-C.), 2 Bde., Paris ^{2}1982, und J. Seibert, Das Zeitalter der Diadochen, Darmstadt 1983, zuverlässig zusammengefaßt.

Ein wichtiges, wenn nicht das wesentliche Kennzeichen der politischen Ordnung war die *Monarchie*. Gegenüber den philosophisch-staatstheoretischen und juristisch-staatsrechtlichen Aspekten versuchte jüngst H.-J. Gehrke, mit Hilfe einer herrschaftssoziologischen Perspektive, den – im Sinne Max Webers – charismatischen Charakter der Monarchie herauszustellen: Der siegreiche König. Überlegungen zur Hellenistischen Monarchie, AKG 64, 1982, 247–277.

Wenn ich hier das Beispiel *Ägypten* ausgewählt habe, muß ich vor einer Übertragung des gewonnenen Bildes auf andere Monarchien warnen. Die spezifische Bedeutung des Nils verbunden mit der jahrtausendealten Ordnung stellen einen Sonderfall dar. Beeindruckend ist die Fülle des Quellenmaterials aufgrund der Papyri, die zur Herausbildung einer eigenständigen Wissenschaftsdisziplin, der Papyrologie, geführt hat. Wie die Epigraphik (S. 195) ist sie interdisziplinär par excellence, da die Texte uns über alle Lebensbereiche informieren: Geschäftsleben und Wirtschaft, Recht und Verwaltung, Religion und Literatur. Eine umfassende wissenschaftliche Einführung, zugleich in das hellenistische Ägypten, bieten U. Wilcken – L. Mitteis, Grundzüge und Chrestomathie der Papyrusurkunden, 4 Bde., Leipzig-Berlin 1912 (ND 1963). Einen kurzen Überblick über die Breite des Quellenmaterials mit anschaulichen zweisprachigen und knapp kommentierten Beispielen leisten der Band von J. Hengstl, Griechische Papyri aus Ägypten als Zeugnisse des öffentlichen und privaten Lebens. Griechisch-deutsch, Darmstadt 1978, und der ähnlich angelegte von A. S. Hunt – C. C. Edgar, Select Papyri [griechisch-englisch], 2 Bde., London 1970/83. Glänzende Darstellungen der wirtschaftlichen Entwicklung Ägyptens und des ptolemaiischen Verwaltungssystems liegen von M. Rostovtzeff [auch andere Schreibweisen üblich], Gesellschafts- und Wirtschaftsgeschichte der hellenistischen Welt, 3 Bde., Darmstadt 1955/56 (ND 1984), sowie ders., A Large Estate in the Third Century B. C., Madison 1922, vor, der eine Fülle von papyrologischem Material verarbeitet hat. Den für das Wirtschafts- und Finanzsystem wichtigen Papyrus ‚Revenue Laws' interpretiert J. Bingen, Le Papyrus Revenue Laws – Tradition grecque et adaption hellénistique, Opladen 1978. L. Mooren, The Ptolemaic Court System: CE 60, 1985, 214–222, schildert den alexandrinischen Hof. Für den gesamten Bereich der griechisch-römischen Antike liegt jetzt vor: H. Kloft, Die Wirtschaft der griechisch-römischen Welt. Eine Einführung, Darmstadt 1992.

Eine umfassende aus den Quellen schöpfende Behandlung der menschlichen Grunderfahrungen und Lebenssituationen gibt C. Schneider, Kulturgeschichte des Hellenismus, 2 Bde., München 1967/69. Was die Fortschritte der *Wissenschaft* betrifft, so beschränke ich mich mit dem Hinweis auf allgemeine Darstellungen zu den wichtigsten Disziplinen: J. L. Heiberg, Geschichte der Mathematik und Naturwissenschaften im Altertum, München 1925 (ND 1960); H. Flashar (Hrsg.), Antike Medizin, Darmstadt 1971; H. Schneider – D. Hägermann, Landbau und Handwerk (Propyläen Technikgeschichte), Frankfurt/M. – Berlin 1991 (zur Entwicklung der Technik); H. Schneider, Einführung in die antike Technikgeschichte, Darmstadt 1992. Zu den Problemen der Mechanik generell A. Schürmann, Griechische Mechanik und antike Gesellschaft. Studien zur staatlichen Förderung einer technischen Wissenschaft, Stuttgart 1991, mit einem Kapitel über die hier vorgestellten *Unterhaltungsautomaten*.

Bei der Behandlung der *römischen Einmischung* in die griechische Welt stand lange Zeit die Diskussion im Vordergrund, ob man von einem römischen Imperialismus sprechen könne. W. V. Harris, War and Imperialism in Republican Rome, 327–70 B. C., Oxford 1979, hat diesen Imperialismus stärker als eine geplante Entwicklung gedeutet, während R. Werner, Das Problem des Imperialismus und die römische Ostpolitik im zweiten Jahrhundert v. Chr.: ANRW 1, 1, 1972, 501–563, die berechtigte Frage stellte, ob die hinter der Diskussion stehende moderne Begrifflichkeit überhaupt tragfähig sei. Abgehend von dieser Begrifflichkeit legt E. S. Gruen, The Hellenistic World and the Coming of Rome, 2 Bde., Berkeley – Los Angeles – London 1984, die Verhaltensmuster und Möglichkeiten der Zeitgenossen, vor allem der Griechen und Makedonen, seiner Darstellung zugrunde. Die griechische Sicht der Entwicklung stellt J. Deininger, Der politische Widerstand gegen Rom in Griechenland 217–86 v. Chr., Berlin – New York 1971, dar.

Wenn ich den Abschnitt über die Epoche des Hellenismus mit dem traditionellen Datum der Einnahme Alexandrias durch die Römer 30 v. Chr. beende, so sei wenigstens auf die Bemerkung von Gehrke (oben S. 176) S. 3 verwiesen, der betont, daß sich der Prozeß der Hellenisierung innerhalb des Römischen Reiches fortsetzte.

Römische Republik

Die Einheit der römischen Geschichte von der Republik bis zur Spätantike behandelt K. Christ, Die Römer. Eine Einführung in ihre Geschichte und Zivilisation, München ²1984. Eine anregend geschriebene Gesamtdarstellung gibt ferner A. Heuss, Römische Geschichte, Braunschweig ⁴1976, bei der das Schwergewicht auf Politik und Verfassung liegt. Stärker problemgeschichtlich orientiert führt K. Christ, Römische Geschichte. Einführung, Quellenkunde, Bibliographie, Darmstadt ⁴1990, in die Quellenkunde ein. Auch hier sei auf die oben genannten Einführungen (S. 176) verwiesen.

Zu den *Etruskern*: M. Pallotino, Etruskologie, Geschichte und Kultur der Etrusker, München 1988.

Die Geschichte *Latiums* bis 338 rekonstruiert A. Bernardi, Nomen Latinum, Pavia 1973. Die Herrschaftsorganisation analysieren H. Galsterer, Herrschaft und Verwaltung im republikanischen Italien, München 1976, und T. Hantos, Das römische Bundesgenossensystem in Italien, München 1983, eine Studie, welche die Kategorien der Integrationsdichte und -qualität Max Webers auf die römische Bundesgenossenschaft überträgt. Die Bedeutung der römischen *Bevölkerungsgeschichte* und der damit zusammenhängenden Probleme behandelt P. A. Brunt, Italian Manpower 225 B.C.-A.D. 14, Oxford 1971. Die ‚Antike Numismatik. Einführung und Bibliographie' stellt K. Christ, Darmstadt ³1991, vor.

Einen methodisch immer noch wichtigen Zugriff auf die römische Führungsschicht im *Senat* liefert die Studie von M. Gelzer, Die Nobilität der römischen Republik, Leipzig 1912 (=ders., Kleine Schriften 1, Wiesbaden 1962, 17–135). Zur Rolle des Senats und der Generale: U. Hackl, Senat und Magistratur in Rom von der Mitte des 2. Jhs. v. Chr. bis zur Diktatur Sullas, Kallmünz 1982; A.M. Eckstein, Senate and General, Berkeley 1987. T. P. Wiseman hat in einem beachtenswerten Beitrag über den Wettbewerb innerhalb der Aristokratie (in: Roman Political Life 90 B.C. to A.D. 69, Exeter 1985) einen auch mentalitätsgeschichtlich interessanten Zugang zur römischen Geschichte eröffnet. Das immer stärker zu beobachtende Schwinden des Konsenses versuchte man durch ein immer engmaschigeres Netz von Regelungen aufzuhalten: Regelungen zur Ämterlaufbahn – R. Rilinger, Die Ausbildung von Amtswechsel und

Amtsfristen zwischen Machtbesitz und Machtgebrauch in der Mittleren Republik (342–217 v. Chr.): Chiron 8, 1978, 247–312 –, zur Aufwandsgesetzgebung – E. Baltrusch, Regimen morum. Die Reglementierung des Privatlebens der Senatoren und Ritter in der römischen Republik und der frühen Kaiserzeit, München 1988 – und anderes mehr. Den Begriff ‚Krise ohne Alternative' prägte C. Meier in seiner beachtenswerten Arbeit ‚Res publica amissa. Eine Studie zu Verfassung und Geschichte der späten römischen Republik', Frankfurt/M. ²1988. Den allgemeinen Weg von Agrargesellschaften, wie Rom es war, in die Monarchie behandelt G. Lenski, Macht und Privileg. Eine Theorie der sozialen Schichtung, Frankfurt/M. 1977.

Der oben gebotene Überblick über die *Magistratur* verzichtet bewußt auf die Erwähnung der Ausnahmen, die es nahezu bei jedem einzelnen Kriterium für einen Magistraten gab. Eine vorzügliche Einführung in den Bereich der Verfassungsgeschichte geben das Werk von E. Meyer, Römischer Staat und Staatsgedanke, Zürich ⁴1975, der den Gegenstand stärker chronologisch, und J. Bleicken, Die Verfassung der römischen Republik, Paderborn ⁴1985, der ihn systematisch dargestellt hat. Einen ausgezeichneten Überblick über die politische Praxis des römischen Bürgers bietet C. Nicolet, Le métier du citoyen dans la Rome républicaine, Paris 1976.

Die frühe römische Heeresorganisation analysiert D. Kienast, Die politische Emanzipation der Plebs und die Entwicklung des Heerwesens im frühen Rom, BJ 175, 1975, 83–112. Das Problem der Veteranenversorgung in der ausgehenden Republik ist mehrfach behandelt worden: in der kurzen, aber eindrucksvollen Darstellung von E. Gabba, Ricerche sul'esercito professionale romano da Mario ad Augusto: Athenaeum 29, 1951, 171–272 (=ders., Republican Rome, the Army and the Allies, Oxford 1976, 20–69), sowie in den Studien von E. H. Erdmann, Die Rolle des Heeres in der Zeit von Marius bis Caesar. Militärische und politische Probleme einer Berufsarmee, Neustadt 1972, und H.-C. Schneider, Das Problem der Veteranenversorgung in der späteren römischen Republik, Bonn 1977.

Audiatur et altera pars: Diesen uralten Rechtssatz der Römer zu befolgen, ist für uns nicht nur häufig sehr schwierig, sondern manchmal sogar unmöglich. Gemeint ist hier, auch einmal diejenige Macht zu Worte kommen zu lassen, die zwar in den Überschriften der Lehrbücher – die Punischen Kriege – stets namentlich erwähnt wird, von deren Geschichte aber aus der Zeit selbst kaum Zeugnisse auf uns gekommen sind. *Karthago* fiel dem Schicksal zahlreicher Gegner großer erfolgreicher Staaten anheim: Seine Geschichte schrieben – wenngleich nur am Rande – die Sieger, und sie taten dies mit der aus dem Sieg resultierenden Kürze und Verachtung. Dennoch haben auch Verlierer ihren Reiz. Einen umfassenden Überblick bietet das Handbuch von W. Huss, Die Geschichte der Karthager, München 1985.

Die wichtigste ausführliche Gesamtdarstellung des Zeitraums der letzten zwei Jahrhunderte der Republik liegt von K. Christ, Krise und Untergang der Römischen Republik, Darmstadt ²1984, vor.

Stimulierend für eine Beschäftigung mit den *Agrarverhältnissen* Roms ist neben den Arbeiten zu den Gracchen die Studie von M. Weber, Agrarverhältnisse im Altertum, in: ders., Gesammelte Aufsätze zur Sozial- und Wirtschaftsgeschichte, Tübingen 1924, 1–288. Als weiteres Krisensymptom neben der Agrarkrise wird neuerdings auf eine Verschlechterung der wirtschaftlichen Lage der stadtrömischen Bevölkerung aufmerksam gemacht: H. C. Boren, Die Rolle der Stadt Rom in der Wirtschaftskrise der Gracchenzeit, in: H. Schneider (Hrsg.), Zur Sozial- und Wirtschaftsgeschichte der späten römischen Republik, Darmstadt 1976, 79–97. Zu Babeuf als einem Beispiel der Folgewirkung der Gracchen in der Neuzeit vgl. M. Clauss, Die Rezeption der Antike bei François-Noël (Camille – Gracchus) Babeuf: Gymnasium 86, 1979, 81–94.

Antike wie moderne Betrachter sind sich darin einig, daß *das Jahr 133* eine entscheidende Wende in der Geschichte der römischen Republik bedeutete. Dabei betont die moderne Forschung die eigenwilligen, wenig verfassungskonformen Methoden des *Tiberius Gracchus* angesichts des Widerstandes der Reformgegner, die im Hinblick auf sein Anliegen geradezu paradox das Gefüge des Nobilitätsstaates zu sprengen drohten. Hier ist vor allen Dingen A. H. Bernstein, Tiberius Gracchus. Tradition and Apostasy, Ithaca 1978, zu nennen, der in seiner Darstellung die Situation aus der Sicht des Tiberius durchdenkt. Wichtig sind ferner die Studien von D. C. Earl, Tiberius Gracchus, Brüssel 1963, sowie der kritische und in seiner Bewertung überzeugende Forschungsüberblick von E. Badian, Tiberius Gracchus and the Beginning of the Roman Revolution: ANRW 1, 1 (1972), 668–731. Zu den oben angestellten textkritischen Überlegungen vgl. allgemein Jäger (oben S. 176) 32–59. Zur Rolle der Volkstribunen generell: J. Bleicken, Das Volkstribunat der klassischen Republik, München ²1968. Die Gruppe der Gegner des Tiberius Gracchus behandelt A. E. Astin, Scipio Aemilianus, Oxford 1967. Einen möglichen griechischen Einfluß untersucht C. Nicolet, L'inspiration de Tiberius Gracchus: REA 67, 1965, 142–158. Die Anwendbarkeit des Revolutionsbegriffs wird vor allem seit der Arbeit von A. Heuss, Der Untergang der römischen Republik und das Problem der Revolution: HZ 182, 1956, 1–28, diskutiert. Überzeugend distanzierende Überlegungen finden sich bei E. Tornow, Der Revolutionsbegriff und die späte römische Republik. Eine Studie zur deutschen Geschichtsschreibung im 19. und 20. Jh., Frankfurt/M. 1978. Zu den Popularen: J. Martin, Die Popularen in der Geschichte der späten Republik, Freiburg 1965.

Die *letzten Jahrzehnte* der Republik gehören zu den am besten dokumentierten Abschnitten der römischen Geschichte. Auch in der Forschung haben sie stets ausführliche Behandlung aufgrund der ungemein lebendigen Quellen und der Sachfragen erfahren, die sich an die Übergangssituation knüpfen. In umfangreichen philologischen Studien sind vor allem die Werke dreier Zeitgenossen: Cicero, Caesar und Sallust (86–35 v. Chr.) analysiert worden. Als Einstieg in die Geschichtsschreibung ist heranzuziehen D. Flach, Einführung in die römische Geschichtsschreibung, Darmstadt 1985. Die politische Geschichte wird weitgehend über die Behandlung von Einzelpersönlichkeiten erfaßt. Ich beschränke mich hier auf zwei unterschiedliche, aber je in ihrer Art beeindruckende Biographien zu Cicero – C. Habicht, Cicero der Politiker, München 1990, und M. Fuhrmann, Cicero und die römische Republik. Eine Biographie, München – Zürich [3]1991 – und Arbeiten zu Caesar: C. Meier, Caesar, Berlin [2]1982 (auch als Taschenbuch München 1986), beurteilt Caesars Handlungsweisen und Leistungen aus den besonderen Möglichkeiten der Zeit her und zeigt die Ausweglosigkeit eines jeden Versuchs auf, die republikanische Ordnung mit den Ansprüchen einer Militärdiktatur in Einklang zu bringen. Die dabei immer wieder betonte Ohnmacht Caesars führt allerdings zu einem fatalistischen Verständnis von historischen Abläufen. W. Dahlheim, Julius Caesar. Die Ehre des Kriegers und der Untergang der römischen Republik, München 1987, sieht in Caesar zwar auch den ruhm- und ehrsüchtigen Aristokraten, erkennt aber auch ein in die Zukunft gerichtetes staatsmännisches Ziel. M. Jehne, Der Staat des Dictators Caesar, Köln 1986, behauptet nach einer gründlichen Prüfung der staatlichen Institutionen und der Haltung der verschiedenen Bevölkerungsgruppen zum Zeitpunkt der Ermordung Caesars, daß dieser konsequent eine Monarchie errichtete, die er durch die Annahme des Titels *dictator perpetuo* dokumentierte.

Kaiserzeit

Zusätzlich zu den oben (S. 176) genannten Darstellungen zur *Geschichte der Kaiserzeit* verweise ich noch auf einige weitere Werke. Bei K. Christ, Geschichte der römischen Kaiserzeit von Augustus bis zu Konstantin, München [2]1992, dessen Darstellung (3–4) die zu Beginn dieses Kapitels gegebene Charakterisierung der Herrscher nachempfunden ist, bildet die Schilderung der politischen Ereignisse den Rahmen für die systematisch orientierten Abschnitte, in denen ein Akzent auf die Reichs- und Principatsideologie gelegt wird. Stärker strukturgeschichtlich orientiert sind M. Rostovtzeff, Gesellschaft und Wirtschaft im römischen Kaiserreich, 2 Bde., Leipzig 1929, sowie P. Garnsey – R. Saller, Das römische Kaiserreich. Wirtschaft, Gesellschaft, Kultur, Reinbek 1989. Die ‚Verfassungs- und Sozialgeschichte des römischen Kaiserreiches' stellt J. Bleicken in seinem gleichnamigen zweibändigen Werk (Paderborn Bd. 1=[3]1989; 2=[2]1981) in den Mittelpunkt. Anregend aufgrund seiner eigenwilligen These ist ferner die Studie von F. Millar, The Emperor in the Roman World (31 BC – AD 337), London 1977; das herausragende Charakteristikum der kaiserlichen Regierung war seiner Meinung nach die Passivität des Kaisers. Eine notwendige Korrektur legte J. Bleicken, Zum Regierungsstil des römischen Kaisers. Eine Antwort auf Fergus Millar, Wiesbaden 1982, vor. Aus der Fülle der Monographien zu einzelnen Herrschern oder historischen Abschnitten nenne ich nur zwei. Ein wichtiges Buch zu Augustus und zum Verständnis der Archäologie als historischer Disziplin stellt die Arbeit von P. Zanker, Augustus und die Macht der Bilder, München [2]1990, dar. Herausragend in der literarischen Qualität ist M. Yourcenar, Ich zähmte die Wölfin. Die Erinnerungen des Kaisers Hadrian, Stuttgart 1990.

Die Faszination der *Inschriften* betont L. B. Lawler, Married Life in C. I. L. IX: CJ 1928/29, 346–353. Die beste ‚Einführung in die lateinische Epigraphik' bietet R. Cagnat, Cours d'épigraphie latine, Paris [4]1914 (ND Rom 1964). Anregend, mit vielen Beispielen und Abbildungen, die das breite Spektrum der epigraphischen Zeugnisse dokumentieren, ist L. Keppie, Understanding Roman Inscriptions, London 1991. H. Freis, Historische Inschriften zur römischen Kaiserzeit von Augustus bis Konstantin, Darmstadt 1984, hat eine Auswahl von wichtigen epigraphischen Texten in Übersetzung zusammengestellt.

Zur allgemeinen Einführung in die *Gesellschaft* empfehlen sich die beiden informativen Darstellungen von G. Alföldy, Römische Sozialgeschichte, Wiesbaden [3]1984, und F. Vittinghoff, Gesellschaft, in: Handbuch der europäischen Wirtschafts- und Sozialgeschichte. 1: Europäische Wirtschafts- und Sozialgeschichte in der römischen Kaiserzeit, Stuttgart 1990, 161–369. Eine gute Definition von Sozialgeschichte bietet F. Gschnitzer in seiner Einleitung der ‚Griechischen Sozialgeschichte' (S. 181). Die beste Darstellung des Alltagsleben zahlreicher sozialer Gruppen ist immer noch L. Friedländer, Darstellungen aus der Sittengeschichte Roms in der Zeit von Augustus bis zum Ausgang der Antonine, bearbeitet von G. Wissowa, 4 Bde., Leipzig [10]1921–1923 (ND Aalen 1964). Ausgangspunkt einer lebhaften Diskussion der letzten 20 Jahre über die Möglichkeiten, die römische Gesellschaft modellhaft zu beschreiben, war ein 1976 in der Zeitschrift ‚Gymnasium' erschienener Beitrag von G. Alföldy, ‚Die römische Gesellschaft – Struktur und Eigenart', der jetzt, erweitert um Auseinandersetzungen Alföldys mit seinen Kritikern, zugänglich ist in dem Sammelband: G. Alföldy, Die römische Gesellschaft (S. 177) 42–81. K. Christ, Grundfragen der römischen Sozialstruktur: Studien zur antiken Sozialgeschichte, Festschrift F. Vittinghoff, Köln 1980, 197–228, hat anhand der Beispiele Niebuhr, Mommsen und Rostovtzeff die Probleme solcher zeitbedingten Begrifflichkeit aufgewiesen. Die teilweise recht entschiedenen gesellschaftlichen Wertungen der Geschichtswerke des 19. und beginnenden 20. Jahrhunderts beruhten zwar teilweise auf historisch-kritischen Analysen der antiken Überlieferung, aber weitaus mehr auf den gesellschaftlich-politischen Vorentscheidungen und Überzeugungen ihrer Autoren.

Sowohl die Studien über die *Familienstruktur* von R. P. Saller – B. D. Shaw, Tombstones and Roman Family Relations in the Principate: Civilians, Soldiers and Slaves: JRS 74, 1984, 124–156, wie diejenigen zum *Heiratsalter* der Männer von R. P. Saller, Men's Age at Marriage and its Consequences in the Roman Family: CPh 82, 1987, 21–34, und der Frauen von B. D. Shaw, The Age of Roman Girls at Marriage. Some Reconsiderations: JRS 77, 1987, 30–46, sind anhand des epigraphischen Materials erarbeitet. In jüngster Zeit erfreut sich das Thema ‚Frau' immer größerer Beliebtheit. Dabei verstellt allerdings bei manchen Studien die politische Absicht den Blick auf die antiken Verhältnisse; eine Ausnahme davon bildet die Arbeit von J. F. Gardner, Women in Roman Law and Society, London 1986. Interessante Beiträge zur Familie und zur Rolle der Geschlechter finden sich bei K. R. Bradley, Discovering the Roman Family. Studies in Roman Social History, New York – Oxford 1991. Einen Überblick über Arbeitsfelder und Publikationen zum Thema Familie im weitesten Sinn bietet die Bibliographie von J. U. Krause, Die Familie und weitere anthropologische Grundlagen, Stuttgart 1992.

Eine Studie zur antiken *Sklaverei* legte M. I. Finley, Die Sklaverei in der Antike. Geschichte und Probleme, Frankfurt/M. ²1987, vor. Die Bedeutung der Freilassung für die Institution der Sklaverei hat G. Alföldy, Die Freilassung von Sklaven und die Struktur der Sklaverei in der römischen Kaiserzeit, mit Nachträgen wieder abgedruckt in ‚Die römische Gesellschaft' (S. 177), 286–331, herausgearbeitet. Zu den Dienstleistungen: W. Waldstein, Operae Libertorum. Untersuchung zur Dienstpflicht freigelassener Sklaven, Stuttgart 1986. Eine herausragende Gruppe innerhalb der *servi* und *liberti* bilden diejenigen der kaiserlichen Haushalte, die hier wenigstens durch das Werk von P. R. C. Weaver, Familia Caesaris. A Social Study of the Emperor's Freedmen and Slaves, Cambridge 1972, Erwähnung finden sollen.

Das Standardwerk zur Bürgerrechtspolitik und Bürgerrechtsverleihung an *Peregrine* ist A. N. Sherwin-White, The Roman Citizenship, Oxford ²1973.

Zahlreiche sozialgeschichtliche Aspekte im Zusammenhang mit dem *Militär* finden sich in dem Sammelband von G. Alföldy, Römische Heeresgeschichte. Beiträge 1962–1985, Amsterdam 1987. Die Angaben für die Gehaltsliste sind dem zweisprachigen (lateinisch/englischen) Sammelband von R. O. Fink, Roman Military Records on Papyrus, London 1971, 243–249, entnommen. Die Bedeutung der Bürgerrechtsverleihung an Auxiliarsoldaten betont F. Vittinghoff, Militärdiplome, römische Bürgerrechts- und Integrationspolitik der Hohen Kaiserzeit: W. Eck – H. Wolff (Hrsg.), Heer und Integrationspolitik. Die römischen Militärdiplome als historische Quelle, Köln 1986, 535–555. P. Le Roux, L'armée romaine et l'organisation des provinces ibériques. D'Auguste à l'invasion de 409, Paris 1982, mißt der Rolle des Heeres bei der Romanisierung, in diesem Fall der spanischen Provinzen, und beim Zusammenwachsen der spanischen Völker zu einer einheitlichen Kultur entscheidendes Gewicht zu.

Die Unterschiede zwischen den *ordines* einzelner Städte innerhalb einer Provinz – in diesem Fall der spanischen Städte Tarraco, Barcino und Saguntum – hat G. Alföldy, Drei städtische Eliten im römischen Hispanien, Die römische Gesellschaft (S. 177), 239–284, herausgearbeitet.

Grundlegend zum *Ritterstand* ist nach wie vor die Arbeit von A. Stein, Der römische Ritterstand, München 1927. Die politische Elite dieses *ordo* behandelt G. Alföldy, Die Stellung der Ritter in der Führungsschicht des Imperium Romanum: Die römische Gesellschaft (S. 177), 162–209. An dieser Stelle soll die interessante Studie von R. P. Saller, Promotion or Patronage: JRS 70, 1980, 44–63, Erwähnung finden. Saller wendet sich gegen ein allzu starres Bild eines Karriereschemas in dem Sinn, daß die Ritter – für Senatoren gilt dies analog – gleichsam automatisch Laufbahnen absolvierten, und spricht sich vielmehr für einen stärkeren Anteil dessen aus, was er unter dem Stichwort *Protektion* zusammenfaßt. Er gesteht zu, daß es zwar Strukturen für die Karrieren gegeben habe, betont aber, daß das Tempo der Laufbahnen stark variierte.

Ausgangspunkt einer Kontroverse über die Möglichkeiten der prosopographischen Methode – vgl. W. Dahlheim (S. 176) 168–173 – waren Thesen von G. Alföldy, Consuls and Consulars under the Antonines. Prosopography and History, die jetzt in dem Sammelband ‚Die römische Gesellschaft' (S. 177), 100–138, nachgelesen werden können. Das Bild von *Senatoren*, die zwar versuchen, ihre politische und gesellschaftliche Position zu vererben, häufig aber keine Nachkommen haben, ist aus den epigraphischen Quellen gewonnen, wie sie uns etwa für die Zeit der Antonine äußerst dicht vorliegen. K. Hopkins und G. Burton, Ambition and Withdrawal: The Senatorial Aristocracy under the Emperors – wieder abgedruckt in dem insgesamt aus methodischer Sicht wichtigen Band ‚Death and Renewal', Cambridge 1983, 120–200 – sprechen dem Material die Repräsentativität ab und erklären die in den Inschriften zu beobachtende Diskontinuität durch „withdrawal". Dies widerspricht dem in zahlreichen anderen Agrargesellschaften zu beobachtenden Verhalten der Aristokratie; vgl. Lenski (S. 192). Wesentliche methodische Grundsätze stellen W. Eck, Sozialstruktur des römischen Senatorenstandes der hohen Kaiserzeit und statistische Methode, Chiron 3, 1973, 375–394, und J. Hahn – P. M. M. Leunissen, Statistical Method and Inheritance of the Consulate under the Early Roman Empire: Phoenix 44, 1990, 59–81, zusammen.

Gegen die *Zäsur* des Jahres 284 wendet sich J. Bleicken, Prinzipat und Dominat. Gedanken zur Periodisierung der römischen Kaiserzeit, Wiesbaden 1978.

Spätantike

Die beste Gesamtdarstellung zur Spätantike bleibt – neben den oben genannten Werken (S. 176) – die umfassende Studie von A. H. M. Jones, The Later Roman Empire 284–602. A Social, Economic and Administrative Survey, 3 Bde., Oxford 1964 (ND in zwei Bänden 1973). Auf einer außergewöhnlich breiten Kenntnis der spätantiken Quellen, die an Umfang diejenigen der übrigen griechisch-römischen Antike übertreffen, beschreibt Jones die geschichtliche Entwicklung von Diokletian bis Odoacer im Westen beziehungsweise bis Phocas im Osten ebenso detailliert, wie er in einem zweiten Teil strukturelle Themenbereiche behandelt. Zu nennen ist ferner das große, zusammenfassende und originelle, in zwei Bänden und zwei Sprachen erschienene Werk von E. Stein, das in seiner maßgebenden Gestalt erst posthum veröffentlicht wurde. Allein die Tatsache, daß Steins ‚Geschichte des spätrömischen Reiches', von welcher der erste Band ‚Vom römischen zum byzantinischen Staate (284–476 n. Chr.)' 1928 in Wien erschien, später zur ‚Histoire du Bas-Empire', Brüssel 2. 1949, 1. 1959, wurde (Bd. 2: De la disparition de l'empire d'occident à la mort de Justinien (476–565), hrsg. v. J.-R. Palanque, weil Stein es seit 1933 prinzipiell ablehnte, weiterhin in deutscher Sprache zu schreiben, deutet eines von nicht wenigen Schicksalen deutscher Forscher in der Zeit des Nationalsozialismus an; vgl. dazu die oben (S. 177) aufgeführten Arbeiten zur Wissenschaftsgeschichte.

W. Seston, Dioclétien et la Tétrarchie, Paris 1946, betonte einerseits, daß sich *Diocletian* an der römischen Tradition ausrichtete und weniger von vorgefaßten Plänen als von konkreten Notwendigkeiten ausging, als er an die Aufgabe herantrat, das Reich zu konsolidieren; andererseits zeigt er am Beispiel der Tetrarchie, daß auch ein solches Vorgehen zu neuen Lösungen führen konnte. Gerade letzteres betont F. Kolb, Diocletian und die Erste Tetrarchie. Improvisation oder Experiment in der Organisation monarchischer Herrschaft?, Berlin 1987. Die ‚himmlische' Tetrarchie behandelt H. Castritius, Studien zu Maximinus Daia, Kallmünz 1969, 25–30.

Zur Gründung und Bedeutung *Constantinopels*: H.-G. Beck, Konstantinopel – das neue Rom: Gymnasium 71, 1964, 166–174. Einen Einstieg in die äußerst komplizierte Problematik des Steuersystems bietet W. Goffart, Caput and Colonate. Towards a History of Late Roman Taxation, Toronto 1974. Grundlegend zur Geschichte des Heermeisteramtes ist A. Demandt, magister militum: RE Suppl. 12, 1970, 553–790.

Die Kenntnis der Entwicklung des *Hofzeremoniells* in den Jahrhunderten bis Diocletian ist vor allem den zwischen 1934 und 1935 entstandenen Arbeiten von A. Alföldi, Die monarchische Repräsentation im römischen Kaiserreiche, Darmstadt ³1980, zu verdanken. Allerdings scheint mir das Neue, das an den diocletianischen Maßnahmen manifest wird, bei ihm etwas zu sehr in den Hintergrund gedrängt, beinahe vergessen worden zu sein. Die Ausformung des Zeremoniells behandelt O. Treitinger, Die oströmische Kaiser- und Reichsidee nach ihrer Gestaltung im höfischen Zeremoniell, Jena 1938 (ND Darmstadt 1956). Auswirkungen des Zeremoniells auf die Reichsführungsschicht der Spätantike hat H. Löhken, Ordines dignitatum. Untersuchungen zur formalen Konstituierung der spätrömischen Führungsschicht, Köln 1976, untersucht. Parallelen aus neuzeitlichen höfischen Gesellschaften und zugleich interessante Rückschlußmöglichkeiten auf die antiken Verhältnisse bieten die Darstellungen von N. Elias, Die höfische Gesellschaft. Untersuchungen zur Soziologie des Königtums und der höfischen Aristokratie mit einer Einleitung: Soziologie und Geschichtswissenschaft, Darmstadt ⁵1981, und S. N. Eisenstadt, The Political Systems of Empires, London 1963. Vgl. ferner J. Martin, Zum Selbstverständnis, zur Repräsentation und Macht des Kaisers in der Spätantike: Saeculum 35, 1984, 115–131.

In den Forschungen zu *Constantin* dominiert das Verhältnis des Kaisers zum Christentum. Damit steht die Auseinandersetzung mit Eusebius als dem christlichen Biographen Constantins am Anfang jeder Beschäftigung mit dem ersten christlichen Herrscher. Wichtig ist in diesem Zusammenhang die sorgfältige Untersuchung von F. Winkelmann, Zur Geschichte des Authentizitätsproblems der Vita Constantini: Klio 40, 1962, 187–243, der die Verfasserschaft des Eusebius für die *vita Constantini* nachwies. Eine große Rolle in der Diskussion um die religiöse Haltung Constantins spielen die Münzen, die erstmals systematisch von H. v. Schönebeck, Beiträge zur Religionspolitik des Maxentius und Constantin, Berlin 1939 (ND Aalen 1962), ausgewertet worden sind. Schließlich sind auch die Edikte des Kaisers als Selbstzeugnisse heranzuziehen; die wichtigsten Dokumente finden sich in deutscher Übersetzung bei H. Kraft, Kaiser Konstantins religiöse Entwicklung, Tübingen 1955. Ein knapper, doch ungemein gewichtiger Forschungsbeitrag ist die Abhandlung von N. H. Baynes aus dem Jahre 1929 ‚Konstantin der Große und die christliche Kirche', jetzt zugänglich in: Konstantin der Große, hrsg. v. H. Kraft, Darmstadt 1974, 145–174, der meines Erachtens in einigen Punkten grundlegende Thesen formuliert. Ernst zu nehmen ist seine Feststellung, daß dem Historiker angesichts der Quellenlage nur ein begrenzter Zugang zu den persönlichen Auffassungen einer Person möglich sei, es also keinen ‚Schlüssel zu einer Persönlichkeit' gebe. Baynes betont, daß sich politische und religiöse Ziele nicht ausschließen; ich möchte dies noch zuspitzen: Es handelt sich dabei um zwei Aspekte, die nicht losgelöst voneinander betrachtet werden dürfen. Schließlich teile ich die Auffassung von Baynes, daß sich Constantins Religiosität aus dem Synkretismus der Zeit ableitet, wobei dieser Begriff keineswegs negativ besetzt sein muß. Die Hinwendung zum Christentum als längeren Prozeß arbeitet J. Bleicken, Constantin der Große und die Christen, München 1992, heraus. Als Monographie zu Constantin: R. MacMullen, Constantine, London 1970.

Eine knapp gehaltene Einführung in die Geschichte des frühen *Christentums* legt G. Gottlieb, Christentum und Kirche in den ersten drei Jahrhunderten, Heidelberg 1991, einen Überblick zu den Regionen des Reiches im Hinblick auf den Grad der Christianisierung B. Grimm, Untersuchungen zur sozialen Stellung der frühen Christen in der römischen Gesellschaft, München 1975, 41–66, vor. Parallel dazu empfiehlt sich der Überblick von R. MacMullen, Paganism in the Roman Empire, London 1981.

Zur Geschichte des *arianischen Streites* verweise ich auf die entsprechenden Abschnitte im ‚Handbuch der Kirchengeschichte', hrsg. v. K. Baus – H.-G. Beck – E. Ewig – H. J. Vogt, 7 Bde., Freiburg 1965–79; die Antike ist in den ersten beiden Bänden behandelt.

Zu *Theodosius*: A. Lippold, Theodosius der Große und seine Zeit, Stuttgart ²1980. Grundlegend für die Geschichte des Mönchtums ist K. Heussi, Der Ursprung des Mönchtums, Tübingen 1936. P. Brown, The Cult of Saints, Chicago 1981, hat die Bedeutung der Heiligen für die spätantike Gesellschaft herausgearbeitet.

Die Behandlung des sogenannten *Untergangs* in der Forschung stellt A. Demandt, Der Fall Roms. Die Auflösung des römischen Reiches im Urteil der Nachwelt, München 1984, zusammen. Eine einzigartige Quelle für die Probleme der Bevölkerung in der Endphase römischer Präsenz im Donauraum, genauer gesagt in Noricum, besitzen wir in der ‚vita Severini' des Eugipp; dazu F. Lotter, Severinus von Noricum. Legende und historische Wirklichkeit, Stuttgart 1976. Sie vermittelt ein lebendiges Bild von den Beutezügen germanischer Stämme und dem Versuch der römischen Behörden und der Bewohner, die schwierige Lage zu meistern.

Die Regierung *Justinians* und Theodoras behandeln W. Schubart, Justinian und Theodora, München 1943, und B. Rubin, Das Zeitalter Justinians, Berlin 1960. Den Historiker Prokop und sein Opfer Theodora behandelt H. G. Beck, Kaiserin Theodora und Prokop, München 1986. Zum Verhältnis Kirche und Staat, auch in den Unterschieden zwischen Ost und West: H. Berkhof, Kirche und Kaiser. Eine Untersuchung der Entstehung der byzantinischen und der theokratischen Staatsauffassung im vierten Jahrhundert, Zürich 1947; G. Gottlieb, Ost und West in der christlichen Kirche des 4. und 5. Jahrhunderts, München 1978.

Bildnachweis

1. Der Vordere Orient im 2. Jahrtausend v. Chr. Clauss, Manfred, Geschichte Israels, Beck Verlag, München 1986, S. 18. – 2. Geographische Beschaffenheit Palästinas. Ebda., S. 38 – 3. Eroberungen Davids. Ebda., S. 77. – 4. Darstellung israelitischer Städte aus der Liste des Pharao Schoschenk. Ebda., S. 94. – 5. Darstellung Jehus vor Salmanassar III. Ebda., S. 111. – 6. Ebenen in der südlichen Peloponnes, Kirsten, Ernst/Kraiker, Wilhelm, Griechenlandkunde, Carl-Winter-Universitätsverlag GmbH, Heidelberg, 5., überarbeitete Auflage 1962, S. 388. – 7. Landschaften des griechischen Festlands. Ebda., S. 15. – 8. Datierte Gräber in Athen und Attika. Murray, Oswyn, Early Greece, London 1980; deutsch: Murray, Oswyn, Das frühe Griechenland, dtv 4400, München 1982, S. 81. – 9. Auswanderungen. Lexikon der Antike, Augsburg 1990, S. 304; mit freundlicher Erlaubnis des Bibliographischen Instituts & F. A. Brockhaus AG. – 10. Losmaschine. Re Suppl. 7, Stuttgart 1940, Sp. 325–326; mit freundlicher Erlaubnis des J. B. Metzler Verlags Stuttgart. – 11. Handelsrouten in hellenistischer Zeit. Junge, Reinhard, Weltgeschichte der Standortentwicklung der Wirtschaft in der Klassengemeinschaft, Bd. 1, Karten, Hüthig Verlagsgemeinschaft GmbH, Berlin 1961, Karte 74. – 12. Unterhaltungsautomat. Lexikon der Antike, Augsburg 1990, S. 79; mit freundlicher Erlaubnis des Bibliographischen Instituts & F. A. Brockhaus AG. – 13. aes signatum – Rind. Babelon, Ernest, Description historique et chronologique des monnaies de la république romaine, Rollin et Feuardent, Paris-London 1885, S. 3. – 14. Denar des Brutus. Crawford, Michael, The Roman Republic, London 1978; deutsch: Crawford, Michael, Die römische Republik, dtv 4404, München 1985, S. 212. – 15. Römisches Reich im 2. Jahrhundert. Bleicken, Jochen, Verfassungs- und Sozialgeschichte des Römischen Kaiserreiches, Bd. 1, UTB 838, Verlag Ferdinand Schöningh, Paderborn, 3., verbesserte Auflage 1989, S. 7. – 16. Soldatengehalt. Eigene Abbildung. – 17. Präfekturbereiche. Bleicken, Jochen, Verfassungs- und Sozialgeschichte des Römischen Kaisserreiches, Bd. 1, UTB 838, Verlag Ferdinand Schöningh, Paderborn, 3., verbesserte Auflage 1989, S. 8. – 18. Reich Justinians. Kornemann, Ernst, Weltgeschichte des Mittelmeer-Raumes, Bd. 2, Beck Verlag, München 1948, Beilage XXVII.

Abkürzungsverzeichnis

A&A – Antike und Abendland
AKG – Archiv für Kulturgeschichte
ANRW – Aufstieg und Niedergang der Römischen Welt
BJ – Bonner Jahrbücher
CPh – Classical Philology
CIL – Corpus Inscriptionum Latinarum
GWU – Geschichte in Wissenschaft und Unterricht
HZ – Historische Zeitschrift
IEJ – Israel Exploration Journal
JRS – Journal of Roman Studies
LEC – Les Etudes Classiques
ND – Nachdruck
OA – Oriens Antiquus
REA – Revue des Etudes Anciennes
RhM – Rheinisches Museum
TUAT – Texte aus der Umwelt des Alten Testaments (S. 178)
ZATW – Zeitschrift für die alttestamentliche Wissenschaft
ZPalV – Zeitschrift des deutschen Palästina-Vereins
ZPE – Zeitschrift für Papyrologie und Epigraphik

Register

Die kursiv gesetzten Zahlen bei geographischen Begriffen verweisen auf Karten. Zu den Betonungsregeln s. S. 19.